（活页版）

高等职业教育商务类专业精品课程系列规划教材

统计学基础

TONGJIXUE JICHU

主　编　张格余
副主编　王　磊　姜佳金
编　者　王大中　杨永靖　王相林
武艳颖　郭耀辉　李　芫
孙心驰

苏州大学出版社
Soochow University Press

图书在版编目（CIP）数据

统计学基础 ：活页版 / 张格余主编. -- 苏州 ：苏州大学出版社，2025. 3（2025. 8 重印）. -- （高等职业教育商务类专业精品课程系列规划教材）. -- ISBN 978-7-5672-5204-2

Ⅰ. C8

中国国家版本馆 CIP 数据核字第 202513P0M1 号

TONGJIXUE JICHU（HUOYE BAN）

责任编辑： 曹晓晴　　**装帧设计：** 刘　俊

出版发行： 苏州大学出版社
社　　址： 苏州市十梓街 1 号
邮　　编： 215006
印　　刷： 镇江文苑制版印刷有限责任公司
版　　次： 2025 年 3 月第 1 版
印　　次： 2025 年 8 月第 3 次印刷
网　　址： http://www.sudapress.com
邮　　箱： sdcbs@suda.edu.cn
开　　本： 787 mm×1 092 mm　1/16
印　　张： 17.75
字　　数： 398 千
定　　价： 58.00 元

图书若有印装错误，本社负责调换
苏州大学出版社营销部电话　0512-67481020
苏州大学出版社天猫旗舰店　https://szdxcbs.tmall.com

PREFACE 前言

随着现代科学技术的迅猛发展，数据成为社会经济运行中的根本性、战略性资源。在中国进入数字经济时代的关键期，既掌握数据分析方法与技术，又熟悉经济领域知识的复合型数据分析人才，正成为各行各业急需。统计学作为认识社会经济现象的有力工具，在定量分析方面必将发挥更大作用。依据江苏联合职业技术学院电子商务专业建设指导委员会制定的“统计学基础”课程标准，我们组织一线教师编写了此书。

本书以统计工作过程为主线，通过对社会经济现象的数量方面进行收集、整理、分析及应用，培养学生的定量分析能力；结合大数据技术发展，介绍Excel在统计中的应用，培养学生运用信息技术处理统计工作任务的能力，为学生今后从事会计、统计、商务数据分析等相关工作奠定基础。

本书共分七个项目，内容包括统计认知、统计调查、统计整理、综合指标、时间数列分析、统计指数分析、相关分析与回归分析。

本书特点如下：

1. 培养分析思维，突出实践应用

统计学不仅是一门理论，更是一种解决实际问题的方法。在大数据时代，数据无处不在，如何从海量数据中获取有价值的信息是数据处理的关键。本书注重培养学生的数据敏感度和分析思维。通过学习综合指标、时间数列分析、统计指数分析、相关分析与回归分析等核心内容，学生能够学会统计分析方法，为科学决策提供依据。书中提供丰富的实例分析，旨在通过实际案例帮助学生理解抽象概念，学会运用统计分析方法解决现实生活中的问题。

2. 紧跟行业发展，融入“三新”内容

伴随着“三新”（新产业、新业态、新商业模式）经济的快速发展，服务于国家层面的“三新”统计制度正式实施。本书在知识拓展中介绍“三新”经济、新质生产力、经济普查等相关内容，以拓宽学生的知识面，使其更好地适应经济发展新要求。随着大数据、人工智能等新技术的发展，统计学也在不断进步，本书引入Excel在统计中的应用，帮助学生掌握利用信息技术手段进行数据分析的技能，以便其更好地适应统计工作要求。

3. 坚持立德树人，实施课程思政

本书以我国社会经济发展取得的巨大成就为主线，挖掘爱国主义、国富民强、数字工匠等思政元素，并将其融入任务情境、任务分析、相关知识介绍之中，以实现识国情、知民生的课程思政目标。

本书参考学时为68学时，其中实训学时为26学时，各项目参考学时如

表 0-1 所示。

表 0-1　本书各项目参考学时　　单位：学时

项目	内容	学时分配	
		理论教学	实训教学
项目一	统计认知	4	2
项目二	统计调查	6	2
项目三	统计整理	6	2
项目四	综合指标	8	6
项目五	时间数列分析	8	8
项目六	统计指数分析	6	4
项目七	相关分析与回归分析	4	2
合计		42	26

本书由张格余主编并统稿，编写分工如下：项目一由姜佳金编写，项目二由王大中编写，项目三任务一至任务四由王相林编写，项目四任务一至任务四由王磊编写，项目五任务一至任务四由张格余、李芫编写，项目六任务一至任务四由张格余、武艳颖编写，项目七任务一至任务二由王磊、孙心驰编写，项目三至项目七中 Excel 在统计中的应用由郭耀辉、杨永靖编写。在编写过程中，我们力求语言简洁明了，避免繁杂的数学推导，让统计学不再高不可攀。

本书既可作为高等职业教育财经商贸类专业教材，也可作为统计工作者的学习参考用书。读者可登录网站（https://mooc1.chaoxing.com/course/222666221.html）使用课件、教案、习题、视频和案例资料等课程资源。

由于编者水平有限，书中难免存在疏漏之处，敬请读者批评指正。

编者

2025 年 2 月

CONTENTS 目录

项目一 统计认知 /001

任务一 统计概述 /001
任务二 统计工作过程 /007
任务三 统计学中的基本概念 /010

项目二 统计调查 /022

任务一 统计调查概述 /022
任务二 统计资料收集 /028
任务三 统计调查方案撰写 /031
任务四 调查问卷设计 /037

项目三 统计整理 /048

任务一 统计整理概述 /048
任务二 统计分组 /051
任务三 分配数列 /058
任务四 统计表和统计图 /067
任务五 Excel 在统计整理中的应用 /075

项目四 综合指标 /098

任务一 总量指标 /098
任务二 相对指标 /103
任务三 平均指标 /114
任务四 标志变异指标 /132
任务五 Excel 在综合指标中的应用 /140

项目五 时间数列分析 /154

任务一 时间数列概述 /154
任务二 时间数列水平指标 /160
任务三 时间数列速度指标 /170
任务四 时间数列的构成分析 /179
任务五 Excel 在时间数列分析中的应用 /190

项目六 统计指数分析 /210

任务一 统计指数概述 /210
任务二 综合指数分析 /216
任务三 平均指数分析 /222
任务四 指数体系与因素分析 /227
任务五 Excel在统计指数分析中的应用 /235

项目七 相关分析与回归分析 /246

任务一 相关分析 /246
任务二 回归分析 /257
任务三 Excel在相关分析与回归分析中的应用 /263

主要参考文献 /278

项目一 统计认知

学习目标

知识目标	1. 理解统计的含义、基本特点、作用、职能； 2. 了解统计的产生与发展、统计工作过程； 3. 掌握统计的研究对象和研究方法； 4. 掌握统计学中的基本概念、统计指标的分类。
能力目标	1. 寻找、发现统计在生活中的应用； 2. 能结合实际，运用统计学中的基本概念分析社会经济现象，学会用数字分析问题、解决问题； 3. 能根据统计数据特征进行数据分类和辨别数据类型。
素质目标	培养学生严谨的工作作风、勤于钻研的工作态度和团队合作精神，使学生具备从事统计工作的基本素养。

任务一　统计概述

任务情境

生活中的统计：父母的身高与成年子女的身高之间是否存在某种必然联系？抛掷硬币时，正面与反面出现的概率一样吗？2021 年，我国实现了第一个百年奋斗目标——全面建成小康社会，其衡量标准是什么？

任务分析

父母与成年子女的身高关系：这一问题可以借助统计学中的回归分析来探究，高斯的最小二乘法是处理这类问题的经典方法之一，它可以帮助我们建立父母身高与子女身高的数学模型，从而量化两者之间的相关性。该方法在经济学中的推广应用，获得了三届诺贝尔经济学奖。

抛掷硬币的概率：这是一个典型的概率问题。理想状态下，抛掷一枚质地均匀的硬币，正面与反面出现的概率应均为50%，这是随机事件独立性与等概率原理的体现。通过大量重复实验（如抛掷50次至100次），我们可以观察到接近理论概率的结果。

小康社会的衡量标准：国际上常用恩格尔系数来衡量一个国家或地区的人民生活水平，恩格尔系数是衡量国家或家庭食物支出占总支出比例的指标。根据联合国粮农组织提出的标准，恩格尔系数在59%以上为贫困，50%～59%为温饱，40%～50%为小康，30%～40%为富裕，30%以下为最富裕。2021年我国居民恩格尔系数为29.8%，其中城镇为28.6%，农村为32.7%。事实证明，在中国共产党领导下，我国已实现第一个百年奋斗目标——全面建成小康社会。

任务实施

1. 身高预测：按照公式 $y_c=0.8567+0.516x$（y_c 为儿子预测身高，x 为父亲身高，单位为米），预测自己的身高。

2. 硬币实验：抛掷硬币50次至100次，记录正反面出现的情况，统计相关次数。

3. 恩格尔系数知识：查阅恩格尔系数相关资料，知晓小康社会的衡量标准。

4. 统计重要性：思考数字经济时代，统计在国家宏观经济管理和企业微观经济管理中有何作用。

相关知识

一、统计的含义

统计，即统而计之的意思，最初含义是用数字表述事实。英文中，单数statistic，译为“统计学”；复数statistics，译为“统计数据”或“统计资料”。“统计”一词来源于拉丁文，意指国家或状态，最初含义是“为国王收集对国家有用的各方面的数据资料”。例如，《尚书·禹贡》记载，早在4 200多年前的大禹时代，就有对全国土地进行统计的情况，被称为“统计学最早的萌芽”。公元前221年，秦朝商鞅《商君书·去强》记载，强国要知“十三数”（如粮仓、府库的数目，成年男女的数目，马牛、草料的数目，等等），否则地虽利、民虽众，国家仍然会日益衰落直至灭亡。因此，从直观词义理解，统计是对大量事物的数量进行汇总和计数，即“统而计之”的意思。历史上，各个朝代都会对人口、财产、土地等进行调查和记载。随着科学技术的飞速发展，通过吸收和融合相关学科的新理论，开发应用新技术和新方法，统计学传统领域的理论与方法得到深化和丰富，加上社会的发展对统计学提出了更多新的要求，统计学的潜在功能也得到进一步的挖掘。从反映社会实践方面理解，“统计”一词进一步延伸为“用数字表述事实”，说明统计不仅在于汇总和计数，而且在于进一步用数字说明问题。从更全面的角度理解，“统计”一词通常包括三种含义：统计工作、统计学和统计资料。

（一）统计工作

统计工作又称统计实践，是利用科学的方法收集、整理、分析和提供关于社会经济现象的数量资料的工作的总称。

例如，国家统计局每年收集有关我国工业、农业、贸易、交通运输、人口、自然资源等方面的数字资料，经加工汇总、整理分析、综合等工作，提供不同维度的数据给相关部门和公众使用。通过国家统计局提供的数据，可以客观地概括出我国的国情、国力和社会发展情况，公众可以知晓自己关心的行业和所生活地区的发展现状，这就是统计工作。

（二）统计学

统计学又称统计理论或统计科学，是系统阐述统计理论和统计方法的学科体系。它是统计工作经验的高度概括和科学总结，一般分为数理统计学和社会经济统计学。

（1）数理统计学以概率论为基础，研究大量随机现象的统计规律性。该学科分为描述统计和推断统计。

（2）社会经济统计学是一门对社会经济现象总体的数量特征进行资料收集、整理、分析、推断与决策的方法论科学。

（三）统计资料

统计资料又称统计数据，它是统计实践活动的工作成果，是通过统计工作得到的用来反映社会经济现象的各项数字资料及文字资料的总称，或指经统计调查、整理和分析所得出的数字和数量变动规律。

例如，我国2023年国民经济和社会发展统计公报资料：

国内生产总值1 260 582亿元　　国民总收入1 251 297亿元

粮食产量69 541万吨　　工业增加值399 103亿元

批发和零售业增加值123 072亿元　　社会消费品零售总额471 495亿元

上述三种含义之间的关系主要表现在以下两个方面：

从哲学角度来看，理论来源于实践，又能指导实践。统计学的发展源于统计实践的发展，统计工作具有几千年的历史，而统计学是近三四百年发展起来的；统计学是统计实践活动智慧的结晶和经验的提炼与升华，而当经验上升为理论时，统计实践活动又受正确的统计理论指导，两者之间是相互联系、相互作用的辩证统一关系。

统计资料是统计工作的成果，它是通过一系列数据、文字、图表、报告等形式表现出来的；统计资料准确与否直接取决于统计工作的好坏，为此，统计工作相关部门必须按照统计科学理论与方法收集、整理、分析统计资料。

二、统计的基本特点

（一）数量性

一切客观事物都具有质和量两个方面。事物的质与量之间总是密切联系，共同规定着事物的性质。统计的首要特点就是从数量上说明社会经济现象，社会经济现象的数量性主要表现为现象的数量多少、现象间的数量关系、质与量互变的界限等。统计虽是研究数量的，但不是从定量认识开始的，而是遵循以定性认识为基础，逐步过渡到定量认识的规律。

（二）总体性

统计研究社会经济现象的数量方面，指的是总体的数量方面，而不是个别事物。统计的数量研究是对总体普遍存在的事实进行大量观察和综合分析，以反映总体的数量特征和发展的规律性。统计研究对象的总体性就是从对个体实际表现的研究过渡到对总体数量表现的研究。例如，人口统计反映一个国家或地区人口总数、性别比例、出生率、死亡率和自然增长率等情况，为国家制定人口政策提供依据。

（三）具体性

统计研究客观现象总体的数量方面，是对社会经济现象在一定的时间、地点、条件下的具体反映，而不是脱离具体对象的抽象的数量研究。

课堂活动　判断题：统计是研究数量的，因此它是从定量认识开始的。（　　）

三、统计的作用

（一）统计是认识社会的有力武器

统计的研究对象是社会经济现象，通过对社会经济现象的收集、整理和分析来反映国民经济和社会发展的规模、水平、速度、结构、比例关系和效益等有关情况，揭示社会经济现象发展的规律性，在描述国情国力、服务经济社会发展方面发挥了重要作用。

（二）统计是国家宏观调控和管理的重要工具

统计为党和国家制定政策、规划、计划，指导国民经济和社会发展，检查、监督、评价政策和计划的执行情况提供了重要依据。统计充分发挥监督职能，对社会经济的运行状况进行定量检查、监测和预警，它可以揭示社会经济运行中出现的偏差，提出矫正意见，预警可能出现的问题并提出对策，以促进社会经济持续、稳定、健康发展。

（三）统计是行业及企业管理与决策的依据

统计通过对行业及企业数据进行收集、加工、处理，再通过具体的运算得出相应的结果，以此来寻找行业的发展规律，根据市场经济现状，优化企业的资源配置。

（四）统计是进行科学研究的重要方法

统计可以帮助我们检验科学假设，通过收集数据，建立数学模型，开展统计分析，进而对现象未来发展趋势进行统计预测和推断，判断某种假设是否被接受，从而为科学决策提供依据。

四、统计的职能

（一）信息职能

信息职能是统计的基础职能，是统计部门根据科学的统计指标体系和统计调查方法，系统地采集、处理和分析数据，提供大量的以数据描述为基本特性的社会经济信息。

（二）咨询职能

咨询职能是统计部门利用已经掌握的丰富的统计信息，运用科学的分析方法和先进的技术手段，深入开展综合分析和专题研究，为科学决策和管理提供各种可供选择的咨询建议与对策方案。统计部门可利用自己无可比拟的信息资源优势开展统计分析，为信息使用者提供咨询服务。

（三）监督职能

监督职能是统计部门通过统计调查和分析，及时、准确地从总体上对国民经济和社会运行状况进行全面、系统的定量检查、监测与预警，以促使国民经济按照客观规律的要求，持续、稳定、协调地发展。

五、统计实践活动的产生与发展

统计实践活动萌芽于原始社会末期，它是为适应生产的发展与国家管理的需要而产生和发展的。古埃及在公元前 3 000 年开始人口和财产统计；古希腊在公元前 600 年进行人口普查；古罗马在公元前 400 年建立人口普查和经常性人口出生、死亡登记制度；等等。

我国的统计实践活动源远流长，从先秦时期的结绳记事，到《禹贡》九州表的统计思想，再到甲骨文中的统计资料和西周的统计组织制度，这些都为我国统计的发展奠定了基础。秦汉的统计法规制定、唐朝的赋税统计、宋朝的统计组织建立，到明清时期的人口普查和土地统计，展现了我国古代统计学从简单到复杂、从分散到系统的演变过程。1930 年 5 月，毛泽东根据多年从事调查研究实践活动的总结，写下了《调查工作》（现名《反对本本主义》）一文，鲜明提出了“没有调查，没有发言权”的科学论断。现代统计对统计制度、统计体系不断进行完善。为了保证统计工作有法可依，我国先后制定《中华人民共和国统计法》、《中华人民共和国统计法实施细则》（现已废止）、《中华人民共和国统计法实施条例》等法律法规。随着人类社会进入互联网、大数据、云计算时代，数据成为重要的战略性资源，数字化治理成为治国理政的基本方式，统计工作在经济社会发展中的晴雨表和指示器作用越来越突出，故而对统计实践活动的要求也日益提高。

课堂活动 思考题：你觉得统计工作重要吗？为什么？

六、统计学的研究对象和研究方法

（一）统计学的研究对象

从统计产生与发展的历史来看，关于统计学的研究对象，目前我国理论界主要有以下三种观点。

1. 实质性科学派

这一学派认为，统计学的研究对象与统计工作的研究对象是一致的，两者均以实质性的社会科学规律为研究对象。但是，如果把统计学的研究对象与统计工作的研究对象等同起来，就不能反映出统计学研究的方法论特征；同时，统计学与统计工作毕竟是有区别的，前者属于理论，后者属于实践。因此，这一观点很难成立。

2. 通用方法论派

这一学派认为，统计学所研究的数量特征及规律，既适用于自然现象，也适用于社会现象，统计学只有一门数理统计学，即统计学是一切科学的“奴仆”，本身并没有特定的研究对象，只有方法本身。这种观点强调对统计学进行抽象研究，会导致其脱离应用内容，最终滑入应用数学的范畴。因此，这一观点也不可取。

3. 特定对象方法论派

这一学派认为，统计学是一门研究如何收集统计资料、加工整理和分析统计资料的方法论体系，即统计学要研究和总结统计这种调查研究活动是怎样进行的，怎样做才能达到对社会经济现象数量方面的正确认识。例如，社会经济统计是从哪里开始进行调查研究的？按什么样的顺序进行？怎样从对个体实际表现的认识过渡到对总体数量方面的认识？统计调查研究过程中会出现什么样的问题？为了正确认识社会经济现象的数量方面，要遵循什么原则？为了使认识深化，要采用什么具体方法？这些都是统计学研究的内容。因此，这一观点得到统计学界的普遍认可。

（二）统计学的研究方法

1. 大量观察法

大量观察法是指在对社会经济现象进行调查时，对其全部单位或足够多的单位进行观察，以发现总体数量规律的方法。大量观察法是统计调查和研究的一种重要方法论。由于统计活动是研究总体的数量特征，这就决定了它必须具有“大量性”，因为“少量”观察不能说明总体的特征；同时，由于统计活动是研究社会经济现象，这就决定了它不能像自然科学那样采用“实验室实验法”，而只能采用“观察法”。

大量观察法的理论基础是大数定律，大数定律从数量关系上揭示了现象的统计规律性，说明了偶然与必然的关系。

2. 统计分组法

统计分组法是指根据统计研究的目的和现象本身的特点，按照一定的标志，将经济社会现象总体划分为若干个组成部分（性质不同的组或类）的方法。通过分组达到组内同质性、组间差异性，以此区别现象的不同情况和不同特征，从而正确反映现象的本质和规律。例如，人口按性别分组，企业按经济类型分组，等等。

3. 综合指标法

综合指标法是指借助于统计指标，对社会经济现象的数量特征进行描述、分析、评价的方法。例如，我国国情国力可通过国土面积、人口总数、国内生产总值等指标反映。

知识拓展

《中华人民共和国统计法》，经 1983 年 12 月 8 日第六届全国人民代表大会常务委员会第三次会议通过；根据 1996 年 5 月 15 日第八届全国人民代表大会常务委员会第十九次会议《关于修改〈中华人民共和国统计法〉的决定》第一次修正；由 2009 年 6 月 27 日第十一届全国人民代表大会常务委员会第九次会议修订通过，自 2010 年 1 月 1 日起施行；根据 2024 年 9 月 13 日第十四届全国人民代表大会常务委员会第十一次会议《关于修改〈中华人民共和国统计法〉的决定》第二次修正。

《中华人民共和国统计法实施条例》，经 2017 年 4 月 12 日国务院第 168 次常务会议通过，自 2017 年 8 月 1 日起施行。

任务二　统计工作过程

任务情境

假设你所在企业经营甲、乙、丙三个品牌，为了增强顾客黏性，提升顾客满意度，现由市场部从服务水平、商品价格、商品质量等方面开展顾客调查。现在你和同事们接受了该项任务，你们打算如何开展工作？

任务分析

该项任务是企业常见的统计工作之一。统计工作过程包括不同的阶段，每个阶段所要完成的任务也不同。在开展此项统计工作之前，需要解决好以下几个问题：

1. 开展此项统计工作的目的是什么？
2. 调查的对象是谁？调查的内容有哪些？采用哪些调查方法？
3. 数据如何收集、整理和分析？

4. 如何撰写调查报告？

任务实施

1. 根据统计工作的调查目的，设计统计指标或指标体系。

2. 根据确定的调查对象和调查内容，确定调查方法，按照计划进行数据的收集。

3. 依据统计研究目的和任务，利用信息化技术手段，对收集的数据进行加工整理，形成能够反映总体特征的资料。

4. 基于现有的调查数据，进行统计分析，形成调查报告。

相关知识

统计工作过程是指在一定的统计理论指导下，采用科学的方法收集、整理、分析统计资料的一系列活动过程，一般包括统计设计、统计调查、统计整理和统计分析四个阶段。

一、统计设计

（一）统计设计的含义

统计设计是统计工作的第一阶段，是根据统计研究对象的特点和研究的目的、任务，对统计工作的各个方面和各个环节进行整体规划的工作过程。

（二）统计设计的内容

1. 统计指标和指标体系的设计

一项大型调查开始之前，首先要设计使用哪些统计指标来反映研究对象的特征。例如，衡量一个学校的办学水平是否达标，我们可以从治理体系、办学条件、专业建设、师资队伍、学生发展和社会贡献六个方面设置评价指标。指标体系起到导向作用，因此其设计要科学、全面。

2. 统计分组和统计分类的设计

通过统计调查取得的资料是零散的、不系统的，不能反映现象总体特征，因此，有必要对其进行分组，通过分组、汇总，可以反映现象类型特征。

3. 统计调查、整理和分析方案的设计

对于大型调查，在调查开始之前，要制订完整的调查方案，包括设计统计分组方法、汇总方法，如将总体分成几组，对收集到的资料进行人工汇总还是机器汇总；设计使用哪些统计指标来反映研究对象的特征；设计调查误差的控制方法；等等。

4. 统计工作各部门和各阶段相互协调与联系的设计

例如，第五次全国经济普查调查内容增多、技术要求提高、工作难度加大，各地区、各部门按照“全国统一领导、部门分工协作、地方分级负责、各方共同参与”的原则，统筹协调，优化方式，突出重点，创新手段，认真做好普查的宣传动员和组织实施工作。

二、统计调查

（一）统计调查的含义

统计调查是统计工作的第二阶段，是根据统计研究的目的和任务，采用科学的调查方法，有计划、有组织地收集数据信息资料的工作过程。

（二）统计调查的分类

（1）按调查对象包括的范围不同，统计调查分为全面调查和非全面调查。例如，人口普查是全面调查，产品质量调查是非全面调查。

（2）按调查登记的时间是否连续，统计调查分为经常性调查和一次性调查。例如，产品质量调查是经常性调查，人口普查是一次性调查。

（3）按调查组织形式不同，统计调查分为统计报表制度和专门调查。例如，批发和零售业经营情况执行统计报表制度，人口普查、经济普查则是专门调查。

课堂活动 思考题：农作物产量调查适宜采用哪种调查？

三、统计整理

统计整理是统计工作的第三阶段，是根据统计研究的目的和任务，采用科学的方法，对统计调查所收集的各种原始资料进行科学的加工整理，使之系统化、条理化，形成能够反映总体特征的综合资料的工作过程。

四、统计分析

（一）统计分析的含义

统计分析是统计工作的最后阶段，是在统计整理的基础上，根据统计研究的目的和任务，采用科学的统计分析方法，对统计研究对象进行计算、分析，揭示其数量特征和基本规律，为统计决策或预测提供科学依据的工作过程。

（二）统计分析的方法

统计分析的方法大体上可分为描述统计和推断统计两大类，分别用于解释过去和预测未来。

（1）描述统计是指对采集的数据进行登记、审核、整理、归类，在此基础上进一步计算出各种能反映总体数量特征的综合指标，并用图表的形式表示经过归纳分析得到的各种有用的统计信息。

（2）推断统计是指在对样本数据进行描述的基础上，采用一定的方法，根据样本数据估计或检验总体的数量特征。

知识拓展

我国现行国家统计调查制度包括周期性普查制度、常规统计调查制度和专项调查制度。周期性普查制度是指我国为详细地了解某项重要的国情、国力而专门组织的一次性、大规模的全面调查，主要用于收集某些不能够或不适宜通过定期的全面调查报表收集的信息资料，以搞清重要的国情、国力。

我们知晓的全国范围内开展的普查主要分为人口普查、农业普查和经济普查。人口普查，10 年一次，逢“0”开展；农业普查，10 年一次，逢“6”开展；经济普查，5 年一次，逢“3”“8”开展。

经济普查，主要是为了全面掌握我国第二产业和第三产业的发展规模、结构、效益等信息，建立健全覆盖国民经济各个行业的基本单位名录库（含编码）及其数据库系统。认真搞好经济普查，对科学编制国民经济和社会发展规划，优化经济结构，改进宏观调控，开拓新的就业渠道，提高人民的生活水平，全面建设社会主义现代化国家，具有重要意义；对改革统计调查体系，完善国民经济核算制度，健全统计监测和预警、预报系统，将发挥重要作用。

我国已开展 5 次经济普查，第一次在 2004 年，第二次在 2008 年，第三次在 2013 年，第四次在 2018 年，第五次在 2023 年。

任务三　统计学中的基本概念

任务情境

每年，国家统计局向社会发布国民经济和社会发展统计公报，公报中罗列出我国国民经济和社会发展的一系列统计数据，如 2023 年国内生产总值 1 260 582 亿元，国民总收入 1 251 297 亿元，粮食产量 69 541 万吨，工业增加值 399 103 亿元，批发和零售业增加值 123 072 亿元，社会消费品零售总额 471 495 亿元，全国居民人均可支配收入 39 218 元。这些数据表明，我国国民经济回升向好，高质量发展扎实推进，现代化产业体系建设取得重要进展，改革开放向纵深推进，民生保障有力有效，社会大局和谐稳定，全面建设社会主义现代化国家迈出坚实步伐。

任务分析

衡量一个国家的经济运行情况，可以通过一系列统计指标来反映农业、工业、国内贸易、对外经济、财政金融、居民收入和消费、社会保障等方面取得的成绩，如国内生产总值、工业增加值等名词就是统计中所讲的统计指标。

社会经济统计学中概念很多，常用的基本概念有总体和总体单位、标志和指标、变异和变量、统计指标和指标体系等，这些概念在后面各项目都要经常用到，学习时要正确理解和掌握各个概念的要点，不能死记硬背，要结合实际进行理解。例如，统计学的研究对象是社会经济现象总体的数量方面，因此，首先要掌握总体的概念；而总体是由总体单位构成的；总体单位的特征是通过标志来表现的，标志可以综合成指标，多个指标组成指标体系；统计指标和标志多是可变的，引出变异和变量的概念。

任务实施

1. 请用统计术语描述班级或企业的基本情况。
2. 举例说明指标与标志的区别和联系。

相关知识

一、总体和总体单位

（一）总体和总体单位的概念

1. 总体的概念

总体是指客观存在的、在同一性质基础上结合起来的许多个别事物构成的整体。

例如，研究工业企业的经营情况时，所有工业企业组成的集合体就是总体，因为工业企业总体由许多客观存在的工业企业单位组成，并且每个工业企业的经济职能都相同，即从事产品生产经营活动。此外，根据研究目的不同，人口可以是总体，学生可以是总体，设备可以是总体。

由此可见，总体是由特定的研究目的而确定的统计研究对象，根据研究目的的不同，可表现为人、物、企业、设备等。

2. 总体单位的概念

总体单位就是构成总体的每个单位。从总体的概念中可以看出，一个总体是由许多个别事物组成的，这些个别事物就称为总体单位。例如，若某班所有学生作为总体，则总体单位是每一个学生。

总体和总体单位的概念是相对于一定的统计研究目的而言的，随着统计研究目的的变化，两者可以相互变换。

（二）总体的分类

1. 有限总体

有限总体是指总体中包含的单位数是有限的，可以计量并且能够穷尽，可以用确切的数值表示。例如，我国人口数、土地面积、粮食产量等都是有限总体。

2. 无限总体

无限总体是指总体中包含的单位数是无限的，可以计量但不能穷尽。

（三）总体的特征

总体有质和量的规定性，一个总体的形成必须同时具备同质性、大量性和变异性三个基本特征。

1. 同质性

质的规定性是指构成总体的各个单位至少具有一种共同性质。同质性是将总体单位结合起来构成总体的基础和前提条件。

例如，以 30 岁职工为总体，则“30 岁”是总体内每个职工共同的数量标志属性。以国有工业企业为总体，则每一工业企业在所有制上均具有“国有”这一共同的品质标志属性。

同质性是相对的，它是根据一定的研究目的确定的，研究目的不同，同质性的意义也就不同。例如，工业企业从事产品生产，贸易企业从事商品流转，从“行业性质”来看，无法将工业企业和贸易企业结合起来构成一个总体，但如果从“所有制性质”来看，若上述两类企业都是国有的，则可包括在“国有企业”这个总体范围内。

2. 大量性

量的规定性是指总体的形成要有一个相对规模的量，仅由个别单位或极少数单位是不能构成总体的。因为统计所研究的客观事物的规律性只有在大量事物的普遍联系中才能表现出来，同时，统计研究的大量观察法表明，只有观察足够多的单位，才能在综合汇总过程中消除偶然因素的影响，使大量社会经济现象总体显示出相对稳定的规律和特征，从而呈现出共性倾向。

3. 变异性（差异性）

总体各个单位除具有某种共同性质以外，在其他方面要存在质或量的差异。例如，所有工业企业作为一个总体，除具有从事产品生产这一共同性质以外，在职工人数、产值、利润、规模等方面存在一定差别。因此，在同质基础上研究总体变异程度、趋势、规律，是统计研究的重要任务。

二、标志和标志表现

（一）标志和标志表现的概念

1. 标志的概念

标志是指说明总体单位属性或特征的名称。例如，一个人的特征，可以用性别、年龄、受教育程度、职业等标志加以反映；反映一个企业的属性或特征的标志有经济类型、产量、产值等。

2. 标志表现的概念

标志表现是指标志特征在总体单位上的具体表现。如果说标志是统计调查的项目，那么标志表现就是统计调查的结果。标志表现的形式有两种：其一表现为文字；其二表现为数值，又称标志值。例如，反映一个人或一个企业特征的标志、标志表现及其形式如表 1-1 所示。

表 1-1　标志、标志表现及其形式示例

标志	标志表现	标志表现形式
年龄	17、18、19	数值
性别	男、女	文字
经济类型	国有、集体、私营	文字
产值	200、260、280	数值

（二）标志的种类

1. 按标志的性质分类

标志按性质可分为品质标志和数量标志。

品质标志：表明总体单位属性方面的特征，不能以数值形式表现，而只能以文字描述，用以说明事物质的规定性，如性别、职业、所有制等。

数量标志：表明总体单位数量方面的特征，以数值形式表现，用以说明事物量的规定性，如年龄、工资、成绩等。

判断一个标志是品质标志还是数量标志，一个显著特征就是看标志的具体表现，凡是以文字表现的标志均为品质标志，凡是以数值表现的标志均为数量标志。

课堂活动　判断以下标志是品质标志还是数量标志：

出生日期、产品质量等级、邮政编码

2. 按标志的变异情况分类

标志按变异情况可分为不变标志和可变标志。

不变标志：在一个总体中，当一个标志在各个单位的具体表现都相同时，这个标志称为不变标志。例如，在男职工总体中，每个职工在“性别”上均表现为“男性”，则“性别”就是男职工总体中每个职工的不变标志；在国有企业中，每个企业在“经济成分”这个标志上均表现为“国有”性质，则“经济成分”就是国有企业总体中每个企业的不变标志。

可变标志：在一个总体中，当一个标志在各个单位的具体表现有可能不尽相同时，这个标志称为可变标志。例如，性别、年龄、产值、职业等，都可以是可变标志。

判断一个标志是不变标志还是可变标志，一个显著特征就是看标志的具体表现是否相同。

课堂活动　思考题：某居民委员会成员的性别标志是可变标志还是不变标志？

三、统计指标

（一）统计指标的概念及构成要素

统计指标是社会经济统计活动和统计学中最重要的基本概念，统计正是利用统计指标来反映总体的实际情况，并通过统计指标来研究、认识总体的发展变化的。在社会经济统计中，统计指标占有中心地位，许多统计方法都是围绕统计指标产生的。具体来说，统计指标的概念有广义和狭义之分。

1. 狭义统计指标的概念及构成要素

从狭义上讲，统计指标是指反映社会经济现象总体数量特征的概念，由指标名称、计量单位和核算方法三个要素构成。一般在讨论统计理论和统计设计时所说的统计指标就是指这一种，如工业增加值、产量等反映企业生产经营情况的统计指标。

2. 广义统计指标的概念及构成要素

从广义上讲，统计指标是指反映社会经济现象总体数量特征的概念和数值，由指标名称、计量单位、核算方法、时间限制、空间限制和指标数值六个要素构成。它是实际统计工作中经常使用的概念。以 2023 年我国国内生产总值为例，说明广义的统计指标构成要素，如表 1-2 所示。

表 1-2 广义的统计指标构成要素示例

时间限制	空间限制	指标名称	指标数值	计量单位	核算方法
2023 年	我国	国内生产总值	1 260 582	亿元	生产法

（二）统计指标的特点

1. 数量性

统计指标的这一特点是与统计研究对象相联系的，由于统计研究对象是社会经济现象的数量方面，同时客观现象大多是可以度量的，因此可以借助于一系列统计指标进行反映。统计指标都是用数字来表现的，不存在不能用数字表示的统计指标。

2. 综合性

统计指标是大量同质总体单位数量综合的结果，即统计指标是说明总体的，它是对许多个体现象综合的结果。综合含义包括两个方面：一是从个别到一般，通过对各个单位数量差异的概括与综合，表现出总体的数量特征。例如，一个人的年龄、工资、成绩，不能反映总体的水平，因而它们不是统计指标，而只能是数量标志；但是，许多人的平均年龄、平均工资、平均成绩，可称为统计指标，因为它们能够反映总体的一般水平。二是指标数值是总体各个单位标志值的合计数。

3. 具体性

统计指标反映的是具有一定社会经济内容的量，而不是抽象的概念和数字，任何一个统计指标都是指标名称和指标数值的有机统一，两者缺一不可。指标名称如果没有对应的具体数值，那么只是一个空洞的概念；指标数值如果没有表现为一定实际内容的指标名称，那么只能是一个抽象的数字。

（三）统计指标与标志的区别和联系

1. 统计指标与标志的区别

（1）反映的范围大小不同：统计指标说明的是总体的数量特征，而标志说明的是总体单位的特征。

（2）表现形式不同：统计指标是用数值表示的，而标志既有用数值表示的数量标志，又有用文字表示的品质标志。

2. 统计指标与标志的联系

(1) 具有对应关系：在统计研究中，标志与指标名称往往是同一概念，具有相互对应关系。例如，工资，用于反映一个人的收入水平时，它是标志；用于反映所有人的收入水平时，它是指标。

(2) 具有汇总关系：许多统计指标数值是由总体单位标志值汇总而来的。

(3) 具有变换关系：由于统计研究目的不同，总体和总体单位具有相对性，总体和总体单位的非确定性导致相伴而生的统计指标和标志也不是严格确定的。随着统计研究目的的变化，当原来的总体转变为总体单位时，相应的统计指标也就成为数量标志，反之亦然。

(四) 统计指标的种类

1. 按反映的数量特点和内容分类

统计指标按反映的数量特点和内容不同，可分为数量指标和质量指标。

(1) 数量指标：反映社会经济现象总规模、总水平或工作总量的统计指标，也称总量指标或绝对指标。其特点是用绝对数表示，并具有实物或货币计量单位。例如，人口、工业增加值、国民收入等指标通常以总量指标形式出现，其数值大小随总体范围大小而变化。

(2) 质量指标：反映社会经济现象总体内部数量关系或总体单位平均水平的统计指标，也称相对指标或平均指标。其特点是用相对数或平均数表示。例如，单位产品成本、平均成绩、人口密度、产品合格率、劳动生产率等均为质量指标。

2. 按作用和表现形式分类

统计指标按作用和表现形式不同，可分为总量指标、相对指标和平均指标。

(1) 总量指标：反映社会经济现象总规模、总水平或工作总量的统计指标，如全国人口总数、国土面积等。

(2) 相对指标：由两个有联系的总量指标对比所形成的统计指标，如城镇人口在全国人口中所占的比例、企业产值计划完成程度等。

(3) 平均指标：反映社会经济现象总体单位数量标志一般水平的统计指标，如平均工资、平均成绩等。

3. 按管理功能分类

统计指标按管理功能不同，可分为描述指标、评价指标和预警指标。

(1) 描述指标：反映社会经济运行的状况、过程和结果，提供对社会经济总体现象的基本认识的统计指标。

(2) 评价指标：用于考核、评估、比较社会经济活动质量及其效果的统计指标。

(3) 预警指标：对社会经济活动过程中的关键点进行监测，通过与正常值的比较而发出警示的统计指标，如失业率、物价指数、通货膨胀率等。

4. 按反映现象的时间状况分类

统计指标按反映现象的时间状况不同，可分为时期指标和时点指标。

（1）时期指标：反映社会经济现象在一定时期内发展过程总量状况的统计指标，如产量、销售额等。

（2）时点指标：反映社会经济现象在某一瞬间所达到的水平的统计指标，如年末人口数、商品库存量、土地面积、毕业生人数等。

课堂活动 思考题：出生人口数、死亡人口数属于时期指标还是时点指标？

5. 按使用的计量单位分类

统计指标按使用的计量单位不同，可分为实物指标、价值指标和劳动指标。

（1）实物指标：以实物为计量单位的指标，它能反映事物使用价值量，如人口数、钢产量、粮食产量等。

（2）价值指标：以货币为计量单位的指标，如工业增加值、商品销售额等。由于不同计量单位的实物指标是不能直接加总的，而价值指标可以弥补这一不足，因此它具有更强的综合功能。

（3）劳动指标：以劳动单位计量的指标，如工时、工日等。

（五）统计指标体系

1. 统计指标体系的概念

由若干个相互联系、互为补充的统计指标所组成的整体，称为统计指标体系。

因为一个统计指标只能反映现象某一方面的数量特征，而社会经济现象总是存在多方面的有机联系和数量关系，同时不同社会经济现象之间也存在各种各样的联系，因此必须制定一整套的统计指标，才能反映大量社会经济现象的数量方面，从而认识现象的本质和规律。

2. 统计指标体系的表现形式

（1）利用数学关系式来表现：例如，增加值＝劳动者报酬＋固定资产折旧＋生产税净额＋营业盈余。

（2）通过相互补充的关系来表现：例如，反映某地区居民生活状况时，由人口数、居住面积、收入、储蓄、支出等一系列指标共同组成。

3. 统计指标体系的种类

统计指标体系按照统计研究目的不同和统计指标构成的松紧程度，可分为基本统计指标体系和专题统计指标体系。

（1）基本统计指标体系：反映国民经济和社会发展总体状况及其各个组成部分基本情况的指标体系。根据研究范围不同，分为三层：一是全国统计指标体系；二是各地区部门统计指标体系；三是基层企事业单位统计指标体系。

（2）专题统计指标体系：根据某一专题分析的需要，针对某一社会或经济问题而专门设计制定的统计指标体系，如经济效果统计指标体系、人民生活水平统计指标体系等。

四、变异和变量

（一）变异

1. 变异的概念

变异是指可变标志的具体表现在总体各单位之间的差异或差别。例如，性别是品质标志且是可变标志，具体表现为男性和女性，说明构成人口总体的个体在性别上有男和女的差别；各个企业在产值、利润、经济成分等方面的具体表现不尽相同，均有差异。

2. 变异的分类

变异有属性变异和数量变异两种。

（1）属性变异：品质标志在总体各单位之间的不同表现。例如，性别、民族、受教育程度等标志是反映人的属性方面的差异的。

（2）数量变异：数量标志在总体各单位之间的不同表现。例如，产值、利润、销售额等标志是反映企业的数量方面的差异的。

变异是统计的前提条件，没有变异就不需要统计。

（二）变量

1. 变量的概念

变量是指可变的数量标志和统计指标。例如，工资、职工人数、产值、成绩等都是数量标志，并且是可变的，均可称为变量。变量的具体表现（具体取值），称为变量值。

例如，工资：具体表现为 5 000、6 000、8 000、10 000；

年龄：具体表现为 10、20、30、40、50。

2. 变量的分类

（1）按变量值是否连续分类。

变量按变量值是否连续分为连续型变量和离散型变量。

① 连续型变量：数值是连续不断的，任意两个数值之间可做无限分割，即可以取无限多个数值，如身高、产值、利润等。其特点：一是数值通过测量和计算取得；二是表现形式既可用整数，也可用小数。

② 离散型变量：数值是不连续的，并且任意两个数值之间只能以整数断开，而不能表示为小数，如人数、企业个数、设备台数等。其特点是：数值只能用计数的方法取得，并且只能用整数表示。

课堂活动 思考题：年龄是连续型变量还是离散型变量？

（2）按变量性质分类。

变量按性质分为确定型变量和随机变量。

① 确定型变量：一种现象的数量确定以后，另一种现象的数量也随之完全确定。例如，圆的面积与半径之间的关系为 $S=\pi r^2$，半径确定以后，圆的面积有唯一值与之对应。

② 随机变量：一种现象的数量确定以后，另一种现象的数量不能完全确定，而是在一定范围内变动。例如，施肥量与亩产量，我们不能说施肥量增加1千克，亩产量也增加1千克，因为亩产量还受到土壤、降雨量等因素的影响。

知识拓展

新质生产力是以数据为新型生产要素的生产力。在全国众多一级学科中，统计学是唯一将数据作为研究对象的学科。人是生产力中最活跃、最具决定性意义的因素，也是加速新质生产力形成的关键要素。发展新质生产力要求不断利用新技术、新模式来改造提升传统产业，培育壮大新兴产业，布局建设未来产业，完善现代化产业体系。若统计没有与之相适应的分类标准、监测技术、分析方法，便难以及时客观反映新质生产力相关产业的规模、速度、结构和效益。

发展新质生产力既是发展命题，又是改革命题。必须运用新的统计分析方法和模式来研究新的经济问题，破除一切制约新质生产力发展的思想障碍。要围绕经济发展新动力的成长趋势，聚焦战略性新兴产业、未来产业发展的制约因素，运用前沿统计方法和工具，深挖数据背后的规律、存在的问题，预测、预判、预警新质生产力发展面临的问题，为国家经济发展提出科学合理的对策建议，推动新质生产力健康发展。

同步测试

一、填空题

1. “统计”一词通常有三种含义，即________、________、________。

2. 总体的特征有________、________、________。

3. 统计指标按反映的数量特点和内容不同，可分为________和________。

4. 统计的基本特点可概括为________、________、________。

5. 统计学的研究方法包括________、________、________。

6. 变量按变量值是否连续分为________和________。

7. 统计指标按作用和表现形式不同，可分为________、________和________。

8. 统计指标按反映现象的时间状况不同，可分为________和________。

9. 标志按性质不同，可分为________和________。

10. 统计指标的特点有________、________、________。

二、判断题

1. 社会经济统计是在质与量的辩证统一中，研究社会经济现象的数量方面。（　　）
2. 统计是研究数量的，因此它是从定量认识开始的。（　　）
3. 社会经济统计学侧重宏观社会经济现象的定量分析。（　　）
4. 统计的基础职能是咨询职能。（　　）
5. 研究 5 个学生的学习情况，这 5 个学生构成统计总体。（　　）
6. 所有的统计指标都是可以用数值来表现的。（　　）
7. 因为运动员的号码可以用数字来表示，所以它是数量标志。（　　）
8. 第七次全国人口普查资料显示，我国总人口已达 1 411 778 724 人，因其数值大，故属无限总体。（　　）
9. 数量指标是由数量标志值汇总得到的，质量指标是由品质标志值汇总得到的。（　　）
10. 总体与总体单位在任何条件下都存在变换关系。（　　）

三、单项选择题

1. 3 个学生的统计成绩分别为 95 分、87 分、68 分，这三个数字是（　　）。
   A. 指标　B. 标志　C. 指标体系　D. 变量值
2. 大量观察法是（　　）。
   A. 统计调查的一种具体方法
   B. 统计分析的一种手段
   C. 统计调查必须遵循的一个基本原则
   D. 统计分析必须遵循的一个基本原则
3. 在统计史上被称为“有名无实”的统计学派是（　　）。
   A. 政治算术学派　B. 数理学派
   C. 社会统计学派　D. 记述学派
4. 要研究 100 个学生的学习成绩，则总体是（　　）。
   A. 100 个学生　B. 100 个学生的学习成绩
   C. 每个学生　D. 每个学生的学习成绩
5. 下列属于数量标志的是（　　）。
   A. 年龄　B. 性别　C. 工作单位　D. 民族
6. 某学生“统计学原理”课程成绩为 85 分，则“成绩”是（　　）。
   A. 变量值　B. 变量　C. 标志值　D. 品质标志
7. 下列属于品质标志的是（　　）。
   A. 职工年龄　B. 工资　C. 工龄　D. 性别
8. 反映总体内部数量关系和总体单位平均水平的统计指标是（　　）。
   A. 质量指标　B. 数量指标　C. 变异指标　D. 数量标志

9. 构成总体的前提条件是（　　）。

A. 同质性　B. 大量性　C. 社会性　D. 差异性

10. 下列属于时期指标的是（　　）。

A. 毕业人数　B. 产量　C. 商品库存量　D. 土地面积

四、多项选择题

1. 一个完整的统计工作过程包括（　　）。

A. 任务确定　B. 统计设计

C. 统计调查　D. 统计整理

E. 统计分析

2. 统计整体功能就是（　　）三者的协调与统一。

A. 信息职能　B. 咨询职能　C. 服务职能　D. 监督职能

3. 统计研究对象的特点有（　　）。

A. 数量性　B. 大量性　C. 社会性　D. 总体性

E. 具体性

4. 统计指标的特点有（　　）。

A. 数量性　B. 综合性　C. 具体性　D. 差异性

5. 下列属于离散型变量的有（　　）。

A. 出生人口数　B. 生产设备台数

C. 工业企业职工人数　D. 汽车销售量

6. 下列属于数量指标的有（　　）。

A. 出生人口数　B. 产量

C. 产值　D. 计划完成程度

7. 标志按变异情况分为（　　）。

A. 不变标志　B. 可变标志　C. 变异指标　D. 数量指标

8. 下列属于质量指标的有（　　）。

A. 平均工资　B. 单位产品成本

C. 产品合格率　D. 人口出生率

9. 研究某厂全部职工情况时，其可变标志有（　　）。

A. 工龄　B. 性别　C. 工资　D. 厂籍

10. 下列属于时点指标的有（　　）。

A. 年末人口数　B. 出生人口数

C. 商品库存量　D. 死亡人口数

五、简答题

1. 统计指标与标志之间有何区别和联系？

2. 统计的职能有哪些？

六、实训题

阅读《中华人民共和国2023年国民经济和社会发展统计公报》，指出表1-3中哪些是数量指标，哪些是质量指标。

表1-3　判断指标种类

指标名称	指标种类
国内生产总值	
人均国内生产总值	
全员劳动生产率	
人口总数	
人口出生率	
粮食产量	

项目二 统计调查

学习目标

知识目标	1. 掌握统计调查的种类； 2. 理解统计调查方案的内容； 3. 掌握调查问卷的设计。
能力目标	1. 能运用所学知识，开展学生学习情况、消费情况实地调查； 2. 能撰写简单的统计调查方案； 3. 能设计调查问卷，会使用“问卷星”开展调研。
素质目标	培养学生开展调查研究的工作作风和团队合作精神，使学生具备从事统计调查工作的基本素养。

任务一 统计调查概述

任务情境

2020 年 11 月 1 日零时，我国开展了第七次全国人口普查，目的是全面查清我国人口数量、结构、分布、城乡住房等方面情况；2023 年 12 月 31 日，我国开展了第五次全国经济普查，首次统筹开展投入产出调查，目的是全面调查我国第二产业和第三产业发展规模、布局和效益，摸清各类单位基本情况，掌握国民经济行业间经济联系。为何人口普查、经济普查采用普查方式，而农作物产量调查、产品质量调查却采用抽样调查方式？

任务分析

全国人口普查和经济普查都属于重大国情国力调查，国务院分别颁发《关于开展第七次全国人口普查的通知》和《关于开展第五次全国经济普查的通知》等文件，确保普查工作质量。产品质量调查由于是破坏性检验，不宜进行全面调查，只能采用抽样调查方式。

任务实施

1. 明确统计调查的基本形式。

2. 阅读《关于开展第七次全国人口普查的通知》和《关于开展第五次全国经济普查的通知》。

相关知识

一、统计调查的概念

统计调查是指根据调查目的和要求，采用科学的调查方法，有计划、有组织地收集数据信息资料的统计工作过程。

二、统计调查的意义

统计调查在统计工作过程中具有重要意义，它是认识事物的起点，是保证统计工作质量的首要环节，是整个统计工作的基础。统计整理、统计分析都是在统计调查的基础上进行的，因此，调查工作的好坏，取得的资料是否完整，将直接影响今后各阶段工作的好坏，甚至影响整个统计工作任务的完成与否。

课堂活动 单选题：统计调查是整个统计工作的（　　）。

A. 基础环节　　B. 主要环节　　C. 关键环节　　D. 重点环节

三、统计调查的种类

（一）按调查对象包括的范围分类

统计调查按调查对象包括的范围不同，可分为全面调查和非全面调查。

（1）全面调查：对调查对象的全部单位无一遗漏地进行调查，如人口普查，目的是准确取得全部单位的全面资料。与非全面调查相比，全面调查要耗费大量的人力、物力和时间，因此，它只适用于有限总体，并且是必须掌握的重要基本资料。

（2）非全面调查：对调查对象中的部分单位进行调查，如重点调查、典型调查、抽样调查等，由于调查单位少，可以用较少的人力、物力和时间取得较为细致的资料。

需要注意的是，消耗性、破坏性调查不宜采用全面调查，如产品质量调查。

（二）按调查登记的时间是否连续分类

统计调查按调查登记的时间是否连续，可分为经常性调查和一次性调查。

（1）经常性调查：为了获取调查对象完整的系统的数据，随着调查对象的变化而进行的连续不断的调查。它适用于对时期现象的调查，如产品产量、原材料消耗量、商品销售额等。这类现象指标数值变动大、变化快，只有连续观察登记，才能满足统计需要。

(2) 一次性调查：对调查对象每隔一定时间进行一次的间断的调查，目的是获取某一现象在某一时点上的资料。它适用于对时点现象的调查，如全国经济普查每 5 年进行一次，在尾数逢“3”和“8”的年份实施。

(三) 按调查组织形式分类

统计调查按调查组织形式不同，可分为统计报表制度和专门调查。

(1) 统计报表制度：按照国家有关法规的规定，以统一的表格形式、统一的指标内容、统一的报送程序和报送时间，自上而下地统一布置统计调查任务、自下而上地逐级提供基本统计资料的一种调查组织形式，如互联网经济统计报表制度、批发和零售业统计报表制度等。

(2) 专门调查：为研究调查对象的某些专门问题而组织的调查，包括普查、重点调查、抽样调查等。

知识拓展

统计报表的分类

1. 按报送范围分类

统计报表按报送范围不同，可分为全面统计报表和非全面统计报表。

全面统计报表：要求调查对象中的全部单位均填报的报表，适用于全面调查，如批发和零售业统计报表。

非全面统计报表：要求调查对象中的部分单位填报的报表，适用于非全面调查。

2. 按报送周期分类

统计报表按报送周期不同，可分为定期报表和年报。

定期报表：报送周期不超过一年的报表，有日报、周报、旬报、月报、季报、半年报，适用于反映工作进度和经济活动的动态。

年报：报送周期为一年的报表，适用于反映内容详细的调查。

3. 按填报单位分类

统计报表按填报单位不同，可分为基层统计报表和综合统计报表。

基层统计报表：由基层单位根据原始记录汇总、整理、填报的报表。

综合统计报表：由各级国家统计部门和业务主管部门，根据基层单位报送的基层统计报表进一步汇总、整理、填报的报表。

四、统计调查的基本形式

(一) 普查

1. 普查的概念

普查是指为完成某种调查任务而专门组织的一次性全面调查，主要用于调查一定时点上的社会经济现象的总量。例如，为了研究我国人口总数、地区分布及人口素质等方面的情况，我国先后进行了七次全国人口普查。普查往往在全国范围内进行，多属国情国力调查。

2. 普查的特点

（1）普查是专门组织的一次性调查。这是从调查登记在时间上是否连续看待普查的，由于社会经济现象分为时期现象和时点现象，普查的调查对象主要是时点现象，有时也可是时期现象，通过普查可以收集调查对象在某一时点上的总量资料。

（2）普查是全面调查。这是从调查对象包括的范围上看待普查的，即对调查对象的全部单位都要进行调查，收集的资料要全面、详细。

3. 普查的组织形式及组织普查的原则

（1）普查的组织形式。

普查的组织形式主要有两种：一是组织专门的普查机构，配备一定数量的普查人员，对调查单位直接进行登记。例如，我国历次人口普查，在国务院和地方各级人民政府领导下，设立人口普查领导小组及其办公室，统一做好人口普查组织工作。二是利用调查单位原始记录和核算资料。

（2）组织普查的原则。

由于普查涉及面广、工作量大，而且时效性强，同时普查对象会随时间和空间变化而发生较大变动，因此，必须对普查工作进行统一领导、统一要求、统一行动。在组织普查时，应遵循以下原则：

① 规定统一的普查时点（标准时点）。这样做的目的是使所有普查资料都反映这一时点上的状况，以避免收集资料时由于情况变化而产生的重复或遗漏。例如，第七次全国人口普查标准时点是 2020 年 11 月 1 日零时，不论登记的具体时间是在标准时点之前还是之后，都必须按照标准时点的实际情况进行调整，这样才能取得准确的数据。2020 年 11 月 1 日零时后到实际登记这段时间内死亡人口仍须登记，出生人口则不予登记，迁移人口必须在原户口登记地登记。

② 确定统一的普查期限。普查时点是在普查时期选择基础上确定的，而普查时期的选择要遵循调查对象变动最小或普查工作最易进行的原则；同时，在普查范围内，各单位要同时进行，并尽可能在最短期限内完成，以保证普查资料的准确性和及时性。

③ 规定统一的普查项目和指标。调查项目和指标一经确定，不能任意改变，以免影响综合汇总；同类普查再次进行时，调查项目和指标口径尽可能保持一致，并按一定周期进行，以便与历史资料可比，分析和观察现象发展变化规律。

（二）重点调查

1. 重点调查的概念

重点调查是指在调查对象中，选择一部分重点单位进行调查，以反映现象总体的基本情况的一种非全面调查。其中，重点单位是指调查单位的标志值在总体标志总量中占有绝大比例的单位。例如，要了解我国钢铁产量的基本情况，只要选择少数几个重点钢铁企业（首钢、宝钢等）进行调查，就能从数量上反映总体的基本情况。由此可见，重点调查要比全面调查节省人力、物力和时间。

需要注意的是，重点调查既可用于一次性调查，也可用于经常性调查。重点调查的组织形式可以是专门调查或颁发统计报表。但重点调查的结果不能用于推算总体指标，因为重点单位与一般单位差别较大。

2. 重点调查的特点

(1) 重点调查是专门组织的非全面调查。正确选择重点单位，是组织重点调查的关键。选择重点单位的原则包括：选出的重点单位要尽可能少，但它们的标志值在总体标志总量中占有绝大比例；同时，选中的单位管理制度须健全完善，统计基础要巩固扎实，这样才能提供详细、准确的资料。

(2) 重点调查的目的是反映现象总体的基本情况。当调查任务只要求掌握调查对象的基本情况，同时调查对象中确实存在部分重点单位，并且又能集中反映所要调查的项目和内容时，重点调查是一种最适宜的方法。

课堂活动 单选题：重点调查中的“重点单位”是指（　　）。

A. 有典型特征的单位

B. 标志值在总体标志总量中占有绝大比例的单位

C. 全部单位中的一小部分单位

D. 在国民经济中地位显赫的单位

（三）典型调查

典型调查是指根据调查目的和要求，在对调查对象进行全面分析的基础上，有意识地选择若干具有典型意义或具有代表性的单位进行的一种非全面调查。典型调查的主要目的不在于反映现象总体的数量特征，而在于了解与调查对象有关的生动具体的情况。例如，推广乡村振兴经验，我们可以选择在促进“三农”发展上具有代表性的乡村作为典型单位，总结其产业发展、脱贫攻坚、农村劳动力就业、改善人居环境等具体做法。

（四）抽样调查

1. 抽样调查的概念

抽样调查是指按照随机原则，从总体中随机抽取一部分单位作为样本进行调查，根据获得的样本指标推断总体数量特征的一种非全面调查。例如，检验产品质量或使用寿命、检验炮弹平均杀伤力、调查职工收入、调查电视收视率，都是采用抽样调查的方法。

课堂活动 思考题：农作物产量调查是否适用抽样调查？

2. 抽样调查的特点

(1) 按照随机原则抽取样本。随机原则也称等可能原则，是指调查单位的抽取不受主观因素的影响，保证调查对象的每个单位具有同等的中选或不中选的可能性。由于完全排除了主观意识的作用，保证了每个单位有同等的机会被抽中，这样就有更大的可能性使抽取的样本结构类似于总体，从而使样本对总体具有更强的代表性。而且，只有遵循随机原则，才有可能计算抽样误差。

（2）根据部分推断总体。统计研究目的是认识现象总体的数量特征，虽然抽样调查是非全面调查，但它可以根据样本指标实际数值推算总体指标，尤其是对于一些破坏性检验，采用抽样调查效果要比采用其他调查方法好。

（3）抽样误差可以事先计算并得到有效控制。根据样本指标推算总体指标必然会存在一定的抽样误差，在随机原则下，采用概率论方法，可以计算误差的大小，同时可以描述样本指标的分布，这样抽样误差的范围就可以通过一定途径事先加以控制，从而保证推断结果达到一定可靠程度。

（五）统计报表制度

1. 统计报表制度的概念

统计报表制度是指企业、行政事业单位、各级政府统计机构和各业务主管部门，依照《中华人民共和国统计法》的规定向国家履行的一种报告制度。

2. 统计报表制度的构成内容

（1）表式：统计报表制度的主体，指报表的具体格式、要求填报的指标项目及各项“补充资料”。

（2）填表说明：填报报表时应遵循的各种事项。

3. 统计报表制度的基础工作

（1）原始记录：基层单位通过一定的表格形式，对其生产经营管理活动的过程和成果所做的最初记录。例如，企业的产品产量和质量记录、工人出勤和工时记录、库存物资进出库记录、商品销售记录等。

（2）统计台账：根据统计报表核算要求和企业生产经营管理需要，用一定的表格形式将分散的原始记录按时间顺序，分门别类地集中登录在一个表册上，这种系统积累统计资料的表册，称为统计台账。

原始记录是统计报表的主要资料来源，统计台账是原始记录的系统积累，又是填报统计报表的直接依据；统计报表则是统计资料汇总、整理和核算的最终结果。上述三者之间相互协调统一的关系，表明了统计报表资料的一般汇总过程。

知识拓展

没有调查，没有发言权

1930 年 5 月，毛泽东在《反对本本主义》一文中，提出“没有调查，没有发言权”的著名论断。这个论断后来成为中国共产党人深入实际，深入群众，形成正确工作方法的行动口号。

调查研究是从实际出发的中心一环，是尊重客观规律、发挥主观能动性的典型形式。调查研究既是“从物到感觉和思想”的唯物主义认识路线的具体体现，也是发挥人的主观能动性、把握客观规律的具体途径，因此是一切从实际出发的根本方法。调查研究是贯彻实事求是思想路线的必然要求。习近平在2012年5月16日中央党校春季学期第二批入学学员开学典礼上指出，要了解客观实际，就必须深入群众、深入实践进行调查研究，把客观存在的事实搞清楚，把事物的内部和外部联系弄明白，从中找出能够解决问题、符合群众要求的办法来。没有调查就没有发言权，没有调查也没有决策权。

任务二　统计资料收集

任务情境

你是否有过这样一种经历：在用手机浏览短视频时，APP推送给你的视频越来越接近你的爱好，甚至在你刚刚使用浏览器搜索了一条信息后，购物网站就开始给你推送这条信息中包含的商品？这其实是因为你在使用手机的过程中，留下了或多或少的痕迹，APP对这些痕迹加以分析，了解到你的爱好和习惯后，就开始有针对性地推送你感兴趣的商品和信息，而这一切的起点是数据资料的收集。

任务分析

在大数据时代，信息量暴增，但同时也意味着我们必须从海量的信息中提取出我们需要的准确数据。一方面，我们可以通过统计调查取得第一手资料；另一方面，我们也可以从《中国统计年鉴》和国家统计局的官网获取权威的数据。同时，在信息时代，随着人工智能和大数据技术的发展，我们自身的数据也越来越容易被收集和分析，这有时可以提高我们选择商品或信息的效率，但有时也会为我们构造出一个“信息茧房”。

任务实施

请结合实际，开展本专业学生就业情况统计调查，收集学生就业情况统计资料。

相关知识

一、统计资料的概念与分类

（一）统计资料的概念

统计资料也称统计数据，是在统计工作过程中获取的各种数字资料和其他资料的总称，它是统计工作的最终成果。统计数据的真实性是统计工作者的生命，数据是否真实是衡量统计工作质量好坏的标准。而统计数据采集的结果都表现为一系列统计资料，这些资料是制定政策、编制计划的依据，并据此检查监督政策、计划的执行情况。

（二）统计资料的分类

1. 按资料的来源分类

统计资料按资料的来源不同，可分为原始资料和次级资料。

（1）原始资料：指向调查单位直接收集的、未经加工整理而保持其原始状态的第一手资料，如调查某市居民住房情况的数据、人口普查员入户登记的数据等。

（2）次级资料：指已经加工整理的由个体过渡到总体，能在一定程度上说明总体特征的统计资料，如统计公报、统计年鉴上的数据。任何次级资料都是在对原始资料整理的基础上得到的，统计资料的收集主要是收集原始资料。

2. 按资料的时间属性分类

统计资料按资料的时间属性不同，可分为静态资料和动态资料。

（1）静态资料：指被调查的总体现象在一定时间、一定空间表现的最终成果，如某市 2023 年职工平均工资。

（2）动态资料：指被调查的总体现象在某一时期内连续变动的最终成果，如我国 2019—2023 年国内生产总值及其增长速度（图 2-1）。

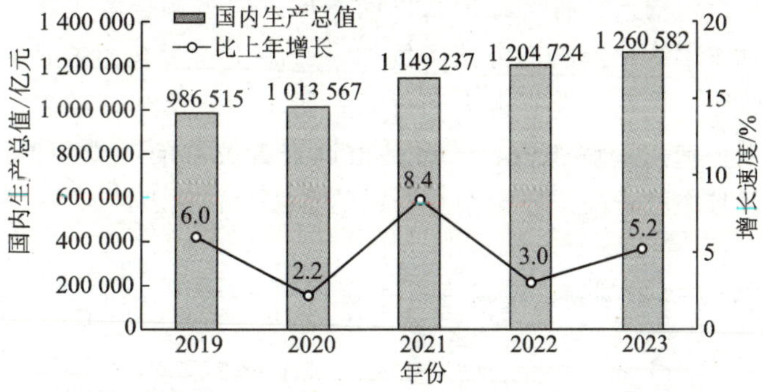

图 2-1　我国 2019—2023 年国内生产总值及其增长速度

（数据来源：《中华人民共和国 2023 年国民经济和社会发展统计公报》）

二、统计资料收集的要求与基本方法

（一）统计资料收集的要求

（1）准确性：这是统计资料收集最重要的原则和要求。

（2）全面性：收集的统计资料要全面，不能以偏概全。

（3）及时性：任何统计资料都有一定的时效性，要确保统计资料及时上报。

（二）统计资料收集的基本方法

1. 原始资料收集方法

（1）直接观察法。

直接观察法是指调查人员亲自到现场对调查对象进行观察、计数或计量，以取得资料的方法。例如，农产品产量调查、商品库存量调查、教师教学质量评估等均采用此法。优点：保证统计资料的准确性；缺点：所费人力、物力、时间较多，不能用于历史资料收集，调查人员必须具备丰富的经验，通常只适用于调查内容比较简单、观察范围较小的现象。

（2）采访法。

采访法也称访问法，是指调查人员向被调查者提问，根据被调查者的答复来收集资料的方法。例如，人口普查，普查员根据普查表中的内容入户提问，然后逐项填写以获取人口数据。这种方法包括个别访问和开调查会两种形式。优点：能收集到深入细致、切实可靠的资料；缺点：所费人力、时间较多，一般适用于非全面调查的现象。

（3）报告法。

报告法是指以各种原始记录和核算资料为依据，由调查单位按照有关规定和隶属关系，逐级向上提供统计资料的方法。例如，统计报表制度就采用此法。报告法是以行政方法在全国范围内实施，具有强制性。优点：如果基层单位有健全的原始记录和核算资料，并能严格遵守有关制度和法规，统计资料的准确性就能得到保证；缺点：必须建立专门的组织机构，配备专职统计人员。

（4）问卷法。

问卷法是指调查人员将调查项目以问卷形式向被调查者提问，由被调查者如实作答，以取得统计资料的方法。例如，产品质量调查、毕业生就业情况调查等可采用此法。优点：节省人力和时间，便于信息反馈，经多次征答可以得到较好的结果；缺点：调查内容若不是被调查者关心的，或者涉及个人隐私，则调查问卷回收率就不高，影响调查资料的真实性和代表性。

课堂活动　多选题：原始资料收集方法主要有（　　）。

A. 直接观察法　　B. 访问法　　C. 报告法　　D. 问卷法

2. 次级资料收集方法

（1）文献资料筛选法：从各类文献资料中分析和筛选出与调查项目有关的信息资料的方法，如从公开出版物中收集相关统计信息。

（2）报刊剪辑分析法：从各种报刊上刊登的文章、报道中分析和收集与调查项目有关的信息资料的方法。

（3）专业数据库法：从按照一定要求所收集的具有内部相关性的数据的集合体中检索和收集与调查项目相关的信息资料的方法，如从中国知网数据库、万方数据库等专业数据库中收集相关统计资料。

（4）互联网搜索法：运用互联网搜索引擎查找信息资料的方法，如从国家统计局网站、中国经济信息网、中国经济新闻网等统计数据网站上查找相关统计信息。

三、统计误差及其控制方法

（一）统计误差的概念与种类

1. 统计误差的概念

统计误差是指统计调查所收集的统计数据与实际数据之间的差距。

2. 统计误差的种类

统计误差按误差的性质和引起误差的原因分为登记性误差和代表性误差。

（1）登记性误差：指在统计调查各个环节，由于工作的不准确、不规范而产生的误差。这类误差根据其形成原因又可分为计量误差、调查技术误差、记录误差等。

（2）代表性误差：指从总体中随机抽取样本所引起的总体真实数据与样本数据之间的差距，或者用样本代表总体，由于抽取的样本对总体代表性不足而产生的误差。这类误差只在抽样调查中出现。

（二）统计误差的控制方法

统计误差的大小直接决定着统计数据的质量。误差越大，准确性越低，统计数据的质量就越差。因此，要根据误差产生的原因，采用不同方法，将误差降到最低水平。例如，要降低计量误差，应使用标准的计量工具和计量单位，采用科学的计量方法；要降低调查技术误差，应提高调查人员的素质；要降低记录误差，应增强调查填报人员的责任心，并加大复核工作的力度；等等。

知识拓展

观测数据

观测数据（observational data）是对客观现象进行实地观测所取得的数据，在数据取得的过程中一般没有人为控制和条件约束。在社会经济问题研究中，观测是取得数据最主要的方法。很多社会经济问题不适合应用实验的方法，只能通过实际调查得到数据，用各种调查方法得到的数据都属于观测数据，如2024年我国的国内生产总值、年末人口数等。

任务三　统计调查方案撰写

任务情境

“凡事预则立，不预则废。”在调查开始之前，我们先要通盘考虑，制订调查工作计划，以确保调查工作顺利进行。

任务分析

一个完整的调查方案应包括确定调查目的、明确调查对象和调查单位、设计调查项目和调查表、规定调查时间和调查期限、制订调查组织实施计划等内容。

任务实施

请结合实际，开展学生就业情况、专业学习情况、消费支出情况调查，撰写一份调查方案。

相关知识

一、统计调查方案的概念

统计调查是一项复杂且繁重的工作，需要耗费大量的人力、物力和财力。为了保证统计调查顺利进行，必须有计划、有组织地开展调查工作，统计调查方案就是统计调查开始之前制订的收集统计资料的工作计划。它是统计调查顺利进行的前提，也是准确、及时、系统、完整地取得统计资料的重要条件。

二、统计调查方案的内容

（一）确定调查目的

这是统计调查的首要问题，关系到调查范围、内容和调查方法的确定。由于人们开展任何一项工作都有一定的目的，统计调查在对社会经济现象进行研究时，也可以根据不同任务、不同目的来收集统计资料；任务和目的不同，调查内容和范围也就不同，目的不明、任务不清，就无法确定向谁调查、调查什么及用什么方法进行调查，由此产生的后果是调查得来的资料可能并不都是所要了解的，这就势必造成人力、物力和财力的浪费，从而使调查工作徒劳无益。

1. 调查目的的概念

调查目的是指统计调查所要解决的问题和所要取得的资料。例如，第七次全国人口普查是在中国特色社会主义进入新时代开展的重大国情国力调查，将全面查清我国人口数量、结构、分布、城乡住房等方面情况，为完善人口发展战略和政策体系，促进人口长期均衡发展，科学制定国民经济和社会发展规划，推动经济高质量发展，开启全面建设社会主义现代化国家新征程，向第二个百年奋斗目标进军，提供科学准确的统计信息支持。

2. 确定调查目的的原则

确定调查目的时，应做到具体明确、突出中心、避免面面俱到，以此提高统计调查质量。具体来说，应做到以下三点：

（1）根据党的方针政策、当前的政治经济任务，抓住实际工作中最为重要、迫切的问题。

（2）从统计工作整体出发，立足满足国民经济综合平衡的需要。

（3）从调查对象实际出发，把需要与可能结合起来。

课堂活动　单选题：统计调查的首要问题是确定（　　）。

A. 时间和地点　B. 调查目的　C. 调查对象　D. 调查方法

（二）明确调查对象和调查单位

这是为了回答向谁调查，由谁提供具体资料的问题。明确调查对象和调查单位时，应厘清以下三个概念：

（1）调查对象：统计调查所要研究的社会经济现象的总体，由性质相同的许多个体单位组成。例如，人口普查的调查对象是中华人民共和国境内的自然人及在中华人民共和国境外但未定居的中国公民；工业企业设备普查的调查对象是工业企业的所有设备。

（2）调查单位：构成调查对象的每一个个体单位，是进行调查登记的标志表现的直接承担者，如人口普查的调查单位是每一个人。

（3）报告单位（填报单位）：负责提交调查资料的单位。

需要注意的是，调查单位与报告单位有时一致，有时不一致。例如，全国工业企业普查，调查对象是全国所有工业企业，调查单位和报告单位均为每一个工业企业；某乡奶牛产奶量调查，调查单位是每一头奶牛，报告单位为每一农户；人口普查，调查单位是每一个人，报告单位为每一户。

课堂活动　多选题：在工业企业设备普查中，（　　）。

A. 工业企业是调查对象　B. 工业企业的全部设备是调查对象

C. 每台设备是填报单位　D. 每个工业企业是报告单位

E. 每台设备是调查单位

（三）设计调查项目和调查表

1. 调查项目

调查项目是表明调查单位特征的标志，即调查中所要向调查单位调查的主要内容，如人口普查表中的调查项目包括住户项目和个人项目等。

设计调查项目时，需要注意以下几点：

（1）应是实现调查目的所必需的项目，可有可无或备而不用的项目不应计入。

（2）应本着需要与可能的原则，只列出可得到确切答案的项目；同时，每个项目提法要明确，不能模棱两可，对于可能产生歧义的项目，要在调查表中给出说明和界定。

（3）应明确调查项目的答案形式（如文字式、数字式、是否式等）。

（4）每个调查项目的内涵应尽量与过去同类调查项目的内涵保持一致，以便于进行动态比较。

2. 调查表

（1）调查表的概念：将调查项目按照一定顺序排列而成的一种表格。由于调查项目很多，为了便于填写和汇总整理，一般都采取调查表的形式。调查表是统计工作中收集原始资料的基本工具，采用调查表进行调查，不仅条理清晰，而且便于填写资料，便于对资料进行审核、汇总与整理，它是调查方案的核心部分。

（2）调查表的内容：表头、表体、表脚。

（3）调查表的形式：单一表（指在一张调查表上填写一个调查单位的有关资料，它可以容纳较多的调查项目，适用于较详细的调查）和一览表（指在一张调查表上填写若干个调查单位的有关资料，它可以容纳较少的调查项目，一般在调查项目不多时使用）。

（四）规定调查时间和调查期限

1. 调查时间

调查时间是指调查资料所属时期或时点。对于时点现象，调查时间指的是标准时点，如第七次全国人口普查标准时点是 2020 年 11 月 1 日零时；对于时期现象，调查时间指的是调查资料所属时期的起止时间。

2. 调查期限

调查期限是指进行调查工作的起止时间，包括从数据采集到数据报送的整个工作时间。例如，第七次全国人口普查，登记时间为 2020 年 11 月 1 日到 12 月 10 日。此次普查工作分三个阶段进行：第一阶段为准备阶段（2019 年 10 月—2020 年 10 月）；第二阶段为普查登记阶段（2020 年 11 月—12 月）；第三阶段为数据汇总和发布阶段（2020 年 12 月—2022 年 12 月）。

（五）制订调查组织实施计划

严密细致的调查组织实施计划，是保证统计调查顺利进行的前提。调查组织实施计划包括以下内容：领导机构的组建、调查方式和方法的确定、充足的经费、合格的调查员。

知识拓展

国务院关于开展第五次全国经济普查的通知

国发〔2022〕22 号

各省、自治区、直辖市人民政府，国务院各部委、各直属机构：

根据《全国经济普查条例》的规定，国务院决定于 2023 年开展第五次全国经济普查。现将有关事项通知如下：

一、总体要求

（一）指导思想。以习近平新时代中国特色社会主义思想为指导，深入贯彻党的二十大精神，认真落实党中央、国务院决策部署，完整、准确、全面贯彻新发展理念，加快构建新发展格局，着力推动高质量发展，坚持依法普查、科学普查、为民普查，坚持实事求是、改革创新，确保普查数据真实准确，全面客观反映我国经济社会发展状况。

（二）普查目的。第五次全国经济普查是一项重大国情国力调查，将首次统筹开展投入产出调查，全面调查我国第二产业和第三产业发展规模、布局和效益，摸清各类单位基本情况，掌握国民经济行业间经济联系，客观反映推动高质量发展、构建新发展格局、建设现代化经济体系、深化供给侧结构性改革以及创新驱动发展、区域协调发展、生态文明建设、高水平对外开放、公共服务体系建设等方面的新进展。通过普查，进一步夯实统计基础，推进统计现代化改革，为加强和改善宏观经济治理、科学制定中长期发展规划、全面建设社会主义现代化国家，提供科学准确的统计信息支持。

二、普查对象和范围

普查的对象是在我国境内从事第二产业和第三产业活动的全部法人单位、产业活动单位和个体经营户。具体范围包括：采矿业，制造业，电力、热力、燃气及水生产和供应业，建筑业，批发和零售业，交通运输、仓储和邮政业，住宿和餐饮业，信息传输、软件和信息技术服务业，金融业，房地产业，租赁和商务服务业，科学研究和技术服务业，水利、环境和公共设施管理业，居民服务、修理和其他服务业，教育，卫生和社会工作，文化、体育和娱乐业，公共管理、社会保障和社会组织等。

三、普查内容和时间

普查的主要内容包括普查对象的基本情况、组织结构、人员工资、生产能力、财务状况、生产经营、能源生产和消费、研发活动、信息化建设和电子商务交易情况，以及投入结构、产品使用去向和固定资产投资构成情况等。

普查标准时点为2023年12月31日，普查时期资料为2023年年度资料。

四、普查组织实施

第五次全国经济普查调查内容增多、技术要求提高、工作难度加大，各地区、各部门要按照“全国统一领导、部门分工协作、地方分级负责、各方共同参与”的原则，统筹协调，优化方式，突出重点，创新手段，认真做好普查的宣传动员和组织实施工作。

为加强对普查工作的组织领导，国务院将成立第五次全国经济普查领导小组，负责普查组织实施中重大问题的研究和决策。普查领导小组由国务院领导同志任组长，成员单位包括国务院办公厅、国家统计局、国家发展改革委、中央宣传部、中央政法委、中央编办、民政部、财政部、税务总局、市场监管总局等部门（组成人员名单另发）。涉及普查经费方面的事项，由财政部负责和协调；涉及数据处理能力建设方面的事项，由国家发展改革委负责和协调；涉及普查宣传动员方面的事项，由国家统计局、中央宣传部负责和协调；涉及企业和个体工商户名录方面的事项，由市场监管总局、税务总局负责和协调；涉及机关和事业单位名录方面的事项，由中央编办负责和协调；涉及社会团体、基金会、民办非企业单位及基层自治组织名录方面的事项，由民政部负责和协调；涉及统一社会信用代码信息共享方面的事项，由市场监管总局负责和协调；涉及城乡社区网格化服务管理工作的事项，由中央政法委协调。

国务院第五次全国经济普查领导小组办公室设在国家统计局，负责普查的具体组织实施和协调，各成员单位要按照各自职能，各负其责、通力协作、密切配合、信息共享。银行、证券、保险、铁路等部门和单位及有关方面，要按照普查方案统一要求，负责组织开展本系统的普查工作；海关总署负责组织开展普查工作中的进口货物使用去向调查任务。掌握普查有关基础资料的各级部门要及时准确提供部门行政记录和数据信息。

地方各级人民政府要设立相应的普查领导小组及其办公室，认真组织好本地区的普查实施工作，及时采取措施解决普查工作中遇到的困难和问题。要充分发挥街道办事处和居民委员会、乡镇人民政府和村民委员会的作用，广泛动员和组织社会力量积极参与、认真配合做好普查工作。地方普查机构根据工作需要，可聘用或者从有关单位商调符合条件的普查指导员和普查员，及时支付聘用人员的劳动报酬，保证商调人员在原单位的工资、福利及其他待遇不变，稳定普查工作队伍，确保普查工作顺利进行。

五、普查经费保障

第五次全国经济普查所需经费，按现行经费渠道由中央和地方各级人民政府共同负担，列入相应年度财政预算，按时拨付，确保到位，保障普查工作顺利开展。

六、普查工作要求

（一）坚持依法普查。所有普查工作人员和普查对象必须严格按照《中华人民共和国统计法》、《中华人民共和国统计法实施条例》和《全国经济普查条例》的规定，按时、如实填报普查表。任何单位和个人不得虚报、瞒报、拒报、迟报，不得伪造、篡改普查数据。普查取得的单位和个人资料，严格限定用于普查目的，不作为任何单位对普查对象实施奖惩的依据。各级普查机构及其工作人员，对在普查中所知悉的国家秘密和普查对象的商业秘密、个人信息，必须严格履行保密义务；未经批准，任何单位和个人不得对外发布普查数据。对在普查工作中的违纪违法等行为，依纪依法予以处理并加大通报曝光力度。

（二）确保数据质量。始终坚守数据质量第一原则，严格执行普查方案，规范普查工作流程，强化事前事中事后数据质量检查核查，切实防范和惩治统计造假、弄虚作假，确保普查数据真实准确、完整可信。各级普查机构要建立健全普查数据质量控制体系和岗位责任制，完善普查数据质量追溯和问责机制，严肃普查纪律，坚决杜绝各种人为干预普查数据的行为。采用有效技术手段和管理措施，确保普查数据采集、传输、存储和使用的安全。适时将普查工作开展情况纳入统计督察。

（三）创新手段方式。广泛应用部门行政记录，推进电子证照信息等在普查中的应用，采取网上填报与手持电子终端现场采集数据相结合的方式开展普查，通过信息化手段提高普查数据处理效能。适应常态化疫情防控需要，组织开展线上线下业务培训，支持普查对象通过网络自主报送普查数据，科学、规范、高效推进普查工作。

（四）强化宣传引导。各级普查机构应会同宣传部门认真做好普查宣传的策划和组织工作。充分发挥各类新闻媒体以及有关部门服务平台等宣传渠道作用，广泛深入宣传经济普查的重要意义和要求，引导广大普查对象依法配合普查、全社会积极参与普查，为第五次全国经济普查顺利实施营造良好的社会氛围。

国务院

2022 年 11 月 17 日

任务四　调查问卷设计

任务情境

为了促进毕业生就业，了解专业人才培养与产业人才需求的吻合度，学校计划开展毕业生就业情况调查。调查内容包括毕业生就业单位、薪资水平、专业对口情况、就业满意度等。为了保证调查工作顺利进行和方便后期数据处理，计划采用问卷调查法。

任务分析

调查问卷一般包括标题、说明、主体、编码号、致谢语和实验记录六项内容。

任务实施

请设计一份毕业生就业情况调查问卷。

相关知识

一、调查问卷的含义和特点

（一）调查问卷的含义

调查问卷法是调查人员运用统一设计的问卷向被选取的调查对象了解情况或征询意见的一种调查方法。调查问卷又称调查表或询问表，是指以问题的形式系统地记载调查内容的一种表格。调查问卷可以是表格式、卡片式或簿记式。设计调查问卷，是开展统计调查的关键。一份完美的调查问卷必须具备两个功能：能将问题准确地传达给被调查者和使被调查者乐于回答。

（二）调查问卷的特点

（1）通俗易懂，实施方便：调查问题以调查表的形式呈现，一目了然，方便调查人员开展调查，取得所需的调查资料。

（2）适用范围广：既适用于经济现象的调查，也适用于热点问题的调查。

（3）节省调查时间，提高调查效率：通过邮寄、发送电子邮件或在线调研等方式发放调查问卷，方便被调查者填写，节约调查问卷发放及回收时间。

二、调查问卷的类型

（一）按问题答案划分

调查问卷按问题答案不同，可分为结构式问卷、开放式问卷和半结构式问卷。

（1）结构式问卷：又称封闭式问卷，这种问卷的答案是调查人员在问卷上早已确定好的，被调查者在选择的答案上画圈或打钩即可。

（2）开放式问卷：又称开口式问卷，这种问卷不设置固定答案，让被调查者自由回答。

（3）半结构式问卷：介于结构式问卷和开放式问卷之间，问题的答案既有固定的、标准的，也有自由发挥的。

（二）按调查方式划分

调查问卷按调查方式不同，可分为自填式问卷和访问式问卷。

（1）自填式问卷：由调查者将问卷发给被调查者，然后由被调查者自己填写的一种问卷。

按问卷传递方式不同，它又可分为在线问卷、邮寄问卷和发送问卷。在线问卷以快速、高效、成本低等优势被广泛应用到各类调研活动中，常用的在线调研网站有“问卷星”“一调网”“问卷网”“腾讯问卷”等。这些专业调研网站具有提供调查问卷模板、提供问卷发送链接和二维码、自动生成数据分析报表等功能。

（2）访问式问卷：由调查者向被调查者提问，然后由调查者根据被调查者的回答填写的一种问卷。

三、调查问卷的基本结构

调查问卷一般由标题、说明、主体、编码号、致谢语和实验记录六项内容构成。

（一）标题

每项调查都有一个研究主题。研究者应开宗明义地为调查问卷定一个标题，反映这个研究主题，使人一目了然，增强受访者的兴趣和责任感。例如，“校级干部推荐表”这个标题，把该校人事部门的调查内容和范围反映了出来；“中国互联网发展状况及趋势调查”这个标题，把调查对象和调查中心内容和盘托出。

（二）说明

调查问卷前面应有一个说明。这个说明可以是一封致调查对象的信，也可以是指导语，说明这个调查的目的和意义、填答问卷的要求和注意事项等，下面同时填上调查单位的名称和调查时间。

调查问卷开头主要包括引言和注释，是对问卷的情况说明。

引言应包括调查的目的、调查的意义、调查的主要内容、调查的组织单位、调查结果的使用者、保密措施等。其目的在于引起受访者对填答问卷的重视和兴趣，使其对调查给予积极支持和配合。

引言一般位于问卷的开头，篇幅宜小、不宜大。访问式问卷的开头一般非常简短；自填式问卷的开头可以长一些，但一般以两三百字为佳。

（三）主体

主体是对研究主题的具体化，是调查问卷的核心部分。问题和答案是调查问卷的主体。从形式上看，问题可分为开放式问题和封闭式问题两种。从内容上看，问题可分为事实性问题、意见性问题、断定性问题、假设性问题、敏感性问题等。

1. 开放式问题

开放式问题是不确定任何答案的问题，要求被调查者根据问题写出描述性的情况或意见。这种问题民主、生动，但难以量化处理。

2. 封闭式问题

封闭式问题是预先备有答案可供被调查者进行选择的问题。这种问题有相对标准答案，便于量化处理。

3. 事实性问题

事实性问题主要是要求被调查者回答一些有关事实的问题。例如，你每周上网时间是多少小时？设置事实性问题的主要目的在于求取事实资料，因此，问题必须清楚，让被调查者了解后能正确回答。

在市场调查中，许多问题均属事实性问题，如受访者的个人资料：职业、收入、家庭状况、居住环境、受教育程度等。这些问题又称分类性问题，因为可根据所获得的资料而将受访者分类。在调查问卷中，通常将事实性问题放在后面，以免受访者在回答有关个人的问题时有所顾忌，从而影响后面的回答。如果采用的抽样方法是配额抽样，那么分类性问题应位于问卷开头，否则不知道受访者是否符合样本所规定的条件。

4. 意见性问题

在调查问卷中，往往会询问受访者一些有关意见或态度的问题。例如，抖音内容分为颜值、兴趣、生活、技艺、体育、游戏等，你喜欢哪一类内容？

意见性问题事实上即态度调查问题。受访者是否愿意表达他真正的态度固然需要考虑，而态度强度亦有不同，如何从答案中衡量其强弱显然也是一个需要解决的问题。通常来说，受访者会受到问题所用字眼和问题次序的影响，而做出不同反应，因此答案也有所不同。对于事实性问题，可将答案与已知资料加以比较。但对于意见性问题，则较难做比较工作，因为受访者对同样的问题所做的反应各不相同。因此，意见性问题的设计远较事实性问题困难。这种问题通常有两种处理方法：其一，对意见性问题的答案只用百分比表示，如受访者同意某一看法的百分比为85%；其二，可将答案转换成得分。

5. 断定性问题

有些问题是先假定受访者已有某种态度或行为。例如，你每天抽多少支香烟？事实上，受访者极有可能根本不抽烟，这种问题则为断定性问题。正确处理这种问题的方法是在断定性问题之前加一个“过渡”问题。例如，你抽烟吗？只有受访者回答“是”，用断定性问题继续问下去才有意义，否则在“过渡”问题后就应停止。

6. 假设性问题

假设性问题是先假定一种情况，然后询问受访者在该种情况下会采取什么行动。例如，如果银行存款利率降低，你还会把钱存到银行吗？受访者对这种问题会回答“是”或“否”。对于这种探测受访者未来行为的问题，受访者的答案事实上没有多大意义，因为多数人都愿意尝试一种新东西或获得一些新体验。

7. 敏感性问题

敏感性问题是受访者不愿在调查人员面前作答的某些问题，如涉及个人隐私、不为一般社会道德所接纳的行为或态度及有碍声誉的问题等。例如，你的退休金是多少？你是否从事兼职工作？你的兼职收入是多少？想要获得敏感性问题的答案，又要避免受访者不真实回答，可采用以下方法：

（1）间接问题法：不直接询问受访者对某事项的观点，而改问他认为其他人对该事项的看法如何。用间接问题法旨在让受访者回答他认为是旁人的观点，所以在他回答后，应立即再加上问题：“你同他们的看法是否一样？”

（2）卡片整理法：将敏感性问题的答案分为“是”与“否”两类，调查人员可暂时走开，让受访者自己取卡片投入箱中。受访者在无调查人员看见的情况下，选取正确答案的可能性会提高不少。

（3）随机反应法：根据随机反应法，可估计出回答敏感性问题的人数。

各类问题通常按以下原则排列：① 从一般到具体。先问一些基本的、广泛的问题，然后逐步深入特定领域。② 逻辑性。确保问题按照逻辑顺序排列，以便于受访者理解并回答。③ 敏感性问题在最后。如果有必要涉及敏感话题，应该把相关问题放在调查问卷的最后。

（四）编码号

并不是所有调查问卷都需要编码。规模较大又需要使用电子计算机进行统计分析的调查，要求将所有资料数量化，与此相适应的调查问卷就要增加一项编码号内容。也就是在问卷主体内容右边的空白处按顺序编上“1，2，3，…”的号码（中间用一条竖线分开），用以填写答案的代码。整个问卷有多少种答案，就要有多少个编码号。如果一个问题有1种答案，就占用1个编码号；如果一个问题有3种答案，那么需要占用3个编码号。答案的代码由研究者核对后填写在编码号右边的横线上。

（五）致谢语

为了表达对调查对象真诚合作的谢意，研究者应当在调查问卷的末尾写上感谢的话，如果前面的说明中已经有表示感谢的话，那么末尾就不必再写。

（六）实验记录

实验记录用来记录调查完成的情况和需要复查、校订的问题，格式和要求都比较灵活，调查人员和复查人员均要在上面签写姓名和日期。

以上这些项目是一份比较完整的调查问卷所应有的结构内容，但常用的如征询意见及一般的调查问卷可以简单一些，有标题、主体内容、致谢语及调查研究单位就可以了。

课堂活动

单选题：（　　）是调查问卷的核心内容。

A. 开头部分　　B. 正文部分　　C. 标题　　D. 结束语

四、调查问卷的设计原则

（1）有明确的主题：根据主题，从实际出发拟题，问题目的明确、重点突出，没有可有可无的问题。

（2）结构合理，逻辑性强：问题的排列应有一定的逻辑顺序，符合受访者的思维程序，一般是先易后难、先简后繁、先具体后抽象。

（3）通俗易懂：问卷应使受访者一目了然，并愿意如实作答。问卷语气要亲切，符合受访者的理解能力和认识能力，避免使用专业术语。对于敏感性问题，采取一定的技巧调查，使问卷具有合理性和可答性，避免主观性和暗示性，以免答案失真。

（4）控制问卷的长度：受访者作答的时间应在 20 分钟左右，问卷中既不浪费一个问句，也不遗漏一个问句。

（5）便于资料的校验、整理和统计。

知识拓展

问卷调查的“前世今生”

问卷调查作为一种重要的数据收集方法，其历史可以追溯到 20 世纪初期的市场研究。最初，研究人员通过面对面访谈的方式进行数据收集，但这种方式效率较低，因为需要大量的时间和努力来找到足够多的受访者。随着邮政系统的现代化，问卷调查开始采用邮寄方式进行，尽管这在数据收集上有所改进，但回邮率低和回答率不高的问题仍然存在。

20 世纪 50 年代，电话的普及使得电话调查成为可能，研究人员可以直接拨打受访者的电话号码进行调查，这种方式加快了数据收集的速度，但仍然需要花费大量的时间和人力资源。

互联网的普及促使在线问卷调查兴起，受访者可以在任何时间和地点进行填写，这极大地简化了数据收集的过程，并提高了回答率和回收率。在线问卷调查还可以自动化收集和整理数据，提供实时统计和分析。

移动设备的普及进一步推动了问卷调查的发展，使得调查更加便捷和快速。在信息时代背景下，网络问卷调查已经成为相对主流的调查研究方法之一，被众多行业调研机构和学术研究人员采用。然而，网络问卷调查也存在一些问题，如数据质量低、调查结果可信度低、用户信息不安全等。为了提高问卷调查的质量，研究人员采取了一系列措施，如时间限制、IP地址限制和身份验证等，以提高答题质量并保护用户信息安全。

总的来说，问卷调查从最初的面对面访谈，经历了邮寄问卷、电话调查，发展到今天的在线和移动设备调查，其方法和工具不断演进，以适应不断变化的社会和技术环境。尽管存在挑战，但问卷调查仍然是收集人们对某个特定问题的态度、行为、价值观点或信念等信息的重要工具。

五、调查问卷示例

中国互联网络信息中心调查问卷

1. 你最近半年使用手机或电脑上网的频率平均是多少？（　　）
   A. 不上网
   B. 极少（每周1～3次）
   C. 不经常（每周4～6次）
   D. 常常（每天1～2次）
   E. 手机、电脑不离手
2. 你认为互联网的发展速度如何？（　　）
   A. 太快了
   B. 一般
   C. 不够快
3. 你希望的互联网的发展理念是什么？（　　）
   A. 生活所需理念
   B. 高科技理念
   C. 探索理念
4. 你觉得互联网发展给你的生活带来了怎样的影响？（　　）
   A. 加速了我的生活，有利
   B. 带来很多社会问题，有弊
   C. 没什么感触
5. 你希望的互联网的发展方向是：

   ____

   ____

6. （多选）你对信息时代到来有何感想？（　　）
   A. 生活方便了不少，都是科技的功劳
   B. 人与人之间亲近了不少，挺好的

C. 目前的技术水平还远远不够，期待进一步发展

D. 和年轻人不在一个时代，有点苦恼

E. 没有什么隐私，很生气

F. 网络暴力频发，很忧心

7. （多选）你觉得我国需要建设怎样的互联网？（　　）

A. 网络公开透明，维护网民权利

B. 网络公正和谐，网民其乐融融

C. 网络规范明确，网警执法有序

D. 就这样挺好

8. （多选）你觉得我国怎样才能促进互联网健康发展？（　　）

A. 普及互联网知识

B. 国家要加大科研投入

C. 政府要扶持相关企业

D. 有关部门要加强监管

E. 网民要有序使用网络

9. （多选）你觉得互联网将会怎样发展？（　　）

A. 移动设备高度智能化，不需要使用者实际操作

B. 通过互联网进行实名支付，实现人在即可付款

C. 通过互联网实现对物体的控制

D. 通过互联网实现人与人及时的面对面交流

10. 你觉得互联网发展会对社会产生怎样的影响？（　　）

A. 加速社会的发展

B. 导致一些社会问题的出现

C. 给社会发展带来不利

11. （多选）你觉得互联网快速发展的好处是什么？（　　）

A. 提高人们的生活效率，促进消费和交流

B. 加速信息化及信息一体化

C. 促进高科技智能的发展

D. 加速经济全球化、文化多样化

12. （多选）你觉得互联网发展过快的坏处是什么？（　　）

A. 信息正确性不可保证

B. 存在网络安全问题

C. 拉大贫富差距

13. 你觉得我国需要怎样做才能促进我国的互联网发展？（　　）

A. 增加互联网知识的教育

B. 政府须重视相关企业的发展

C. 须重点增强互联网领域的科研强度

同步测试

一、填空题

1. 统计调查收集的资料有两类，它们是__________和__________。

2. 统计调查的基本要求是__________、__________、__________。

3. 统计调查按调查组织形式不同，可分为____________和____________。

4. 若调查某市工业企业职工素质情况，调查对象为____________，调查单位为______________，填报单位为______________。

5. 统计中把具体收集统计资料的工作过程称为______________。

6. 制订统计调查方案的首要问题是______________________________。

7. 调查表的形式有____________和________________两种。

8. 抽样调查是根据______________从总体中选取样本单位，并用样本指标______________总体指标的方法。

9. 统计误差可分为________________和________________两种，其中全面调查只有__________________。

10. 重点调查中的重点单位是指这些单位的____________________在总体标志总量中占有绝大比例。

二、判断题

1. 一次性调查是指只调查一次，以后不再进行的调查。（　　）

2. 统计报表是国家按有关法规颁发的，如实填报是相关单位必须履行的义务，所以各级领导部门需要任何统计资料都可以通过颁发统计报表来取得。（　　）

3. 调查对象就是统计总体，而统计总体并不都是调查对象。（　　）

4. 抽样调查是非全面调查中最有科学根据的方法，因此它适用于完成任何调查任务。（　　）

5. 统计调查阶段工作的好坏直接影响到以后各阶段工作的质量。（　　）

6. 普查是最容易取得全面统计资料的一种调查方法。（　　）

7. 全面调查与非全面调查是以最后取得的资料是否全面来划分的。（　　）

8. 若某市工业企业 2024 年工业生产活动成果年报的呈报时间按规定在 2025 年 1 月 31 日，则调查期限为 1 个月。（　　）

9. 统计调查方案中的调查期限是指调查工作的起讫时间。（　　）

10. 我国的人口普查每 10 年进行一次，因此，它是一种经常性调查。（　　）

三、单项选择题

1. 统计调查所收集的资料主要是指（　　）。

A. 次级资料　　B. 图表资料　　C. 二手资料　　D. 原始资料

2. 研究某型号炮弹的平均杀伤力，可以采用（　　）。

A. 重点调查　　B. 普查　　C. 典型调查　　D. 抽样调查

3. 统计调查方案中的调查期限是指（　　）。

A. 调查工作的起讫时间　　B. 时点现象资料所属的时间

C. 时期现象资料所属的时间　　D. 收集资料的时间

4. 重点调查中的重点单位是指（　　）。

A. 这些单位是工作的重点

B. 这些单位举足轻重

C. 这些单位的数量占总体单位数量的比例很大

D. 这些单位的标志值在总体标志总量中占有绝大比例

5. 对某市工业企业设备进行普查，调查对象是（　　）。

A. 每个工业企业　　B. 每台设备

C. 各工业企业　　D. 各工业企业全部设备

6. 普查适合用于调查（　　）。

A. 时期现象

B. 时点现象

C. 除上述两种现象以外的现象

D. 时点现象，有时也可用于调查时期现象

7. 统计报表的资料来源于（　　）。

A. 财务核算资料　　B. 基层单位原始记录

C. 内部报表　　D. 统计台账

8. 在某地区有意识地选取几十块耕地来估算该地区的粮食产量，这种调查方式属于（　　）。

A. 重点调查　　B. 典型调查　　C. 抽样调查　　D. 非全面报表

9. 在统计调查中，调查单位与填报单位（　　）。

A. 是毫无关系的两个概念

B. 无区别

C. 通常是有区别的，但有时也一致

D. 不可能是一致的

10. 了解全国人口数量应采用的调查方式是（　　）。

A. 全面调查　　B. 抽样调查　　C. 重点调查　　D. 典型调查

四、多项选择题

1. 一般来说，原始资料的收集方法主要有（　　）。

A. 访问法　　B. 直接观察法　　C. 实验法

D. 问卷法　　E. 报告法

2. 统计调查中的原始资料是指（　　）。

A. 能够说明总体特征的资料　　B. 只能说明单位特征的资料

C. 尚待汇总的资料　　D. 需要由个体过渡到总体的资料

3. 普查是一种（　　）。

A. 专门调查　　B. 经常性调查　　C. 全面调查

D. 非全面调查　　E. 一次性调查

4. 第七次全国人口普查中（　　）。

A. 全国所有人口是调查对象　　B. 每一个人是调查单位

C. 每一户是调查对象　　D. 每一户是填报单位

E. 每一个人是填报单位

5. 非全面调查包括（　　）。

A. 典型调查　　B. 重点调查　　C. 统计报表制度

D. 普查　　E. 抽样调查

6. 全国工业企业普查中（　　）。

A. 调查对象是全国工业企业　　B. 调查单位是全国每个工业企业

C. 填报单位是全国每个工业企业　　D. 所有制形式是品质标志

7. 下列关于典型调查的说法，正确的有（　　）。

A. 它是一种深入细致的调查　　B. 调查单位是有意识地选取的

C. 它是专门组织的调查　　D. 可用采访法取得资料

8. 对下列情况的统计调查，属于经常性调查的有（　　）。

A. 运输部门的旅客周转量　　B. 商品库存量

C. 突发性自然灾害造成的后果　　D. 职工家庭收入与支出变化

9. 统计调查按调查组织形式不同，可分为（　　）。

A. 全面调查　　B. 经常性调查　　C. 统计报表制度

D. 专门调查　　E. 非全面调查

10. 重点调查中的重点单位是指（　　）。

A. 有典型特征的单位

B. 标志值在总体标志总量中占有绝大比例的单位

C. 全部单位中的一小部分单位

D. 在国民经济中地位显赫的单位

五、简答题

1. 统计调查方案包括哪些内容？

2. 抽样调查有何特点？

六、实训题

根据本校毕业生就业情况，设计一份毕业生就业情况调查问卷。

项目三 统计整理

学习目标

知识目标	1. 掌握统计分组的概念、作用、方法、种类； 2. 掌握分配数列的种类、次数分布的类型； 3. 了解统计表的种类。
能力目标	1. 能根据实际资料进行统计分组，编制分配数列； 2. 能结合实际资料，科学设计统计表，绘制统计图； 3. 会利用 Excel 软件对统计资料进行整理。
素质目标	培养学生严谨的工作作风、精益求精的工作态度和数字工匠精神，使学生具备从事统计整理工作的基本素养。

任务一 统计整理概述

任务情境

又到 9 月开学季，某校迎来了 3 000 多名新生。为了调查新生的基本情况，学校设计了新生情况登记表。开学伊始，学校组织全体新生填写了新生情况登记表。

任务分析

该校组织学生填写新生情况登记表，就是开展了一次统计调查，通过统计调查工作收集学生基本情况的原始资料。新生情况登记表涉及的调查项目包括姓名、性别、年龄、民族、身份证号、高考成绩、报考专业、家庭住址、毕业学校、学习经历、家庭主要成员、奖惩情况等。一张新生情况登记表反映一个新生的具体情况，因此新生情况登记表提供的是零散的信息。要分析新生的总体情况，如年龄分布、性别构成、高考成绩分布、生源情况等，就需要对所有的新生情况登记表进行整理。

任务实施

1. 制订新生情况统计整理方案，即先由各个二级学院分别收集新生材料并进行审核，再报送到学校招生部门统一整理汇总。

2. 对新生登记资料进行分组和汇总。

3. 用统计表或统计图的形式呈现整理结果。

相关知识

一、统计整理的概念和作用

统计调查阶段所收集的资料是大量调查单位的个体表现，这些资料是分散的，而不是集中的、系统的。从这些零碎资料中无法认识现象总体的数量特征，这时就需要运用统计分组的方法，通过汇总整理来概括出总体特征。

（一）统计整理的概念

统计整理是指根据统计研究目的和任务，对统计调查所取得的大量原始资料进行科学的分类和汇总，为统计分析提供系统化、条理化的综合资料的工作过程。从广义上讲，统计整理既包括对原始资料的整理，也包括对已加工过的综合资料的再加工。

（二）统计整理的作用

统计整理是将反映个体特征的分散资料整合成反映总体特征的综合资料。它既是统计调查的继续和深入，又是统计分析的基础和前提，具有承前启后的作用。

二、统计整理的步骤

（一）设计统计整理方案

设计统计整理方案主要包括两部分内容：

（1）根据统计研究的目的，把已经确定的统计指标体系、统计分组体系具体地设计到统计整理表和统计综合表中，并且详细规定整理、综合的方法。

（2）根据统计整理阶段所取得的原始资料的多少和统计整理表、统计综合表的要求，核算整理的工作量，确定每个环节的责任及相互衔接的方法，制订具体可行的工作计划。

（二）审核原始资料

对统计调查阶段所收集的原始资料进行汇总整理前，要对其进行严格的审核，若发现问题，应及时查明原因，并予以纠正。审核内容主要是原始资料的准确性、完整性和及时性。其中，准确性是审核的重点。常用的审核方法有逻辑审核和计算审核。逻辑审核是从理论上和常识上审核统计数据是否合理，有无相互矛盾的地方。例如，采用百分制且无附加分的考试成绩中出现 106 分，就不符合逻辑。计算审核就是审核统计数据在计算方法和计算结果上有无差错。例如，会计报表中的资产总额就可对各项流动资产、长期投资、固定资产、无形资产及其他资产加总进行计算审核。

课堂活动 判断题：在进行统计整理时，对原始资料审核的重点是完整性。（　　）

（三）统计分组

统计调查阶段所收集的原始资料大部分是分散的、零碎的，为了便于发现统计资料的基本特点和规律，划分现象的类型、分析现象的内部结构、了解现象间的依存关系，需要用一定的组织形式和方法，对原始资料进行科学分组，这是统计整理的前提和基础。

（四）统计汇总

统计汇总是在统计分组的基础上，根据分组后的资料，对总体单位标志值进行汇总、计算，以反映总体的数量特征。汇总方法有手工汇总和计算机汇总两种。

（五）编制统计表或绘制统计图

统计整理结果需要以一定的形式表现出来，而统计表和统计图是表现统计整理结果的两种主要方式。它们能让人一目了然，便于理解和比较。例如，我国 2019—2023 年国内生产总值统计图（图 3-1）。

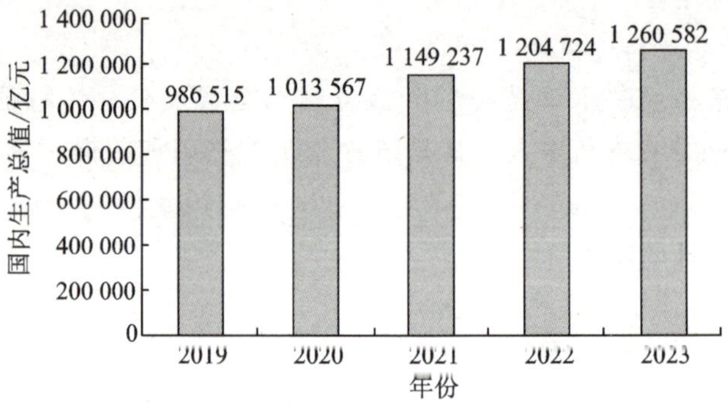

图 3-1　我国 2019—2023 年国内生产总值统计图

（数据来源：《中华人民共和国 2023 年国民经济和社会发展统计公报》）

知识拓展

统计年鉴

统计年鉴是指以统计图表和分析说明为主，通过高度密集的统计数据来全面、系统、连续地记录年度经济、社会等各方面发展情况的大型工具书。获取统计数据，是进行各项经济、社会研究的必要前提。而借助于统计年鉴，则是研究者常用的途径。我国国内常用的统计年鉴是《中国统计年鉴》和各省（区、市）统计年鉴。

《中国统计年鉴》是系统收录全国和各省、自治区、直辖市当年经济和社会各方面的统计数据及多个重要历史年份和近年全国主要统计数据，以全面反映中国经济和社会发展情况的资料性年刊。自第一部《中国统计年鉴》（1981年版）问世以来，经过四十余年的发展，《中国统计年鉴》现已形成较科学、系统、完整的统计体系，成为覆盖国民经济和社会发展各方面的大型权威性统计工具书。各省（区、市）统计年鉴是系统反映该省（区、市）当年及重要年份经济和社会发展综合情况的资料性年刊。两者相互配合，不仅更加全面地反映了中国经济和社会发展状况，还为国内研究提供了大量可用数据。

任务二　统计分组

任务情境

在经济转型时期，某市为了摸清家底，开展了企业普查，对辖区内所有工业企业的人员、设备、生产经营等情况进行全方位调查，以便分类施策，更好地助力企业发展，为地方经济社会发展做出更大贡献。

任务分析

该市在对企业进行普查时，设计了相关报表，由辖区内所有工业企业填报，有些数据直接关联工业报表自动获取。为了保证统计数据准确翔实，该市组织若干小组分行业进行实地走访调研，获得了大量第一手资料。此次企业普查数据包括各企业的从业人数、企业类型、固定资产原值、大型设备台套数、本年折旧、累计折旧、营业收入、营业利润等一系列指标。

任务实施

1. 根据调查目的，按所有制、规模、经营收入等分组标志对调查资料进行分组。

2. 根据分组情况，进行数据汇总。

相关知识

一、统计分组的概念

统计分组是根据统计研究的任务和对象特点，将统计总体的各个单位按照一定的标志区分为若干个组成部分的一种统计方法。例如，研究不同类型企业的生产经营情况，可以将所有企业按“经济类型”分组，分为国有企业、集体企业、私营企业等；研究全国人口的性别构成情况，可以按“性别”这一标志进行分组；等等。

统计分组就是将总体分为若干个不同的组，它包括两方面的含义：一是对于总体而言是“分”；二是对于个体而言是“合”。通过统计分组能够达到“组间差异性，组内同质性”的分组效果，“组间差异性”即将总体划分为若干个性质不同的组成部分，使组与组之间具有明显差别；“组内同质性”是把性质相同的单位组合起来，使组内各单位具有相对同质性。表 3-1 将全国人口按性别分为两组，具有“组间差异性”；第一组成员均是男性，第二组成员均是女性，具有“组内同质性”。

表 3-1 我国人口性别构成情况

性别	人口数/万人	比例/%
男性	72 334	51.24
女性	68 844	48.76
合计	141 178	100.00

（数据来源：《2020 年第七次全国人口普查主要数据》）

二、统计分组的作用

（一）区分事物的性质，划分现象的类型——类型分组

按照社会经济现象类型分组，是统计工作中应用最广、最主要的分组形式。这种分组不仅具有经济意义，而且具有政治意义；不仅反映社会的经济基础，而且反映上层建筑。它是各级政府部门制定方针、政策必须掌握的方法。社会经济现象错综复杂，客观上存在着不同的类型，各种不同类型的现象又有着各自的运动形式和本质特征，受其内在规律支配，这决定了各类现象在规模、水平、结构、速度等方面的数量表现有所不同。利用统计分组就能根据统计研究目的，将现象区分为各种性质不同的类型，以此研究各类现象的数量差异和特征。

（二）反映总体的内部结构和整个结构的类型——结构分组

统计要运用分组方法从数量上说明部分与整体的关系，一般都是通过计算各组所占比例大小，以研究现象内部结构，并说明总体的基本性质和特征。例如，判断一个国家是工业国还是农业国，研究一个学校的师资水平，方法就是根据事物内部结构来确定事物的基本性质。表 3-1 就反映了全国人口的性别结构。

（三）分析现象之间的数量依存关系——分析分组

社会经济现象是相互联系、相互制约的有机整体，一种现象的变化往往与另一种或几种现象的变化存在一定的依存关系，如施肥量与亩产量、收入与支出、原材料消耗与单位产品成本等。通过分组，可以从数量上揭示现象之间的依存关系。从表 3-2 可以看出，我国居民人均可支配收入与居民人均消费支出之间存在正相关关系。具体分析方法是先分析确定研究现象中，哪一个是影响因素，哪一个是被影响因素，然后对影响因素进行分组，并计算出被影响因素

的指标数值，以此观察影响因素对被影响因素作用的程度和方向。

表 3-2　我国 2021—2023 年居民人均可支配收入和居民人均消费支出　单位：元

年份	居民人均可支配收入	居民人均消费支出
2021	35 128	24 100
2022	36 883	24 538
2023	39 218	26 796

（数据来源：《中华人民共和国 2021 年国民经济和社会发展统计公报》《中华人民共和国 2022 年国民经济和社会发展统计公报》《中华人民共和国 2023 年国民经济和社会发展统计公报》）

三、统计分组的要求

根据分组定义可知，统计分组有三个要素：母项、子项、分组标志。因此，进行统计分组时，在技术上有以下三个要求：

（1）周延性：分组以后，各子项之和等于母项。

（2）互斥性：组与组之间要相互排斥，不能重合。

（3）分组标志的同一性：每次分组只能选择一个标志作为分组依据，不能同时采用两个或两个以上标志作为分组依据。

进行统计分组时，满足以上要求就能达到组内同质性、组间差异性，反之则会出现分组混乱和矛盾。

四、统计分组的方法

（一）正确选择分组标志

统计分组的关键问题是正确选择分组标志和正确划分各组界限，而统计分组的核心问题则是正确选择分组标志。

1. 分组标志的含义

分组标志就是统计分组的依据或标准，它关系到能否正确地反映总体的特征，体现分组的科学性。因为对于任何一个总体，用于反映总体单位特征的标志都有许多个，在研究目的没有确定以前，可以选择任何一个标志作为分组依据。这就存在一个从众多标志中选择哪一个标志作为分组标志的问题。由于分组标志一旦选定，必将突出总体在这个标志下质的差异，从而将总体在其他标志下的差异给掩盖掉，因此分组标志选择好坏将对统计分组乃至统计整理工作质量产生至关重要的影响。

2. 选择分组标志的原则

（1）根据统计研究目的与任务选择分组标志。要选择与统计研究任务密切相关，最符合统计研究目的的标志作为分组标志。同一研究对象，研究目的不同，采用的分组标志也不同。例如，反映一个企业的标志有多种，如所有制、职工人数、产值、生产能力等。若是分析不同经济类型企业的特点，则应以“所有制”为分组标志；若是分析规模不同企业的经济效益，则应以“职工人数”或“生产能力”为分组标志。

（2）选择最能反映现象本质特征的标志作为分组标志。在现实经济生活中，往往存在一些性质和意义上相近的标志，这些相近标志在一定程度上都可以说明同一问题。在这种情况下，要选择最重要、最能反映本质特征的标志作为分组标志。例如，反映企业规模大小的标志有职工人数、生产能力等，一般以“生产能力”为分组标志。

（3）结合现象所处的具体历史条件和经济条件动态选择分组标志。社会经济现象随时间、地点条件的变化而变化，对分组标志的选择也要适应社会经济现象所处的具体条件。例如，反映职工生活水平的标志有职工工资总额、职工家庭总收入、按职工家庭成员数计算的平均收入等，显然，按职工家庭成员数计算的平均收入更能科学地反映职工的生活水平。

（二）正确划分各组界限

分组标志选择好以后，还要正确划分各组界限，即按选定的分组标志将总体分为若干组，确定相邻两组的质量界限和数量界限。例如，人口按性别分组，分为“男性”和“女性”两组，界限较为明确；学生按成绩分组，分为“60 以下”“60—70”“70—80”“80—90”“90—100”五组。对于一些复杂现象，有时会出现分组界限不好确定的问题。在统计实践中，统计部门编制了统一的分类目录，如《国民经济行业分类》（GB/T 4754—2017）。

五、统计分组的种类

（一）按分组标志性质划分

1. 按品质标志分组

按品质标志分组是指选择反映事物属性差异的品质标志作为分组标志，并在其变异范围内划分各组界限，将总体分为若干个性质不同的组成部分。例如，人口按性别、民族、受教育程度分组；企业按所有制、规模、隶属关系分组；等等。表 3-1 就是将全国人口按“性别”这一品质标志进行分组的。

2. 按数量标志分组

按数量标志分组是指选择反映事物数量差异的数量标志作为分组标志，并在其变异范围内划分各组界限，将总体分为若干个性质不同的组成部分。例如，学生按身高、成绩分组；企业按产值、计划完成程度分组；等等。表 3-3 将某班学生按年龄分组就是按数量标志分组。

表 3-3　某班学生年龄分布情况

按年龄分组/岁	学生数/人
17	12
18	22
19	8
合计	42

课堂活动 下列分组情形中，哪些是按品质标志分组的？哪些是按数量标志分组的？

(1) 按地区分组 (2) 按资金占用额分组

(3) 按储蓄种类分组 (4) 按经济类型分组

(5) 按地区生产总值分组

（二）按分组标志多少划分

1. 简单分组

对同一总体只按一个标志进行分组，就是简单分组。表 3-3 将某班学生只按年龄这个标志分组，就是简单分组。

2. 复合分组

对同一总体选择两个或两个以上标志层叠起来进行分组，就是复合分组，即先按第一个标志分组，在此基础上再按第二个标志分组，直到按所有标志分组完毕。例如，企业按行业分组后，又按大、中、小规模分组。进行复合分组时，要注意先按主要标志分组，再按次要标志分组。表 3-4 将某高校教师先按主要标志“职称”分组，再按次要标志“性别”进行层叠分组，就是复合分组。

表 3-4 某高校教师职称和性别构成情况

按职称和性别分组	教师数/人
一、助教	182
男性	106
女性	76
二、讲师	366
男性	191
女性	175
三、副教授	209
男性	111
女性	98
四、教授	68
男性	41
女性	27

六、统计分组形式

在按数量标志分组中，根据变量取值范围不同，统计分组可分为单项式分组和组距式分组。

（一）单项式分组

单项式分组是每组只包含一个变量值的分组形式，如表 3-3 将某班学生按年龄分组就是单项式分组，每组的年龄只有一个变量值。单项式分组适用于变量值变动幅度小、个数不是很多的离散变量。

（二）组距式分组

组距式分组是以变量值的一个变动区间为一组的分组形式。表 3-5 将某班学生“统计学基础”课程成绩按成绩分组就是组距式分组，每组的变量值是一个变动区间。

表 3-5　某班学生“统计学基础”课程成绩情况

按成绩分组/分	学生数/人
60 以下	2
60—70	12
70—80	13
80—90	15
90 以上	6
合计	48

七、统计分组体系

（一）统计分组体系的概念

统计分组体系就是根据统计分组的要求，对同一总体进行多种不同分组所形成的体系。在统计实践中，仅用一个分组标志对总体进行分组一般难以满足研究需要，往往要从多方面采用两个或两个以上分组标志对总体进行分组，从而形成统计分组体系。

（二）统计分组体系的分类

1. 平行分组体系

对同一总体选择两个或两个以上分组标志分别进行简单分组，形成平行分组体系。各分组之间是平行并列关系。例如，表 3-6 中我国 2022—2023 年人口基本情况，就是按性别、城乡、年龄三个标志进行简单分组的，从而形成了平行分组体系。

表 3-6　我国 2022—2023 年人口基本情况统计表　　单位：万人

年份	按性别分组		按城乡分组		按年龄分组		
	男性	女性	城镇	乡村	0—15 岁	16—59 岁	60 岁及以上
2022	72 206	68 969	92 071	49 104	25 615	87 556	28 004
2023	72 032	68 935	93 267	47 700	24 789	86 481	29 697

（数据来源：《中华人民共和国 2022 年国民经济和社会发展统计公报》《中华人民共和国 2023 年国民经济和社会发展统计公报》）

2. 复合分组体系

对同一总体选择两个或两个以上分组标志层叠起来进行分组，形成复合分组体系。各个分组标志之间有主次之分。表 3-4 将某高校教师先按主要标志“职称”分组，再按次要标志“性别”分组，而且是进行层叠分组，就形成了复合分组体系，也可以表 3-7 的形式呈现。

表 3-7 某高校教师职称和性别统计表

单位：人

职称	助教		讲师		副教授		教授	
性别	男性	女性	男性	女性	男性	女性	男性	女性
人数	106	76	191	175	111	98	41	27
合计	182		366		209		68	

课堂活动 判断题：采用两个或两个以上统计标志对总体进行分组后就形成复合分组体系。(　　)

知识拓展

四上企业

“四上企业”是现阶段我国统计工作实践中对达到一定规模、资质或限额的法人单位的统称，具体包括以下几类：

(1) 规模以上工业企业：年主营业务收入在 2 000 万元及以上的工业法人单位。

(2) 房地产开发经营业企业和有资质的建筑业企业：有开发经营活动的全部房地产开发经营业法人单位，有总承包、专业承包资质的建筑业法人单位。

(3) 限额以上批发和零售业、住宿和餐饮业企业：年主营业务收入在2 000 万元及以上的批发业法人单位；年主营业务收入在 500 万元及以上的零售业法人单位；年主营业务收入在 200 万元及以上的住宿和餐饮业法人单位。

(4) 规模以上服务业企业：年营业收入在 2 000 万元及以上的服务业法人单位，包括：交通运输、仓储和邮政业，信息传输、软件和信息技术服务业，水利、环境和公共设施管理业三个门类，以及卫生行业大类；年营业收入在 1 000 万元及以上的服务业法人单位，包括：租赁和商务服务业、科学研究和技术服务业两个门类，教育行业大类，以及物业管理、房地产中介服务、房地产租赁经营和其他房地产业四个行业小类；年营业收入在 500 万元及以上的服务业法人单位，包括：居民服务、修理和其他服务业，文化、体育和娱乐业两个门类，以及社会工作行业大类。

任务三　分配数列

任务情境

某公司共有职工 358 名，7 月最低工资额为 3 260 元，最高工资额为 12 280 元。为了能从总体上分析该公司全部职工的收入情况，需要在分组的基础上，统计各组工人工资的分布情况。

任务分析

根据该公司职工工资的具体情况和研究目的，进行科学分组，先确定各组界限，再将所有职工按组进行归类汇总，这就是编制分配数列。在计算各组次数时，涉及组距大小和组数多少等问题，必须保证每个标志值既不被遗漏，也不重复。例如，某工人的月工资为 7 000 元，位于 6 000—7 000 元和 7 000—8 000 元两组的组界上，似乎归入两组均可，但这显然违背了统计分组的互斥性要求，统计上规定了“上限不在内”原则来解决此类问题。

任务实施

1. 编制分配数列时，首先要对所有变量值进行排序，通常按照由小到大的顺序排列。

2. 确定组距和组数。

3. 计算各组次数，编制分配数列。

相关知识

一、分配数列的概念与构成要素

统计分组是统计整理的基础，重点是研究如何对社会经济现象进行分组的问题，即选择哪些标志作为分组依据，以及各组界限如何确定。对于统计整理来说，它要为统计分析提供系统化、条理化的统计资料。而进行统计分组以后，还要研究总体单位在各组间的分布状况和分布特征，这又是分配数列要研究的问题。

（一）分配数列的概念

在统计分组的基础上，将总体中所有单位按组归类整理，并按一定的顺序排列，形成总体中各个单位在各组间的分布，称为分配数列，或称分布数列、次数分布。

分配数列是对统计分组的进一步深化，也是数据处理的重要方法，用它可以研究总体中各个单位的分布状况、分布特征及总体构成情况。编制分配数列既是统计整理的需要，也是统计分析的需要。

（二）分配数列的构成要素

分配数列包括以下两个构成要素：

（1）总体按某标志所分的组，即各组名称或各组变量值。

（2）各组所占有的单位数或单位比例，即各组次数或比例。各组次数与总次数之比称为频率，也称比例。表 3-8 将全国人口按民族分组，编制分配数列。

表 3-8　全国人口民族构成情况

民族	人口数/万人	比例/%
汉族	128 631	91.11
少数民族	12 547	8.89
合计	141 178	100.00

（数据来源：《2020 年第七次全国人口普查主要数据》）

二、分配数列的种类

分配数列是在统计分组的基础上编制的。按所选择分组标志的性质不同，分配数列可分为品质数列和变量数列两种。

（一）品质数列

1. 品质数列的概念

品质数列是按品质标志分组所形成的分配数列。例如，人口按城乡、性别、民族、职业、受教育程度分组所形成的数列；企业按所有制、规模分组所形成的数列。表 3-8 将全国人口按“民族”这一品质标志进行分组所形成的数列就是品质数列。

2. 品质数列的构成要素

品质数列的构成要素包括：各组名称；各组次数（频数）或比例（频率）。

对于品质数列来说，如果分组标志选择正确，分组标准定得恰当，那么总体中各个单位的差异表现就能被明确表达出来，各组的性质界限也容易划分。一般情况下，品质数列能准确反映总体的分布特征。

（二）变量数列

1. 变量数列的概念

变量数列是按数量标志分组所形成的分配数列。按数量标志分组，就是将变量值划分为不同的区段，通过各组的数量差别和变化来区分现象的不同性质，以反映总体单位在各组间的分布状况和分布特征。例如，商业企业按商品销售额分组，学生按成绩分组，企业按产值、利润分组所形成的数列。

2. 变量数列的构成要素

变量数列的构成要素包括：各组变量值；各组次数（频数）或比例（频率）。

对于变量数列来说，有的事物性质差异表现不甚明确，并且决定事物性质的数量界限往往受人们的主观认识影响，这样按同一数量标志分组，有时会出现多种分配数列。

3. 变量数列的种类

（1）按变量类型划分。

变量数列按变量类型不同，可分为连续型变量数列和离散型变量数列。

① 连续型变量数列：按连续型变量分组所形成的变量数列。例如，按产值、身高、成绩、工资分组所形成的变量数列。

② 离散型变量数列：按离散型变量分组所形成的变量数列。例如，企业按职工人数分组、按设备台数分组所形成的数列。

课堂活动 思考题：对于生产设备价值、企业数、手机产量、贷款利息额这四个变量，哪些应编制连续型变量数列？哪些应编制离散型变量数列？

（2）按变量形式划分。

变量数列按变量形式不同，可分为单项数列和组距数列。

① 单项数列：以一个变量值为一组所形成的变量数列，适用于变量值比较少，且总体各单位标志值变动范围不太大的现象（表 3-3）。

② 组距数列：以变量值的一个变动区间为一组所形成的变量数列（表 3-5）。

在组距数列中，涉及以下几个基本概念：

a. 组数：分组的数目。

b. 组限：分组的数量界限，包括上限和下限。上限是各组变量的最大值；下限是各组变量的最小值。

c. 闭口组和开口组：上下限齐全的组称为闭口组；上下限不齐全的组称为开口组。在编制组距数列时，有时会遇到变量值特别大或特别小的情况，为了避免出现空白组，同时又能使个别变量值差异较大的单位有组可归，往往在首尾两组使用“××以下”“××以上”这种不确定的组限表示方法。采用开口组，可以避免组数过多或组距过大。

d. 全距：在一个变量数列中，变量值变动的最大范围，用 R 表示。

全距的计算公式如下：

单项数列：全距＝最大变量值－最小变量值

组距数列：全距＝最大组上限－最小组下限

e. 组距：各组上限与下限之差，用 d 表示。

组距的计算公式如下：

组距＝上限－下限

f. 等距数列和异距数列：各组组距都相等的组距数列称为等距数列；各组组距不都相等的组距数列称为异距数列。

g. 组中值：各组上限与下限的中点值。

在组距数列中，各组是以变量值的一个变动区间来表示组限的，这样就把总体各单位的实际变量值在每一组中的分布给掩盖了。统计中往往用组中值来反映分布在各组中的总体各单位变量值的一般水平。

组中值的计算公式如下：

其一：闭口组组中值$=\frac{\text{上限}+\text{下限}}{2}$。

其二：从理论上讲，组限表示方法最好不采取开口组形式，但实际工作中难以避免。对于开口组组距和组中值的确定，一般以邻组组距为准。开口组组中值的计算公式如下：

$$\text{缺下限开口组组中值}=\text{本组上限}-\frac{\text{临组组距}}{2}$$

$$\text{缺上限开口组组中值}=\text{本组下限}+\frac{\text{临组组距}}{2}$$

课堂活动 填空题：按连续型变量分组，其末组为开口组，下限为 2 000，已知相邻组组中值为 1 750，则末组组中值为（　　）。

需要注意的是，组中值是用来表示各组变量值一般水平的，其前提条件是各组变量值在组内均匀分布，或者在组中值两侧呈对称分布，事实上完全满足这些条件的可能性很小。因此，组中值不是组平均值，而是各组变量值实际水平的近似代表值。同时，为了计算方便，要力求组中值取整数。

在上述基本概念中，影响变量数列分布的要素有组数、组限和组距。

三、分配数列的编制

编制分配数列的目的在于科学地显示总体各单位的分布规律，不仅要反映总体各单位之间的数量差异和特征，还要考虑通过各组数量界限的划分反映各组质的差异，准确地揭示总体的本质特征。在编制分配数列时，既涉及分组标志的选择问题，又涉及组距和组数的确定及组限的具体表示方法问题。只有对所研究的现象做出科学的分析，并结合现象变动的实际情况，才能合理解决这些问题。

（一）品质数列的编制

品质数列的编制比较简单，分组标志一经确定，组的名称和组数也就确定了，不存在组与组之间界限划分的困难。对于某些类别繁多、各组界限不易划分的情况，在实际工作中，须采用统一的统计分类标准或目录。

（二）变量数列的编制

1. 单项数列的编制

由于每组只有一个变量值，只要计算出每一个变量值对应的次数，然后将所有变量值按由小到大或由大到小的顺序排列即可。

【例 3-1】 编制某生产班组 25 名工人同种产品日产量（单位：件）分配数列。

25　24　22　26　22　23　25　24　23　25　23　24　23
25　24　22　26　24　25　26　25　24　23　26　24

由于只有 5 个不同的变量值——22、23、24、25、26，应编制单项数列，将所有变量值由小到大排序，再分组统计，如表 3-9 所示。

表 3-9　某生产班组 25 名工人同种产品日产量统计表

按日产量分组/件	工人数/人	频率/%
22	3	12
23	5	20
24	7	28
25	6	24
26	4	16
合计	25	100

2. 组距数列的编制

组距数列的编制相对复杂，下面将结合例题具体介绍组距数列的编制步骤。

【例 3-2】　编制 40 名工人生产定额（单位：件）分配数列。

165　172　189　148　171　144　169　166　185　166
158　179　178　174　176　177　165　163　162　158
154　147　173　171　168　167　162　151　160　177
161　150　181　155　166　162　166　175　179　182

（1）变量排序、求全距。

由于原始资料是杂乱无章的，不能反映现象总体的数量特征，因此首先要对原始资料进行有序排列，即把各个变量值按大小顺序排列，形成一个阵列，确定最大值和最小值，计算全距，其目的是确定分组数目和组距大小。本例中，$R=189-144=45$。

（2）确定变量形式。

变量数列按变量形式不同分为单项数列和组距数列，因此编制何种数列主要取决于所研究变量的类型及其变动幅度。

① 连续型变量：由于变量值是连续不断的，在一个区间内可以有无限多个数值，因此无法按一定次序将变量值一一列举出来，连续型变量只能编制组距数列。

② 离散型变量：要根据变量值的多少和变异幅度的大小来确定。

第一，当离散型变量数值较少，且变动幅度较小时，若可以一一列举，则应编制单项数列（表 3-9）。

第二，当离散型变量数值较多，且变动幅度较大时，一一列举较为烦琐，且不能明显反映其分布特征，可以选择编制组距数列。本例中，40 名工人的生产定额属于离散型变量，且数值较多，变动幅度也较大，此时应编制组距数列。

（3）确定组距和组数。

在确定所编数列是组距数列后，接下来就要考虑：第一，总体应分成多少组？每组组距取多大？第二，编制等距数列还是异距数列？

① 科学确定组距和组数。

组距的大小和组数的多少之间是相互制约的反比关系，组距增大，则组数相应减少，容易把性质不同的单位划入同一组中；组距减小，则组数相应增多，容易把性质相同的单位划入不同组中。因此，上述两种情况都会掩盖或混淆各组间质的差异，不符合分组的要求，也不能确切反映总体的分布特征。

确定组距和组数时，通常要求：一是符合统计研究目的；二是保证组内同质性、组间差异性；三是尽量反映所研究现象的分布特征。

② 组距和组数的计算公式如下：

$$组距=\frac{全距}{组数}$$

在实际工作中，组距一般取 5 或 10 的整倍数。

$$组数=\frac{全距}{组距}$$

确定组数时，也可利用斯特奇斯公式：组数＝1＋3.322lg$n$（n 代表总体单位数）。在实际工作中，一般组数以 5—10 组为宜。本例中，全距为 45，可以确定组距为 10，组数为 5。

③ 确定编制等距数列还是异距数列。

在编制组距数列时，编制等距数列还是异距数列，这要根据统计研究的任务和所研究现象变化的特点来决定。

a. 凡是变动比较均匀的现象，宜采用等距分组。采用等距分组的好处有两个：一是由于各组组距相同，可直接比较各组的次数；二是根据等距数列资料，便于直接绘制统计图，计算各项综合指标并进行对比分析，因此应尽可能采用等距分组。

b. 凡是变量值变动幅度较大或情况不稳定的现象，宜采用异距分组。例如，我国在国民经济和社会发展统计公报中，统计人口总体在人生各个发展阶段的分布情况，就是按人在一生中自然的、社会的发展规律，通过异距分组呈现的，具体分为三组：0—15 岁、16—59 岁、60 岁及以上。

④ 计算次数密度（频数密度）。

采用异距分组，各组次数会受组距大小的影响，为了消除此影响，确切反映各组次数的实际分布状况，可计算次数密度。

a. 次数密度：单位组距内分布的次数。其作用在于假设把组距改为相等后，次数也做相应调整，用调整后的次数密度来观察异距数列的实际分布。

b. 计算公式：$次数密度=\frac{次数}{组距}$。

(4) 确定组限。

组限的确定要有利于表现出总体各单位的实际分布特征，具体来说：

① 最小组的下限可以略低于最小变量值；最大组的上限可以略高于最大变量值。本例中，最小变量值为 144，最小组的下限可定为 140；最大变量值为 189，最大组的上限可定为 190。

② 组限最好用整数表示。

③ 组限的表示方法：根据变量性质不同，在技术处理上有不同的要求。

a. 连续型变量：相邻两组的组限必须重叠，使用同一个变量值作为相邻两组的上下限。例如，企业按产值（单位：万元）分组，分组情况为 1 000 以下、1 000—5 000、5 000—10 000、10 000 以上。

需要特别注意的是，在计算各组次数时，为了保证每个数据既不重复也不被遗漏地归到每一组，遵循“上限不在内”原则，即“上限不在本组内，应归入下一组”。例如，学生按成绩（单位：分）分组时，其中两组为 70—80、80—90，则 80 分应归入 80—90 这一组。

课堂活动 判断题：在编制组距数列时，若采用重叠组限表示法，则当某变量值为组限时，一般将此变量值归入下限所在组。（　　）

b. 离散型变量：通常以连续两个不同的变量值作为相邻两组的上下限，即相邻两组的组限间断，但又能相互衔接。例如，企业按职工人数（单位：人）分组，可以分为 99 及以下、100—199、200—299、300—599、600 及以上。当然，用离散型变量编制分配数列时，相邻两组的组限也可以不间断，即相邻两组的组限相同，则此处也可以分为 100 以下、100—200、200—300、300—600、600 以上。此时，若有与组限相同的变量值，则遵循“上限不在内”原则。若某企业有职工 300 人，则应归入 300—600 这一组。

课堂活动 判断题：划分连续型变量的组限时，相邻两组的组限必须重叠；划分离散型变量的组限时，相邻两组的组限必须间断。（　　）

(5) 计算次数，编制变量数列。

在变量分组确定以后，通过手工汇总或电子数据汇总，直接计算出各组内单位数，得出各组总体单位的分配次数或比例，至于是否计算累计次数或累计频率，应根据研究目的确定。累计方法有以下两种：

① 较小制累计（向上累计）：由变量值的最小组向最大组累计。每组累计次数或累计频率，表示小于该组变量值上限的次数或频率合计有多少。

② 较大制累计（向下累计）：由变量值的最大组向最小组累计。每组累计次数或累计频率，表示大于该组变量值下限的次数或频率合计有多少。

根据上述组距数列的编辑技术要求，将本例中 40 名工人的生产定额编制成组距数列，如表 3-10 所示。

表 3-10　40 名工人生产定额统计表

按生产定额分组/件	次数		向上累计		向下累计	
	工人数/人	占比/%	工人数/人	占比/%	工人数/人	占比/%
140—150	3	7.5	3	7.5	40	100.0
150—160	6	15.0	9	22.5	37	92.5
160—170	15	37.5	24	60.0	31	77.5
170—180	12	30.0	36	90.0	16	40.0
180—190	4	10.0	40	100.0	4	10.0
合计	40	100.0	—	—	—	—

课堂活动　判断题：企业按产值分组时，既可以编制单项数列，也可以编制组距数列。(　　)

四、次数分布的类型

社会经济现象的复杂性决定了在统计分组基础上形成的次数分布呈现出不同的类型，概括起来主要有钟形分布、U 形分布、J 形分布三种。

（一）钟形分布

钟形分布的特征为“中间大，两头小”，即接近中间的变量值分布的次数多，而两侧的变量值分布的次数少，其曲线图形就像一口古钟。

钟形分布类型很多，总的来说，可概括为对称分布和非对称分布两种，如图 3-2 所示。

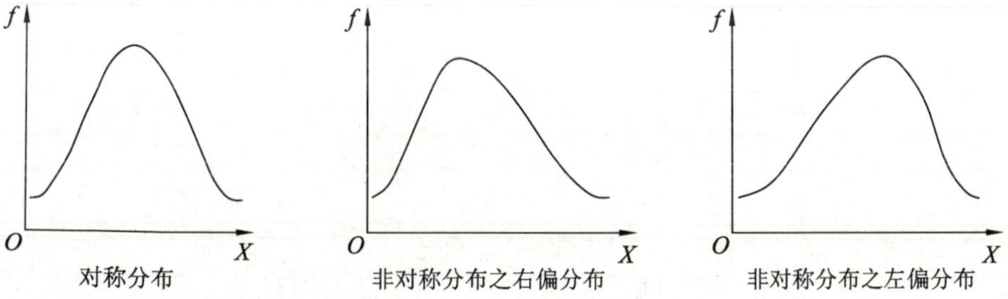

图 3-2　钟形分布示意图

1. 对称分布

对称分布的特征为以变量的平均数为中心，左右两侧严格对称，越接近中心的变量值分布的次数越多，两侧的变量值分布的次数随着与中心距离的增大而逐渐减少。

对称分布中的正态分布是最重要、最常见的概率分布形式，许多社会经济现象的统计分布都可以用正态分布来表现。例如，产品质量分布、学生成绩分布、成人身高分布、平均亩产量分布等。

2. 非对称分布

非对称分布又称偏态分布，与对称分布相比，它在方向上和程度上均有所偏离。

按偏离的方向不同，非对称分布可分为以下两种：

(1) 右偏（正偏）分布：其分布曲线向右方尾巴拉长。

(2) 左偏（负偏）分布：其分布曲线向左方尾巴拉长。

例如，各种财产和收入的分配、社会资源的配置都呈现出非对称分布。

（二）U 形分布

U 形分布的特征与钟形分布恰恰相反，表现为“中间小，两头大”，即接近中间的变量值分布的次数少，而两侧的变量值分布的次数多，其曲线图形就像英文字母“U”，如图 3-3 所示。

例如，人口死亡率分布，由于人口总体中幼儿和老年人死亡人数均较高，而中年人死亡人数最低，从而呈现出 U 形分布。

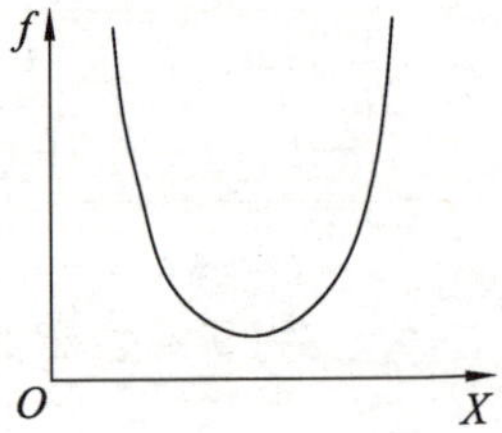

图 3-3　U 形分布示意图

（三）J 形分布

J 形分布的特征为“一头大，一头小”，如图 3-4 所示。

J 形分布主要有以下两种类型：

(1) 正 J 形分布：变量的次数随变量值的增大而增多，其曲线图形类似英文字母“J”。例如，投资额按利润率大小的分布。

(2) 反 J 形分布：变量的次数随变量值的增大而减少，其曲线图形类似反过来的英文字母“J”。例如，规模经济条件下产品产量按单位成本大小的分布，育龄妇女的受教育程度按平均生育子女数多少的分布，人口总体按年龄大小的分布。

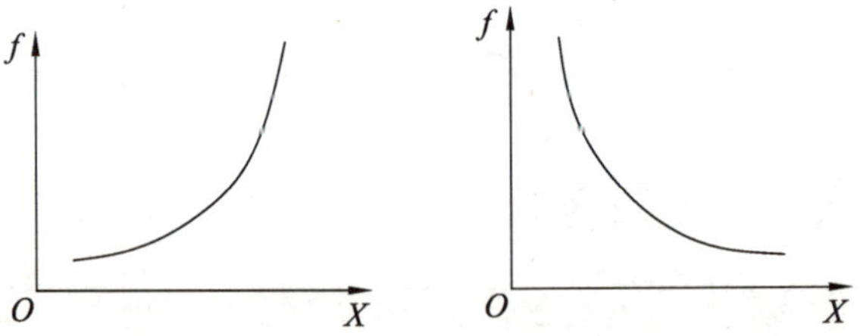

图 3-4　J 形分布示意图

五、统计汇总

（一）统计汇总的概念

统计汇总是指在统计分组的基础上，对总体单位各个方面的标志值分别进行综合和加总，最后得到统计指标的过程。

统计汇总有以下两种类型：

(1) 总体单位总量方面的汇总：次数（频数）汇总。

(2) 总体标志总量方面的汇总：标志值加总。

(二) 统计汇总的组织形式

统计汇总的组织形式有以下三种：

(1) 逐级汇总：按照一定的统计管理机制，将统计调查资料自下而上逐级汇总并逐级上报，直至最高机构的汇总形式，如统计报表制度。

(2) 集中汇总：将统计调查资料直接集中到组织统计调查的最高机构或某一级统计机构的统一汇总形式。

(3) 综合汇总：将逐级汇总和集中汇总相结合的汇总形式，如人口普查。

知识拓展

三次产业

三次产业是根据社会生产活动历史发展的顺序对产业结构的划分，产品直接取自自然界的部门称为第一产业，对初级产品进行再加工的部门称为第二产业，为生产和消费提供各种服务的部门称为第三产业。

第一产业是指农、林、牧、渔业（不含农、林、牧、渔专业及辅助性活动）。

第二产业是指采矿业（不含开采专业及辅助性活动），制造业（不含金属制品、机械和设备修理业），电力、热力、燃气及水生产和供应业，建筑业。

第三产业是指除第一产业、第二产业以外的其他各业，包括：批发和零售业，交通运输、仓储和邮政业，住宿和餐饮业，信息传输、软件和信息技术服务业，金融业，房地产业，租赁和商务服务业，科学研究和技术服务业，水利、环境和公共设施管理业，居民服务、修理和其他服务业，教育，卫生和社会工作，文化、体育和娱乐业，公共管理、社会保障和社会组织，国际组织，以及农、林、牧、渔业中的农、林、牧、渔专业及辅助性活动，采矿业中的开采专业及辅助性活动，制造业中的金属制品、机械和设备修理业。

任务四 统计表和统计图

任务情境

《中华人民共和国2023年国民经济和社会发展统计公报》显示，经初步核算，全年国内生产总值1 260 582亿元，比上年增长5.2%。其中，第一产业增加值89 755亿元，比上年增长4.1%；第二产业增加值482 589亿元，比上年增长4.7%；第三产业增加值688 238亿元，比上年增长5.8%。第一产业增加值占国内生产总值的比例为7.1%，第二产业增加值占国内生产总值的比例为38.3%，第三产业增加值占国内生产总值的比例为54.6%。

任务分析

上述三次产业的发展情况是通过文字叙述的形式呈现的，没有采用图文并茂的方式，给人感觉不够直观形象。因此，为了提高统计报告的整体效果，实际工作中经常采用统计表和统计图方式呈现相关内容。

任务实施

1. 根据任务情境中的文字资料，采用统计表方式进行表述，如表 3-11 所示。

表 3-11　我国 2023 年三次产业发展情况

按产业分组	产业增加值/亿元	比例/%	比上年增长/%
第一产业	89 755	7.1	4.1
第二产业	482 589	38.3	4.7
第三产业	688 238	54.6	5.8
合计	1 260 582	100.0	5.2

（数据来源：《中华人民共和国 2023 年国民经济和社会发展统计公报》）

2. 根据任务情境中的文字资料，采用条形图、饼图等统计图方式进行表述，如图 3-5、图 3-6 所示。

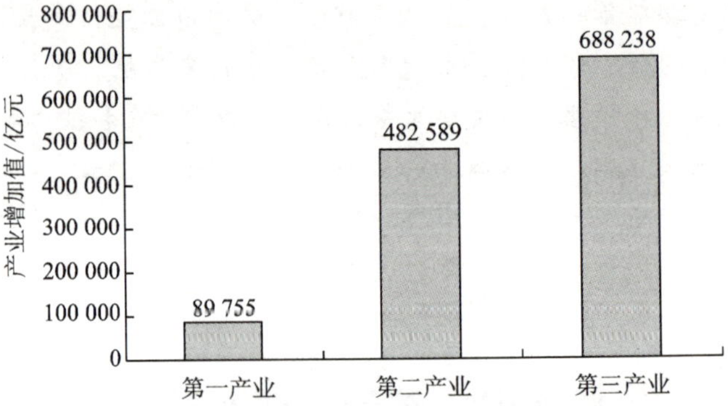

图 3-5　我国 2023 年三次产业增加值

（数据来源：《中华人民共和国 2023 年国民经济和社会发展统计公报》）

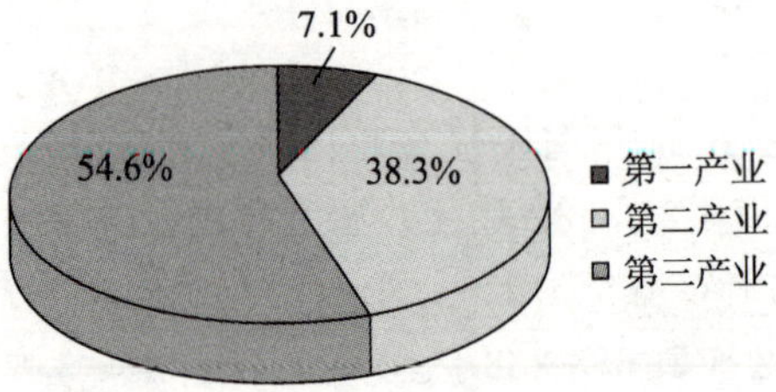

图 3-6　我国 2023 年三次产业的比例

（数据来源：《中华人民共和国 2023 年国民经济和社会发展统计公报》）

相关知识

统计整理的结果可以用不同的形式表现出来，如借助于统计表、统计图及使用文字叙述。在这些表现形式中，应用最广泛的是统计表和统计图。

一、统计表

（一）统计表的概念

统计表是统计数据最重要的表现形式，将统计工作过程中取得的各种数字资料，经过汇总整理后，按一定的项目和顺序排列在一定的表格内，就形成统计表，如表 3-11 所示。

从统计工作过程来看，所使用的表格有调查表、汇总表、分析表。从广义上讲，这些表格都可以称为统计表；从狭义上讲，统计表专指用于表现统计整理结果的汇总表。

（二）统计表的特点

（1）能使统计数据系统化、条理化，从而更清晰地表达统计数据的内容。统计整理所取得的资料，不仅量大、内容多，而且彼此间联系也很复杂，采用何种形式进行呈现就至关重要。若统计数据是少量的，则可以采取文字叙述的形式；若统计数据是大量的，则必须采取统计表的形式。因为统计表能把大量的统计数据系统、合理地组织起来。

（2）能合理地、科学地组织统计数据，大大节省篇幅，让人一目了然。一张设计科学的统计表，能简明扼要地说明现象的数量特征及其联系，能在短时间内给人以明确的概念、判断，在表述上要比文字叙述效果好。

（3）便于计算、比较表内各项统计指标，并易于检查数据的完整性和正确性。统计分组体系和统计指标体系都按照一定的逻辑顺序科学地组织在一张统计表中，这样便于计算和比较。

（三）统计表的结构

1. 统计表的形式结构

从形式上看，统计表由总标题、横行标题、纵栏标题和数字资料组成，如表 3-12 所示。

总标题——**表 3-12　我国 2023 年旅客运输量及其增长速度**

按运输方式分组	旅客运输量/亿人次	比上年增长/%
铁路	38.5	130.4
公路	45.7	28.9
水路	2.6	121.6
民航	6.2	146.1
合计	93.0	66.5

（表旁标注：表头一行为“纵栏标题”；左列各行为“横行标题”；表内数值为“数字资料”；左列为“主词”，右两列为“宾词”）

（数据来源：《中华人民共和国 2023 年国民经济和社会发展统计公报》）

（1）总标题：统计表的名称，用来概括说明全表的主题内容，一般写在表的上端中央位置。

（2）横行标题：各横行的名称，通常用来说明表内各组的名称、分类的名称，一般排在表的左方。

（3）纵栏标题：各纵栏的名称，通常用来说明表内统计指标的名称，一般排在表的右上方。

（4）数字资料：填写在各横行与纵栏交叉空格处的数字。

2. 统计表的内容结构

从内容上看，统计表由主词和宾词两部分组成，如表 3-12 所示。

（1）主词：统计表所要说明的对象，表现形式有总体各单位的名称、总体的分组等，一般排在表的左方。

（2）宾词：用来说明主词的各项指标，包括指标名称和指标数值，一般排在表的右方。

课堂活动 判断题：统计表从形式上看，由主词和宾词两部分组成。（　　）

（四）统计表的种类

1. 按用途分类

统计表按用途不同，可分为调查表、整理表和分析表。

（1）调查表：在统计调查中用来登记、收集原始资料的表格。

（2）整理表（汇总表）：在统计整理中用来记载统计整理过程和表现统计整理结果的表格。

（3）分析表：在统计分析中用来记载计算过程和表现计算结果的表格。

2. 按统计数列的性质分类

统计表按统计数列的性质不同，可分为空间数列表、时间数列表和时空数列结合表。

（1）空间数列表：反映在同一时间条件下不同空间范围内的统计数列的表格。

（2）时间数列表：反映在同一空间条件下不同时间上的统计数列的表格。

（3）时空数列结合表：把时间数列表和空间数列表结合起来，同时反映时间和空间两方面内容的表格。

3. 按主词是否分组及分组程度分类

统计表按主词是否分组及分组程度不同，可分为单表、简单分组表和复合分组表。

（1）单表：主词未做任何分组，仅列举总体各单位名称或按时间顺序排列的统计表。表 3-13 中我国 2020—2023 年年末国家外汇储备按年份排列，未做任何分组，属于简单表。

表 3-13 我国 2020—2023 年年末国家外汇储备统计表

年份	外汇储备/亿美元	比上年增长/%
2020	32 165	3.49
2021	32 502	1.05
2022	31 277	−3.77
2023	32 380	3.53
合计	128 324	—

（数据来源：《中华人民共和国 2023 年国民经济和社会发展统计公报》）

（2）简单分组表：主词仅按一个标志进行分组所形成的统计表。表 3-14 仅按“发电方式”这一个标志分组，属于简单分组表。

表 3-14 我国 2023 年发电情况统计表

按发电方式分组	发电量/亿千瓦时	比上年增长/%
火电	62 657.4	6.4
水电	12 858.5	−4.9
核电	4 347.2	4.1
风电	8 858.7	16.2
太阳能发电	5 841.5	36.7
合计	94 564.3	6.9

（数据来源：《中华人民共和国 2023 年国民经济和社会发展统计公报》）

（3）复合分组表：主词按两个或两个以上标志进行层叠分组所形成的统计表。表 3-15 按“专业”和“性别”两个标志进行层叠分组，属于复合分组表。

表 3-15 某校商贸系五年制高职学生数统计表

按专业和性别分组	学生数/人
一、电子商务	296
男性	135
女性	161
二、国际商务	274
男性	101
女性	173
三、现代物流管理	268
男性	219
女性	49

课堂活动 判断题：按两个或两个以上标志进行分组所形成的统计表是复合分组表。（ ）

（五）统计表的设计

1. 统计表形式的设计

（1）形状：应设计成长方形表格，长与宽之间保持适当的比例。

（2）端线：统计表上下两端的线条应以粗线或双线绘制，表中其他线条应以细线绘制，左右两端习惯上均不画线，采用不封闭的“开口”表式。

（3）合计：横行合计一般列在最后一行；纵栏合计可列在第一栏。

（4）编栏号：栏数较多时，为了便于阅读，可编栏号。习惯上，对非填写统计资料的各栏（主词栏），分别以“甲、乙、丙、丁……”的次序编栏号；对填写统计资料的各栏（宾词栏），分别以“（1）（2）（3）（4）……”的次序编栏号。

2. 统计表内容的设计

（1）总标题：应当用简练准确的文字表述统计资料的内容，以及资料所属时间、空间。

（2）计量单位：全表计量单位相同时，应将计量单位写在表的基线右上角；各项指标计量单位不同时，可在横行专设计量单位栏。

（3）符号表示：不应有数字时用“—”表示，数字不详或可略而不计时用“…”表示，免填资料时用“×”表示。

总的来说，统计表的设计应遵循以下规则：

全面安排，合理布局；各种标题，简单明了。

项目排列，合乎情理；栏数多时，要加编号。

计量单位，必须注明；数字填写，整齐对位。

统计表式，一律开口；如有必要，加注说明。

二、统计图

统计图也是表现次数分布的一种形式，与统计表相比，它能更加直观、清晰地表明总体次数分布的状况和特征。

（一）统计图的概念

统计图是在统计表的基础上，用几何图形或具体形象表述统计资料的一种表现形式，具有直观、形象、生动、具体等特点。

（二）统计图的种类

常用的统计图有直方图、条形图、折线图、饼图和曲线图。

1. 直方图

直方图是用矩形（直方）的宽度和高度来显示次数分布的图形。直方图由若干沿横轴连续排列的矩形组成，矩形的宽为组距，矩形的高为频数或频率，如图 3-7 所示。

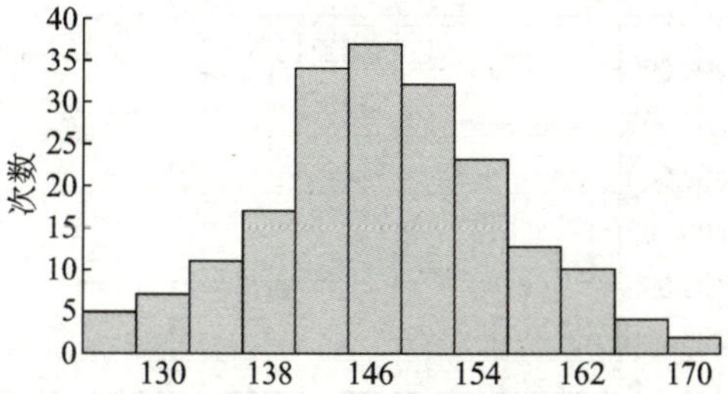

图 3-7 直方图示例

2. 条形图

条形图是用宽度相同的条形高度或长短来表示数据变动的图形。条形图可以横置和纵置，主要用于反映分类数据的频数分布。图 3-8 是纵置条形图，图 3-9 是横置条形图。

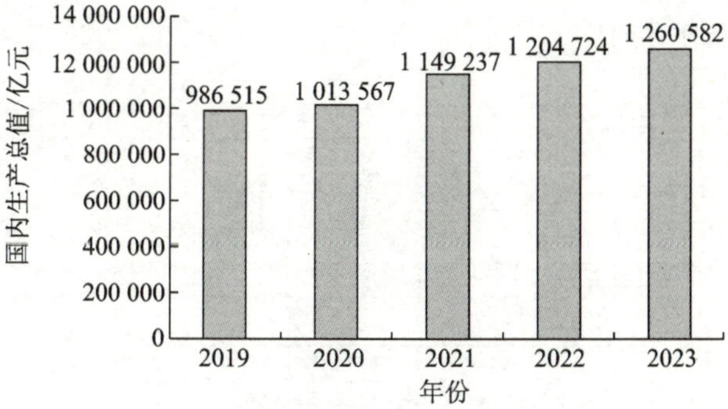

图 3-8 我国 2019—2023 年国内生产总值（纵置条形图）

（数据来源：《中华人民共和国 2023 年国民经济和社会发展统计公报》）

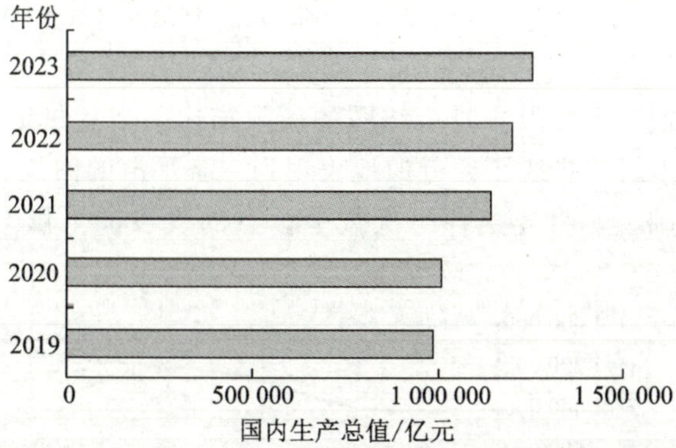

图 3-9 我国 2019—2023 年国内生产总值（横置条形图）

（数据来源：《中华人民共和国 2023 年国民经济和社会发展统计公报》）

3. 折线图

折线图是在直方图的基础上，取每一个长方形顶边中点，将这些点用直线连接起来所形成的图形，如图 3-10 所示。

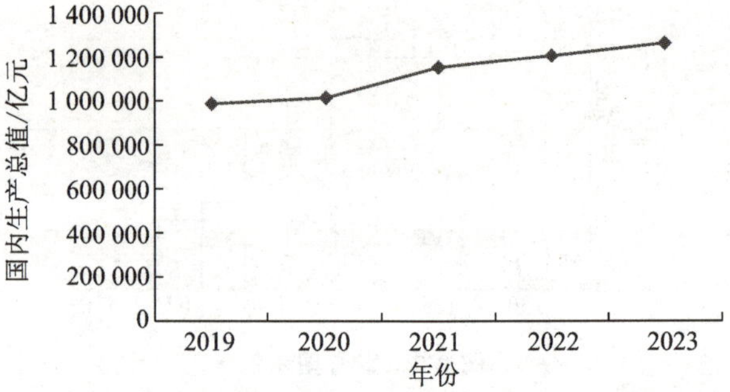

图 3-10　我国 2019—2023 年国内生产总值（折线图）

（数据来源：《中华人民共和国 2023 年国民经济和社会发展统计公报》）

4. 饼图

饼图也称圆形图，是用圆形及圆内扇形面积来表示数值大小的图形，主要用于表示总体中各个互斥的组成部分所占的比例，如图 3-11 所示。饼图对于研究结构性问题十分有用。

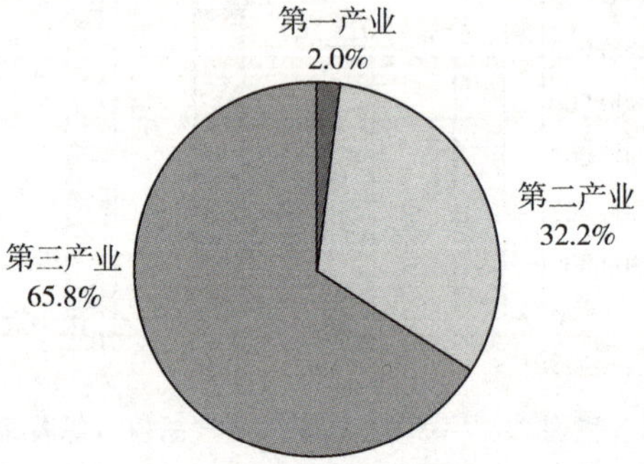

图 3-11　我国 2023 年固定资产投资中三次产业投资的比例（饼图）

（数据来源：《中华人民共和国 2023 年国民经济和社会发展统计公报》）

5. 曲线图

曲线图是组数趋于无限多时折线图的极限描述。当变量值非常多，变量数列的组数无限增多时，折线图便近似地表现为一条平滑的曲线。绘制曲线图时，可在折线图的基础上，将连接各组次数坐标点的线段加工修匀为平滑的曲线，如图 3-12 所示。

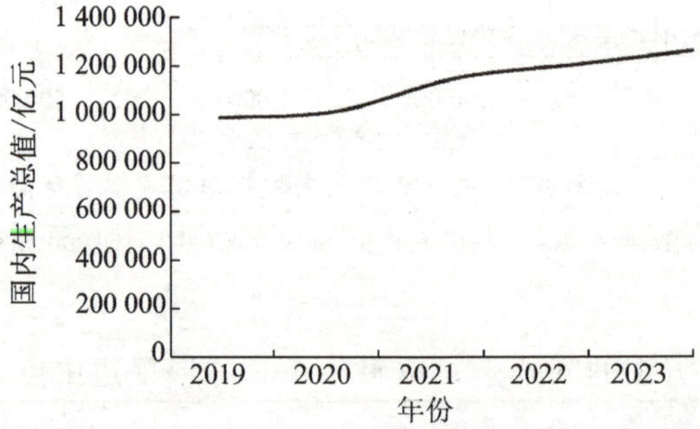

图 3-12　我国 2019—2023 年国内生产总值（曲线图）

（数据来源：《中华人民共和国 2023 年国民经济和社会发展统计公报》）

知识拓展

洛伦兹曲线

洛伦兹曲线是经济学中用来表示一个国家或地区收入或财富分配平等程度的图形工具，它是由美国统计学家洛伦兹在1905年提出的。

洛伦兹曲线通常在一个坐标系中绘制，横轴表示人口（按收入或财富由低到高分组）的累计百分比，纵轴表示对应人口的收入或财富的累计百分比。在完全平等的情况下，曲线是一条从原点到对角线的直线（等分线）。实际上，洛伦兹曲线总是位于等分线下方，曲线与等分线之间的面积越大，表示不平等程度越高。例如，在图3-13中，E_1点表示20%的最低收入人群只拥有5%左右的收入或财富，E_2点表示40%的较低收入人群只拥有10%的收入或财富，E_3点表示60%的相对较低收入人群只拥有25%左右的收入或财富，E_4点表示80%的相对较低收入人群只拥有50%的收入或财富，或者反过来说，20%的最高收入人群却拥有50%的收入或财富，此时收入或财富分配非常不平等。

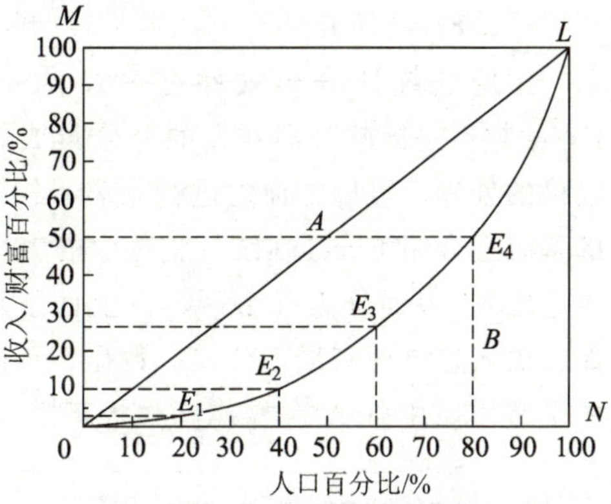

图3-13 洛伦兹曲线示意图

任务五 Excel在统计整理中的应用

实训教学目的

Excel软件有强大的数据处理功能。Excel软件在统计整理中的应用，主要是数据排序、数据筛选和数据汇总，编制变量数列，编制统计表，以及绘制统计图。通过对本任务实训内容的学习，学生可以熟悉Excel软件的功能，初步掌握Excel软件的基本应用，提高实践能力。

实训教学内容

1. 利用Excel软件进行数据排序、数据筛选、数据汇总。
2. 利用Excel软件编制变量数列。
3. 利用Excel软件编制统计表。
4. 利用Excel软件绘制统计图。

实训教学要求

学生先组成学习小组，一般2—4人一组。实训前需要先熟悉Excel软件，也可自己收集微观经济数据作为原始数据进行整理。

实训操作步骤

一、Excel简介

常用的统计分析软件有SAS、SPSS、Statistica、TSP、Excel等，其中Excel软件是微软公司开发的办公集成软件Office的组件之一，主要用于电子表格的处理，可以方便地进行制表、绘图和计算。本任务内容是在Office 2016的基础上介绍Excel在统计整理中的应用。

Excel界面分为五个区，自上而下依次为标题栏、菜单栏（包括文件、开始、插入、页面布局、公式、数据、审阅、视图和帮助等选项卡）、工具栏（集中了常用操作命令）、操作区和状态栏（用于显示当前状态），如图3-14所示。

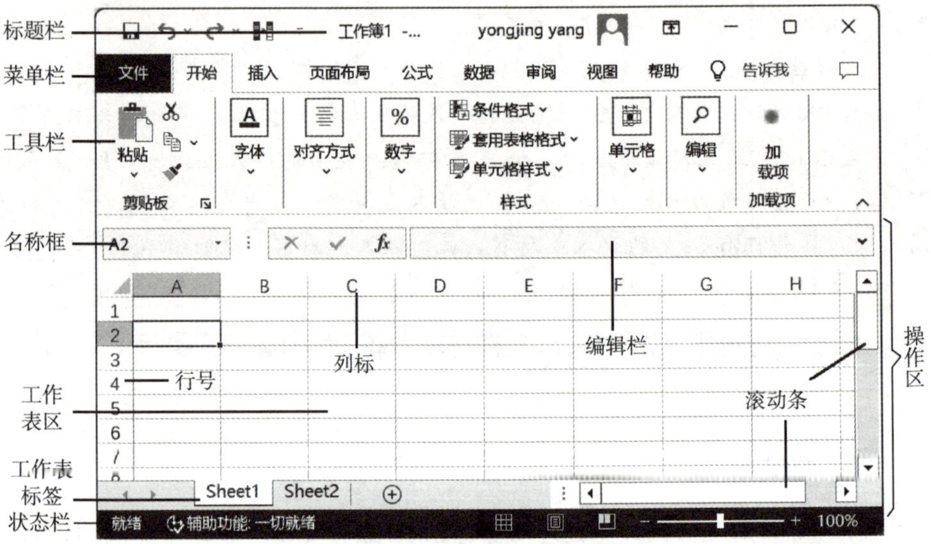

图3-14　Excel界面

下面基于Excel 2016具体介绍各区域功能。

（一）快速访问工具栏

快速访问工具栏是一个可自定义的工具栏，便于快速执行常用命令，用户可将功能区上选项卡中的一个或几个命令在此区域独立显示，以减少在功能区查找命令的时间，提高工作效率。

如需自定义快速访问工具栏，可单击其右侧的箭头，选中常用的命令添加至快速访问工具栏中。若所显示的命令中没有需要定义的命令，则可单击【其他命令】选项，进入自定义快速访问工具栏窗口，如图3-15所示，可选中任一选项卡中的任一命令在快速访问工具栏中显示。

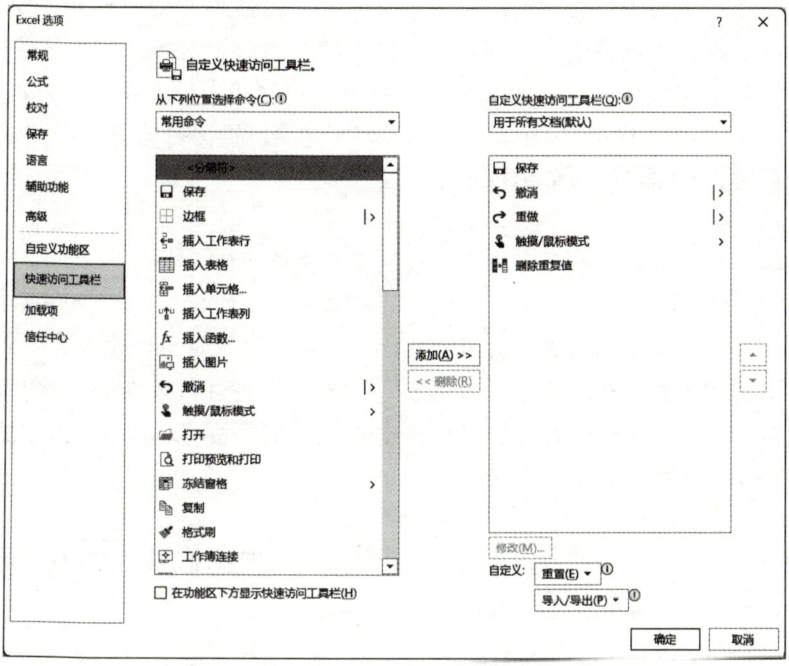

图 3-15　自定义快速访问工具栏窗口

（二）功能区

功能区位于标题栏的下方，默认由 9 个选项卡组成，一个选项卡分为多个组，每个组中有多个命令，如图 3-16 所示。

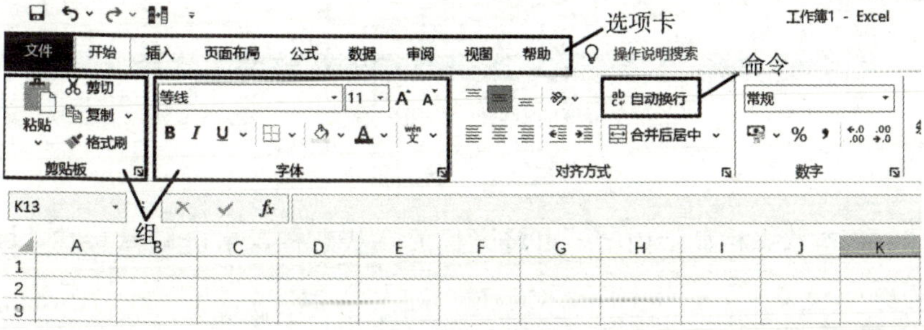

图 3-16　功能区

显示或隐藏功能区主要有以下四种方法：

方法 1：单击功能区右下角的【折叠功能区】按钮即可将功能区隐藏起来。

方法 2：单击功能区右上方的【功能区显示选项】按钮，在弹出的菜单中选择【显示选项卡】选项，可将功能区隐藏；选择【显示选项卡和命令】选项，可将功能区显示出来。

方法 3：将光标放在任一选项卡上，双击鼠标即可隐藏或显示功能区。

方法 4：使用快捷键【Ctrl+F1】，可隐藏或显示功能区。

（三）名称框

名称框用于显示当前活动对象的名称信息，包括单元格列标和行号、图表名称等。名称框也可用于定位到目标单元格或其他类型对象。在名称框中输入单元格的列标和行号后，按【Enter】键即可定位到相应的单元格。例如，单击单元格 C3 时，名称框中显示的是“C3”；在名称框中输入“C3”后，按【Enter】键，光标定位到单元格 C3。

（四）编辑栏

编辑栏用于显示当前单元格内容或编辑所选单元格。

（五）工作表区域

工作表区域用于编辑表中各单元格内容，一个工作簿可以包含多张工作表。

双击工作表标签或右击工作表标签，可对工作表进行重命名。在左击工作表标签的同时拖动工作表标签，可更改工作表位置。按【Ctrl＋鼠标左键】，拖动选中的工作表标签，可复制工作表。

（六）状态栏

状态栏用于显示当前的工作状态，包括公式计算进度、选中区域的汇总值、当前视图模式、显示比例等，如图 3-17 所示。

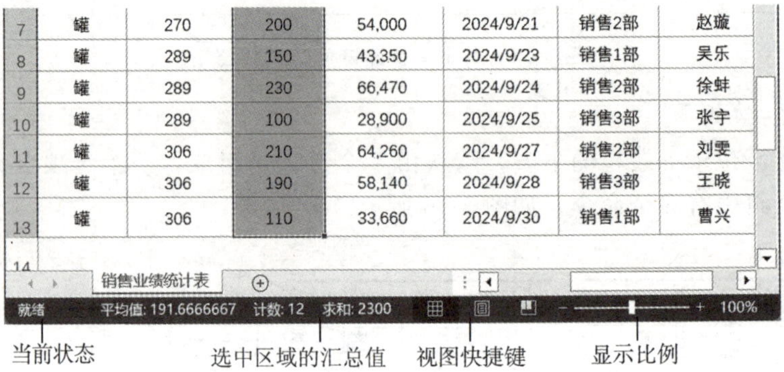

7	罐	270	200	54,000	2024/9/21	销售2部	赵璇
8	罐	289	150	43,350	2024/9/23	销售1部	吴乐
9	罐	289	230	66,470	2024/9/24	销售2部	徐蚌
10	罐	289	100	28,900	2024/9/25	销售3部	张宇
11	罐	306	210	64,260	2024/9/27	销售2部	刘雯
12	罐	306	190	58,140	2024/9/28	销售3部	王晓
13	罐	306	110	33,660	2024/9/30	销售1部	曹兴

图 3-17　状态栏

如需更改状态栏显示内容，可将光标放在状态栏，单击鼠标右键，即可自定义状态栏。

（七）后台视图

在 Excel 2016 中，单击功能区左上角“文件”选项卡，可进入后台视图界面。后台视图采用三栏式设计，分别是操作栏、信息栏和属性栏。其中，操作栏可以完成新建、打开、保存、另存、打印、共享和关闭等工作；信息栏可以完成保护工作簿、检查工作簿、管理工作簿等工作；属性栏可以对工作簿的属性、日期、人员等信息进行修改。

二、数据排序

手工排序不仅要花大量时间，还容易出错，在实际工作中，我们可以借助于 Excel 对数据进行排序。对文本、数字、日期类型的数据进行排序时，既可以按多行或多列进行排序，也可以按自定义序列排序，还可以按单元格颜色、字体颜色、单元格图标等特殊格式排序。

【例 3-3】 对某公司某月销售人员的销售业绩进行排名，销售业绩表包括产品分类、产品编号、计量单位、销售单价、销售数量和销售额等信息。请按销售额由高到低进行排序。原始资料如表 3-16 所示。

表 3-16　销售业绩表

产品分类	产品编号	销售单价/（元/罐）	销售数量/罐	销售额/元
A 类	A1001	300	230	69 000
A 类	A1002	300	120	36 000
A 类	A1003	300	140	42 000
B 类	B1004	260	280	72 800
B 类	B1005	260	310	80 600
B 类	B1006	260	210	54 600
B 类	B1007	282	250	70 500
B 类	B1008	282	270	76 140
B 类	B1009	282	120	33 840
C 类	C1010	311	310	96 410
C 类	C1011	311	290	90 190
C 类	C1012	311	150	46 650

具体操作步骤如下：

第一步：将原始资料复制到 Excel 工作表中。

第二步：选中标题行中“销售额/元”所在的单元格，单击【数据】选项卡下【排序和筛选】组中的【排序】命令。在弹出的对话框中，先单击【主要关键字】下拉列表中的【销售额/元】选项，再单击【次序】下拉列表中的【降序】选项，最后单击【确定】按钮，即可将销售人员的销售额由高到低显示出来，完成销售业绩排名。

三、数据筛选

数据筛选是指在工作表的数据清单中快速查找具有特定条件的记录，筛选后数据清单中只包含符合筛选条件的记录，便于浏览。利用 Excel 可以进行自动筛选和高级筛选。

【例 3-4】 利用自动筛选功能，筛选出某班地理成绩在 80 分以上（含 80 分），并且历史成绩在 85 分以上（含 85 分）的学生名单，在原区域显示筛选结果。该班学生部分课程成绩如表 3-17 所示。

表 3-17　某班学生部分课程成绩表　　　　单位：分

学号	姓名	历史	地理	新媒体营销	体育与健康
160902102	袁兆兰	92	89	85	86
160902103	娄晶晶	90	78	82	90
160902104	张扬	85	89	86	85
160902105	孙思琦	84	89	88	86
160902106	卢聪聪	80	88	79	86
160902107	张允通	88	89	81	80
160902108	郭委	92	95	80	85
160902109	耿月	93	95	86	85
160902110	石梦琪	95	95	88	86
160902111	张笑笑	91	95	87	85
160902112	杨洋	85	94	85	86
160902113	刘子淇	89	88	87	85
160902114	张浩	82	95	85	83
160902115	王思凡	88	81	84	85
160902117	代慧敏	92	89	86	86
160902118	姚青青	93	89	84	85
160902119	叶波	80	95	86	85
160902120	李清	86	78	83	85
160902121	赵艺聪	88	76	87	85
160902122	王梦琪	90	78	85	87
160902123	穆思同	89	78	84	86
160902124	苏奔	90	94	80	83
160902125	张文杰	92	78	82	85
160902126	王宇恒	89	75	83	86
160902127	王诗禹	91	74	81	60
160902128	周渝焜	93	74	79	87
160902129	马璇	90	93	76	85
160902130	郑玉龙	85	79	75	83
160902131	宋秋影	93	78	78	86
160902132	张宇轩	84	84	82	85
160902133	李乐	81	78	80	82

续表

学号	姓名	历史	地理	新媒体营销	体育与健康
160902134	张春晶	92	79	82	85
160902135	张茜	90	79	84	85
160902136	牛淑豫	91	90	79	87
160902137	陈庆贺	85	80	85	87
160902138	王荣	90	95	80	82
160902139	王晓龙	92	86	76	90
160902140	石钰	94	76	75	86

具体操作步骤如下：

第一步：筛选出地理成绩在 80 分以上（含 80 分）的学生名单。选中标题行，单击【数据】选项卡下【排序和筛选】组中的【筛选】命令。单击【地理】标题字段右侧按钮，在弹出的下拉菜单中选择【数字筛选】选项，再在弹出的下一级菜单中单击【大于或等于】选项。在弹出的【自定义自动筛选方式】对话框中，在【大于或等于】文本框中输入“80”后，单击【确定】按钮，在原区域筛选出地理成绩在 80 分以上（含 80 分）的学生名单。

第二步：筛选出历史成绩在 85 分以上（含 85 分）的学生名单。单击【历史】标题字段右侧按钮，在弹出的下拉菜单中选择【数字筛选】选项，再在弹出的下一级菜单中单击【大于或等于】选项。在弹出的【自定义自动筛选方式】对话框中，在【大于或等于】文本框中输入“85”后，单击【确定】按钮，在原区域筛选出在地理成绩满足条件的基础上，历史成绩在 85 分以上（含 85 分）的学生名单。

四、编制变量数列

分配数列有品质数列和变量数列两种，变量数列又分为单项数列和组距数列，利用 Excel 编制变量数列的情况较多。下面逐一介绍。

（一）单项数列的编制

【例 3-5】 某企业 100 名工人 4 月日产量（单位：件）资料如下，请编制单项数列。

7	6	6	5	6	7	7	9	8	8	6	6	5	7	6	6	8	7	8	9
5	6	6	7	8	7	7	6	6	8	8	7	7	6	5	6	8	6	7	9
6	8	7	6	7	6	8	7	6	5	7	8	6	5	7	8	6	6	7	9
6	6	7	5	7	8	6	7	8	6	6	7	5	6	8	7	6	7	7	8
8	6	6	5	6	7	8	6	7	7	5	6	8	9	6	7	7	8	6	7

具体操作步骤如下：

第一步：按日产量分组。将原始资料输入单元格 A2 到 J11 区域，在空白部分增加按日产量分组结果表，4 月工人日产量最低 5 件，最高 9 件，可以将日产量分成 5、6、7、8、9 五组。在单元格 L1 至 N1 中输入标题，在单元格 L2 至 N2 中分别输入“日产量、工人数、占比”，在单元格 L3 至 L7 中依次输入 5 个数值。

第二步：计算各组工人数。选中单元格 M3，在编辑栏中输入公式“=COUNTIF（A2：J11，L3）”，按【Enter】键，可计算出日产量为 5 件的工人数（10 人）。选中单元格 M4，在编辑栏中输入公式“=COUNTIF（A2：J11，L4）”，按【Enter】键，可计算出日产量为 6 件的工人数（35 人）。余下依此类推，计算出各组工人数，选中单元格 M8，单击【公式】选项卡下【函数库】组中的【自动求和】命令，Excel 会自动计算出工人合计数。

第三步：计算各组工人数占比。选中单元格 N3，在编辑栏中输入公式“=M3/100＊100”，按【Enter】键，可计算出日产量为 5 件的工人数占比，将光标移到单元格 N3 的右下角，向下拉动填充柄复制公式，可计算出各组工人数占比。

（二）组距数列的编制

组距数列的编制需要使用 FREQUENCY 函数。FREQUENCY 函数是一个统计频数的函数，以一列垂直数组返回一组数据的频率分布。

【例 3-6】 某企业 40 名工人生产定额（单位：件）资料如下，请编制组距数列。

165	172	189	148	171	144	169	166	185	166
158	179	178	174	176	177	165	163	162	158
154	147	173	171	168	167	162	151	160	177
161	150	181	155	166	162	166	175	179	182

具体操作步骤如下：

第一步：输入数据。将原始资料输入单元格 A2 至 A41 并进行排序，按照排序结果，计算全距并确定组数和组距。本题全距为 45，组距为 10，组数为 5，选择单元格 E2 至 E6 放置各组上限：150、160、170、180、190。

第二步：选择单元格 F2 至 F6 作为放置分组结果的区域，单击【公式】选项卡下【函数库】组中的【插入函数】命令，在弹出的对话框中，单击【或选择类别】下拉列表中的【统计】选项后，在【选择函数】列表框中单击【FREQUENCY】函数，单击【确定】按钮后，进入【函数参数】对话框。

在 Data _ array 框中输入待分组的原始数据区域“A2：A41”，在 Bins _ array 框中输入数据接收区间“E2：E6”，如图 3-18 所示。

FREQUENCY 函数要求按组的上限分组，统计结果包括上限，但不包括下限；同时，输入 n 个分组标志，FREQUENCY 函数给出（$n+1$）个结果。因此，为了与统计中要求的“上限不在内”原则相一致，上限应小半个单位，即将单元格 E2 至 E6 中的数值 150、160、170、180、190 改为 149.5、159.5、169.5、179.5、189.5，同时按【Shift＋Ctrl＋Enter】组合键，将次数分布记入指定的单元格 F2 至 F6 中，最终显示出各组次数分布为 3、6、15、12、4。

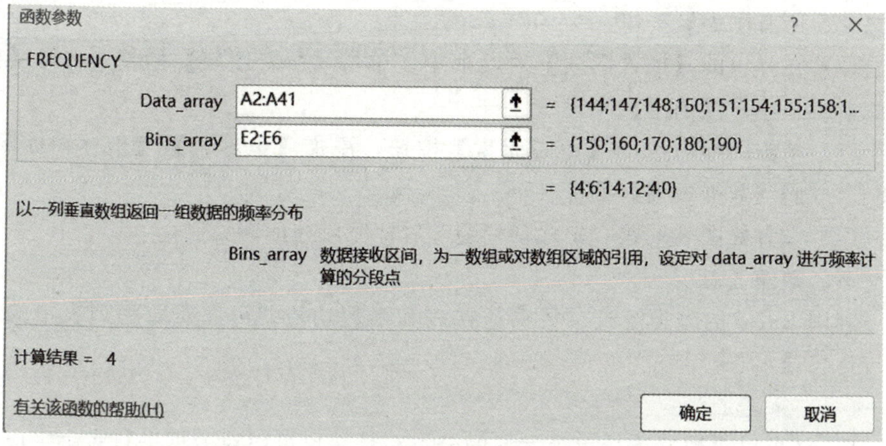

图 3-18 FREQUENCY 函数参数设置

（三）利用 Excel 表现变量数列

【例 3-7】 根据表 3-18 所示的次数分布统计表，在 Excel 中完成统计表的编制和统计图的绘制。

表 3-18 次数分布统计表

分组	次数		向上累计		向下累计	
	人数/人	占比/%	人数/人	占比/%	人数/人	占比/%
85—100	6	12	6	12	50	100
100—115	18	36	24	48	44	88
115—130	19	38	43	86	26	52
130—145	5	10	48	96	7	14
145—160	2	4	50	100	2	4
合计	50	100	—	—	—	—

具体操作步骤如下：

第一步：依据分布数列，重新计算占比及累计次数和累计占比。

新建一张工作表，在第一行中输入“分组”“次数”“向上累计”“向下累计”，可使用【开始】选项卡下【对齐方式】组中的【合并后居中】命令。

（1）计算占比，选中单元格 C3 后输入“＝B3/50＊100”或“＝B3/$B$8＊100”，结果为 12%，然后利用填充柄功能，依次计算出单元格 C4 至 C8 的值。

（2）计算向上累计人数，选中单元格 D3 后输入“＝B3”，计算结果为 6，再选中单元格 D4 后输入“＝D3＋B4”，计算结果为 24，然后利用填充柄功能，计算出单元格 D5 至 D7 的值。

（3）计算向下累计人数的方法同（2）。

第二步：利用图表功能，绘制次数分布直方图或折线图。

（1）选定数据区域“A3：B7”，单击【插入】选项卡下【图表】组右下方的【查看所有图表】按钮。

(2) 在弹出的【插入图表】对话框中，单击【所有图表】标签，选择【柱形图】后，单击【确定】按钮。

(3) 单击图形右侧的【图表元素】按钮，添加【坐标轴】【坐标轴标题】【图表标题】【数据标签】等。

(4) 设置好图表标题、坐标轴标题等后即完成柱形图绘制。

五、数据汇总

利用 Excel 的分类汇总、数据透视表和函数功能，可以对数据列表中的数值进行快速汇总。

(一) 分类汇总

Excel 可以对数据进行单个字段的分类汇总，也可以对数据进行多个字段的分类汇总，汇总方式有求和、计数、平均值、最大值、最小值、乘积、数值计算、标准偏差和方差等。

【例 3-8】 某公司 28 名员工 7 月工资情况如表 3-19 所示，请利用 Excel 的分类汇总功能，按性别汇总出各个部门的平均基本工资。

表 3-19　某公司 28 名员工 7 月工资情况表

单位：元

姓名	性别	基本工资	岗位工资	工龄工资	养老保险	失业保险	医疗保险	住房公积金	代扣个税	部门
苏超越	男	4 500	800	900	496	62	124	744	36	办公室
李梅花	女	3 500	500	300	344	43	86	516	0	办公室
刘红霞	女	3 000	500	800	344	43	86	516	0	办公室
张星	男	4 500	800	800	488	61	122	732	33	采购部
赵亮	男	5 000	1 000	900	552	69	138	828	57	采购部
李明途	男	3 500	500	300	344	43	86	516	0	采购部
吴晶	女	4 000	800	900	456	57	114	684	21	采购部
张雨生	男	3 500	500	600	368	46	92	552	0	采购部
齐征征	男	4 500	700	600	464	58	116	696	24	采购部
张吉	男	5 000	1 000	1 200	576	72	144	864	66	采购部
王涛涛	男	5 000	800	1 000	544	68	136	816	54	生产部
吴乐	男	6 000	900	1 200	648	81	162	972	100	生产部
周丽	女	3 500	500	500	360	45	90	540	0	生产部
邓超	男	4 000	1 000	1 200	496	62	124	744	36	生产部
马可	男	5 000	1 200	1 500	616	77	154	924	81	生产部
徐峥	男	3 000	500	300	304	38	76	456	0	生产部
刘佳	女	8 000	2 000	1 500	920	115	230	1 380	440	销售部

续表

姓名	性别	基本工资	岗位工资	工龄工资	养老保险	失业保险	医疗保险	住房公积金	代扣个税	部门
赵宣	男	3 500	800	900	416	52	104	624	6	销售部
王晓	女	4 000	600	700	424	53	106	636	9	销售部
刘稳	男	3 500	300	500	344	43	86	516	0	销售部
李琦	男	4 000	700	500	416	52	104	624	6	销售部
徐蚌	男	7 000	1 500	1 200	776	97	194	1 164	260	销售部
张丽	女	2 500	800	600	312	39	78	468	0	销售部
孙杨	男	3 000	900	300	336	42	84	504	0	销售部
王珂	男	6 000	1 000	800	624	78	156	936	84	财务部
刘雯	女	5 000	1 200	1 000	576	72	144	864	66	财务部
郑佳	女	4 500	800	1 000	504	63	126	756	39	财务部
钱勇	男	4 000	500	900	432	54	108	648	12	财务部

具体操作步骤如下：

第一步：按部门和性别排序。选中所有数据列，单击【数据】选项卡下【排序和筛选】组中的【排序】命令，在弹出的【排序】对话框中，单击【添加条件】按钮，在【主要关键字】下拉列表中选择【部门】，在【次要关键字】下拉列表中选择【性别】，进行升序排序，如图 3-19 所示。

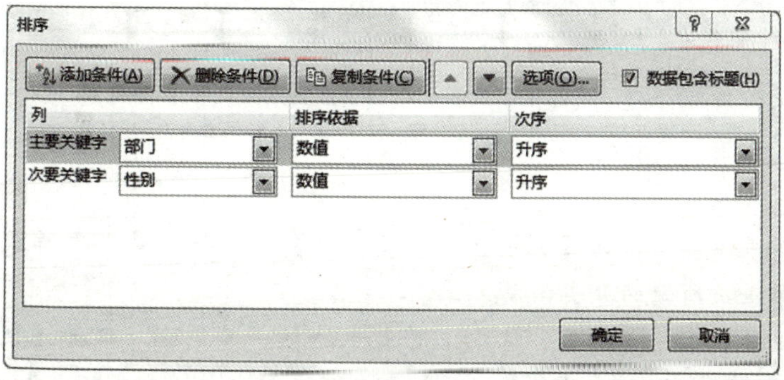

图 3-19 排序设置

第二步：按部门进行分类，对基本工资求平均数。选中“基本工资”单元格，单击【数据】选项卡下【分级显示】组中的【分类汇总】命令。在弹出的【分类汇总】对话框中，在【分类字段】下拉列表中选择【部门】，在【汇总方式】下拉列表中选择【平均值】，在【选定汇总项】列表框中选择【基本工资】后，单击【确定】按钮，完成按“部门”字段进行分类，对基本工资求平均数，如图 3-20 所示。

	A	B	C	D	E	F	G	H	I	J	K
1	姓名	性别	基本工资	岗位工资	工龄工资	养老保险	失业保险	医疗保险	住房公积金	代扣个税	部门
2	苏超越	男	4,500	800	900	496	62	124	744	36	办公室
3	李梅花	女	3,500	500	300	344	43	86	516	0	办公室
4	刘红霞	女	3,000	500	800	344	43	86	516	0	办公室
5			3,667								办公室 平均值
6	王珂	男	6,000	1,000	800	624	78	156	936	84	财务部
7	钱勇	男	4,000	500	900	432	54	108	648	12	财务部
8	刘雯	女	5,000	1,200	1,000	576	72	144	864	66	财务部
9	郑佳	女	4,500	800	1,000	504	63	126	756	39	财务部
10			4,875								财务部 平均值

图 3-20 对基本工资求平均数（按部门进行分类）

第三步：按性别进行嵌套分类，对基本工资求平均数。选中“基本工资”单元格，单击【数据】选项卡下【分级显示】组中的【分类汇总】命令。在弹出的【分类汇总】对话框中，在【分类字段】下拉列表中选择【性别】，在【汇总方式】下拉列表中选择【平均值】，在【选定汇总项】列表框中选择【基本工资】，取消勾选【替换当前分类汇总】复选框后，单击【确定】按钮，完成在按“部门”字段进行分类的基础上再按“性别”进行嵌套分类，对基本工资求平均数，如图 3-21 所示。

	A	B	C	D	E	F	G	H	I	J	K
1	姓名	性别	基本工资	岗位工资	工龄工资	养老保险	失业保险	医疗保险	住房公积金	代扣个税	部门
2	苏超越	男	4,500	800	900	496	62	124	744	36	办公室
3		男 平均值	4,500								
4	李梅花	女	3,500	500	300	344	43	86	516	0	办公室
5	刘红霞	女	3,000	500	800	344	43	86	516	0	办公室
6		女 平均值	3,250								
7			3,667								办公室 平均值
8	王珂	男	6,000	1,000	800	624	78	156	936	84	财务部
9	钱勇	男	4,000	500	900	432	54	108	648	12	财务部
10		男 平均值	5,000								
11	刘雯	女	5,000	1,200	1,000	576	72	144	864	66	财务部
12	郑佳	女	4,500	800	1,000	504	63	126	756	39	财务部
13		女 平均值	4,750								
14			4,875								财务部 平均值

图 3-21 对基本工资求平均数（按性别进行嵌套分类）

注意

（1）如果不取消勾选【替换当前分类汇总】复选框，第二次所做的分类汇总会覆盖第一次所做的分类汇总。

（2）若要取消分类汇总，选中工资表中的任一单元格，单击【数据】选项卡下【分级显示】组中的【分类汇总】命令，在弹出的【分类汇总】对话框中，单击【全部删除】按钮即可。

（二）数据透视表

数据透视表是一种交互式表格，可以进行求和、计数等计算，也可以快速合并和比较大量数据，它所进行的计算与数据透视表中的排列有关。数据透视表可以动态改变版面布置，以便按照不同方式分析数据，也可以重新安排行号、列标和页字段。

【例 3-9】 基于【例 3-8】中某公司 28 名员工 7 月工资情况，请利用 Excel 的数据透视表功能，在新工作表中按性别汇总出各个部门的基本工资总额。

具体操作步骤如下：

第一步：创建数据透视表。在工资表中选择任一单元格，单击【插入】选项卡下【表格】组中的【数据透视表】命令，在弹出的【创建数据透视表】对话框中，在【表/区域】框中选择“A1：K29”区域，在【选择放置数据透视表的位置】中选择【新工作表】后，单击【确定】按钮，如图 3-22 所示。

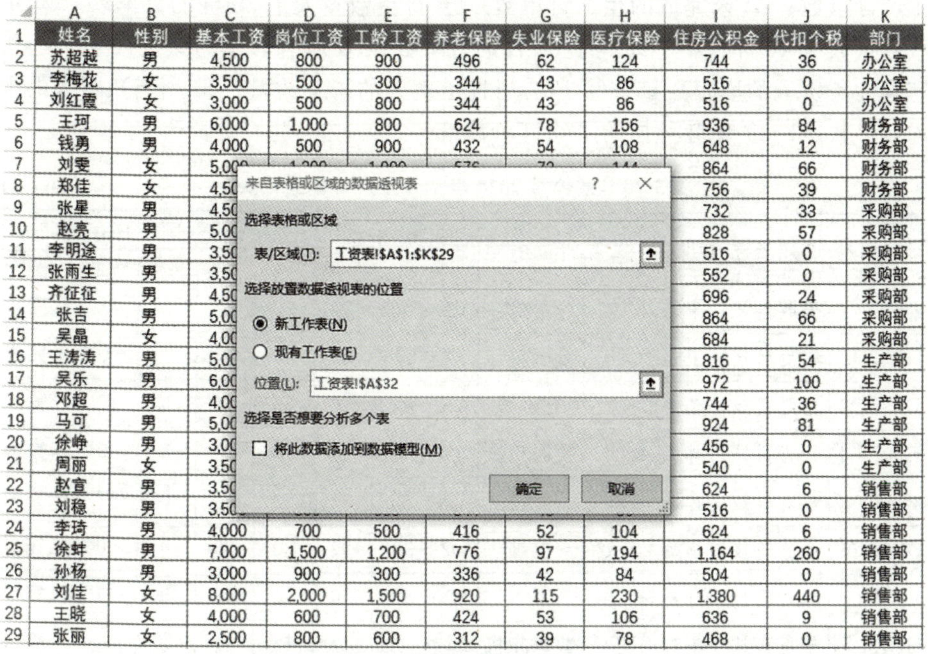

图 3-22 创建数据透视表

第二步：进行数据透视表字段设置。在右侧数据透视表字段设置中，单击【性别】【基本工资】【部门】字段，这样可汇总出各个部门的基本工资总额，如图 3-23 所示。还可以进行【推荐的数据透视表】和【数据透视图】等按钮操作。

行标签	求和项:基本工资
⊟办公室	11000
男	4500
女	6500
⊟财务部	19500
男	10000
女	9500
⊟采购部	30000
男	26000
女	4000
⊟生产部	26500
男	23000
女	3500
⊟销售部	35500
男	21000
女	14500
总计	122500

图 3-23 数据透视表

（三）函数汇总

Excel中常用的统计汇总函数有SUM、COUNT、COUNTA、SUMIF、COUNTIF、AVERAGE等。

【例3-10】 某公司2024年7月生产订单如表3-20所示，请利用Excel函数汇总：① 生产订单总数；② 李梅负责的生产订单数；③ 男性负责人负责的生产订单数；④ 未完成的生产订单数；⑤ 订单数量大于35件的订单数；⑥ 生产数量大于40件且小于或等于80件的订单数；⑦ 所有订单的交货数量；⑧ 所有女性负责人的库存数量；⑨ 所有男性负责人的未交数量；⑩ 所有负责人的平均订单数量；⑪ 德胜科技的平均订单数量。

表3-20 某公司2024年7月生产订单登记表 单位：件

订单编号	客户名称	负责人	性别	产品名称	规格型号	订单数量	生产数量	交货数量	未交数量	库存数量	完成情况
DS16001	德胜科技	李梅	女	手机	VX－001	27	50	27	0	23	已完成
HD37002	华夏科技	王晓	男	电脑	SZ－876	36	35	35	1	0	未完成
DS14003	德胜科技	李梅	女	充电器	XR－842	16	33	16	0	17	已完成
CS21004	长青科技	孙杨	男	数码相机	QW－452	18	10	10	8	0	未完成
CJ48005	长青科技	孙杨	男	手机	VX－698	23	80	23	0	57	已完成
DN23006	德胜科技	李梅	女	电脑	DZ－832	39	39	39	0	0	已完成
CJ52007	长青科技	孙杨	男	手机	VX－187	46	90	46	0	44	已完成
HD78008	华夏科技	王晓	男	数码相机	QW－410	14	11	11	3	0	未完成
HC20009	华夏科技	王晓	男	充电器	XR－119	30	13	11	19	2	未完成
DS14010	德胜科技	李梅	女	手机	RS－542	47	60	47	0	13	已完成
CD38011	长青科技	孙杨	男	电脑	SZ－120	35	20	20	15	0	未完成
HD54012	华夏科技	王晓	男	数码相机	FR－417	45	70	45	0	25	已完成
DN15013	德胜科技	李梅	女	数码相机	FR－714	18	10	10	8	0	未完成
DS475623	德胜科技	李梅	女	手机	RS－238	25	60	25	0	35	已完成

1. 汇总生产订单总数

在单元格A17中输入“生产订单总数”，选中单元格B17，单击【公式】选项卡下【函数库】组中的【插入函数】命令，在弹出的对话框中，单击【或选择类别】下拉列表中的【统计】选项，在【选择函数】列表框中单击【COUNTA】函数后，单击【确定】按钮。在弹出的【函数参数】对话框中，将光标定位在【Value1】框中，单击数据选择图标，选择“A2：A15”后，单击【确定】按钮，即可计算出生产订单总数为14个。

注意

如果所选单元格区域内没有纯数字，全是文本，使用 COUNT 函数进行计数的结果为 0。因为 COUNT 函数只针对数值，而 COUNTA 函数可以合计字符。若要对纯数字进行计数，则把 COUNTA 函数改成 COUNT 函数。

2. 汇总李梅负责的生产订单数

在单元格 A18 中输入“李梅负责的生产订单数”，选中单元格 B18，单击【公式】选项卡下【函数库】组中的【插入函数】命令，类别选择【统计】，找到【COUNTIF】函数，单击【确定】按钮。在弹出的【函数参数】对话框中，在【Range】框中选择“C2：C15”，在【Criteria】框中输入“李梅”，单击【确定】按钮，即可计算出李梅负责的生产订单数为 6 个。

3. 汇总男性负责人负责的生产订单数

在单元格 A19 中输入“男性负责人负责的生产订单数”，选中单元格 B19，使用【COUNTIF】函数，在【Range】框中输入“D2：D15”，在【Criteria】框中输入“男”，单击【确定】按钮，即可计算出男性负责人负责的生产订单数为 8 个。

4. 汇总未完成的生产订单数

在单元格 A20 中输入“未完成的生产订单数”，选中单元格 B20，使用【COUNTIF】函数，在【Range】框中输入“L2：L15”，在【Criteria】框中输入“未完成”或“<>已完成”，单击【确定】按钮，即可计算出未完成的生产订单数为 6 个。

5. 汇总订单数量大于 35 件的订单数

在单元格 A21 中输入“订单数量大于 35 件的订单数”，选中单元格 B21，使用【COUNTIF】函数，在【Range】框中输入“G2：G15”，在【Criteria】框中输入“>35”，单击【确定】按钮，即可计算出订单数量大于 35 件的订单数为 5 个。

6. 汇总生产数量大于 40 件且小于或等于 80 件的订单数

在单元格 A22 中输入“生产数量大于 40 件且小于或等于 80 件的订单数”，选中单元格 B22，单击【公式】选项卡下【函数库】组中的【插入函数】命令，类别选择【统计】，找到【COUNTIFS】函数，单击【确定】按钮。在弹出的【函数参数】对话框中，在【Criteria _ range1】框中输入“H2：H15”，在【Criteria1】框中输入“>40”，在【Criteria _ range2】框中输入“H2：H15”，在【Criteria2】框中输入“<=80”，单击【确定】按钮，即可计算出生产数量大于 40 件且小于或等于 80 件的订单数为 5 个，如图 3-24 所示。

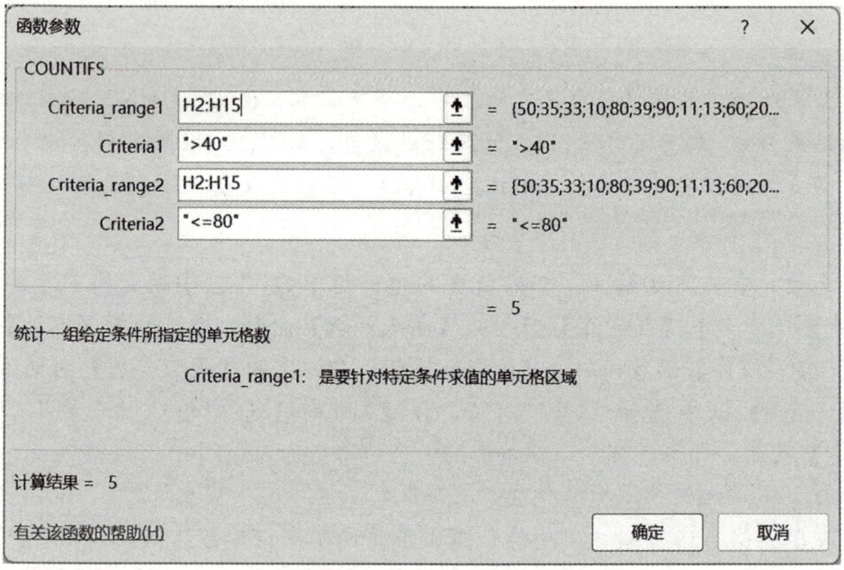

图 3-24　COUNTIFS 函数参数设置

7. 汇总所有订单的交货数量

在单元格 A23 中输入“所有订单的交货数量”，选中单元格 B23，单击【公式】选项卡下【函数库】组中的【插入函数】命令，类别选择【数学与三角函数】，找到【SUM】函数，单击【确定】按钮。在弹出的【函数参数】对话框中，在【Number1】框中输入“I2：I15”，单击【确定】按钮，即可计算出所有订单的交货数量为 365 件。

8. 汇总所有女性负责人的库存数量

在单元格 A24 中输入“所有女性负责人的库存数量”，选中单元格 B24，单击【公式】选项卡下【函数库】组中的【插入函数】命令，类别选择【数学与三角函数】，找到【SUMIF】函数，单击【确定】按钮。在弹出的【函数参数】对话框中，在【Range】框中输入“D2：D15”，在【Criteria】框中输入“女”，在【Sum _ range】框中输入“K2：K15”，单击【确定】按钮，即可计算出所有女性负责人的库存数量为 88 件，如图 3-25 所示。另外，也可尝试使用 SUMIFS 函数进行计算。

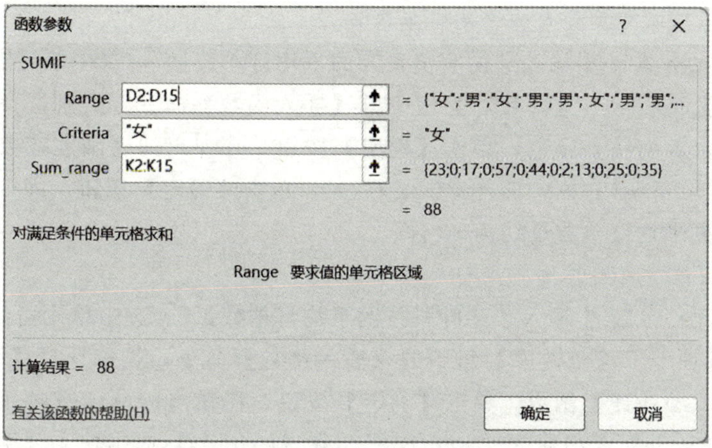

图 3-25　SUMIF 函数参数设置

注意

SUMIF 函数共有三个参数：第一个参数表示需要判断条件的区域，通常为一个一维数组；第二个参数表示判断的条件，是对第一个参数进行判断的标准；第三个参数表示求和的区域。

9. 汇总所有男性负责人的未交数量

在单元格 A25 中输入“所有男性负责人的未交数量”，选中单元格 B25，单击【公式】选项卡下【函数库】组中的【插入函数】命令，类别选择【数学与三角函数】，找到【SUMIFS】函数，单击【确定】按钮。在弹出的【函数参数】对话框中，在【Sum _ range】框中输入“J2：J15”，在【Criteria _ range1】框中输入“D2：D15”，在【Criteria1】框中输入“男”，单击【确定】按钮，即可计算出所有男性负责人的未交数量为 46 件，如图 3-26 所示。

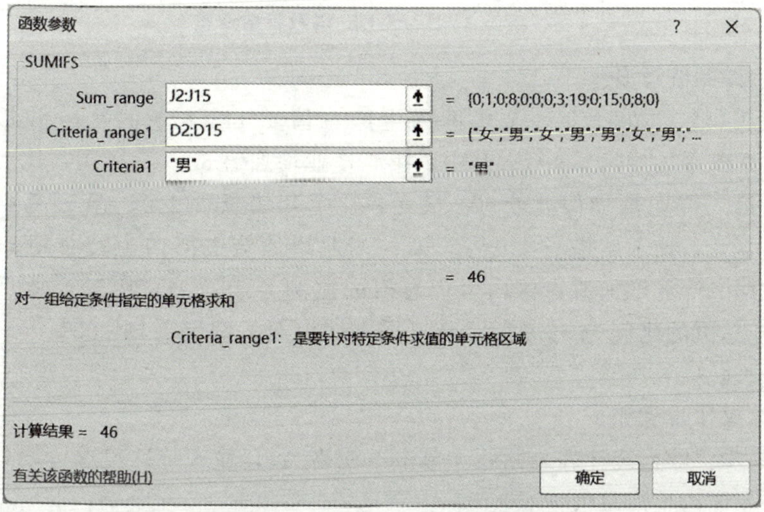

图 3-26　SUMIFS 函数参数设置

10. 汇总所有负责人的平均订单数量

在单元格 A26 中输入“所有负责人的平均订单数量”，选中单元格 B26，单击【公式】选项卡下【函数库】组中的【插入函数】命令，类别选择【统计】，找到【AVERAGE】函数，单击【确定】按钮。在弹出的【函数参数】对话框中，在【Number1】框中输入“G2：G15”，单击【确定】按钮，即可计算出所有负责人的平均订单数量约为 30 件。

11. 汇总德胜科技的平均订单数量

在单元格 A27 中输入“德胜科技的平均订单数量”，选中单元格 B27，单击【公式】选项卡下【函数库】组中的【插入函数】命令，类别选择【统计】，找到【AVERAGEIF】函数，单击【确定】按钮。在弹出的【函数参数】对话框中，在【Range】框中输入“B2：B15”，在【Criteria】框中输入“德胜科技”，在【Average _ range】框中输入“G2：G15”，单击【确定】按钮，即可计算出德胜科技的平均订单数量约为 29 件，如图 3-27 所示。

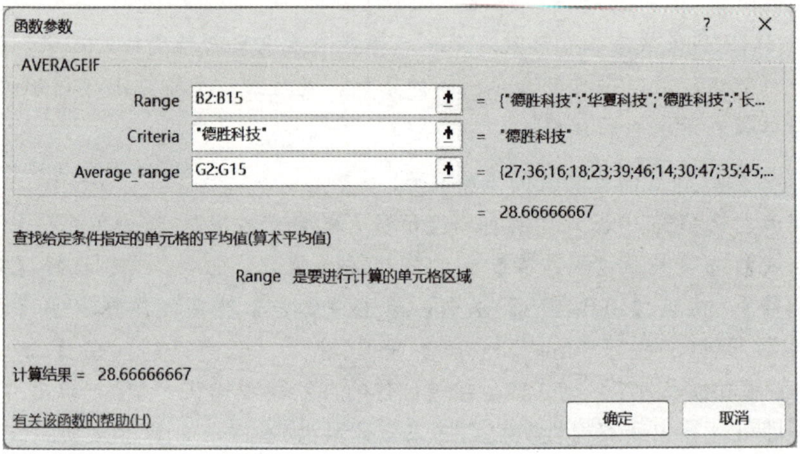

图 3-27 AVERAGEIF 函数参数设置

六、编制统计表

【例 3-11】 2021 年，全年国内生产总值 1 143 670 亿元，比上年增长 8.1%，两年平均增长 5.1%。其中，第一产业增加值 83 086 亿元，比上年增长 7.1%；第二产业增加值 450 904 亿元，比上年增长 8.2%；第三产业增加值 609 680 亿元，比上年增长 8.2%。第一产业增加值占国内生产总值的比例为 7.3%，第二产业增加值占国内生产总值的比例为 39.4%，第三产业增加值占国内生产总值的比例为 53.3%。请根据上述资料，编制我国 2021 年国内生产总值情况表。

具体操作步骤如下：

第一步：输入统计表总标题。单击单元格 A1，输入统计表总标题，即“我国 2021 年国内生产总值情况表”。

第二步：输入纵栏标题。在单元格 A2 至 D2 中依次输入纵栏标题，即“按产业分组”“产业增加值/亿元”“占国内生产总值的比例/%”“比上年增长/%”，自动调整列宽，选中单元格 A1 至 D1，将其合并居中，使统计表总标题居中。

第三步：输入横行标题和数字资料。

第四步：设置表格样式，如统计表总标题加粗居中、表格加边框、选择字体和字号等。

用 Excel 编制的我国 2021 年国内生产总值情况表如图 3-28 所示。

	A	B	C	D
1	我国2021年国内生产总值情况表			
2	按产业分组	产业增加值/亿元	占国内生产总值的比例/%	比上年增长/%
3	第一产业	83086	7.3	7.1
4	第二产业	450904	39.4	8.2
5	第三产业	609680	53.3	8.2

图 3-28 用 Excel 编制的我国 2021 年国内生产总值情况表

七、绘制统计图

统计图是在统计表的基础上，用几何图形表述统计资料的一种表达方式，Excel 中提供了柱形图、折线图、饼图、条形图等图表类型。每种类型的图表还有不同的子类型。例如，柱形图中有簇状柱形图、堆积柱形图、百分比堆积柱形图、三维簇状柱形图、三维堆积柱形图、三维百分比堆积柱形图、三维柱形图等。

【例 3-12】 某班学生统计成绩如表 3-21 所示，请根据表中数据，利用 Excel 绘制成绩分布图。

表 3-21 某班学生统计成绩分组表

按成绩分组/分	学生数/人	比例/%
60 以下	3	5.00
60—70	10	16.67
70—80	24	40.00
80—90	15	25.00
90—100	8	13.33
合计	60	100.00

具体操作步骤如下：

第一步：将原始资料输入 Excel 工作表中。

第二步：绘制统计图。选择统计表中需要使用数据的单元格，执行“【插入】→【图表】→【推荐的图表】”命令，在弹出的【插入图表】对话框中，选择【簇状柱形图】，单击【确定】按钮，修改图表标题。

第三步：添加图表元素。选中统计图，单击【图表元素】按钮，添加坐标轴标题、数据标签、趋势线等图表元素。

用 Excel 绘制的某班学生统计成绩分布图如图 3-29 所示

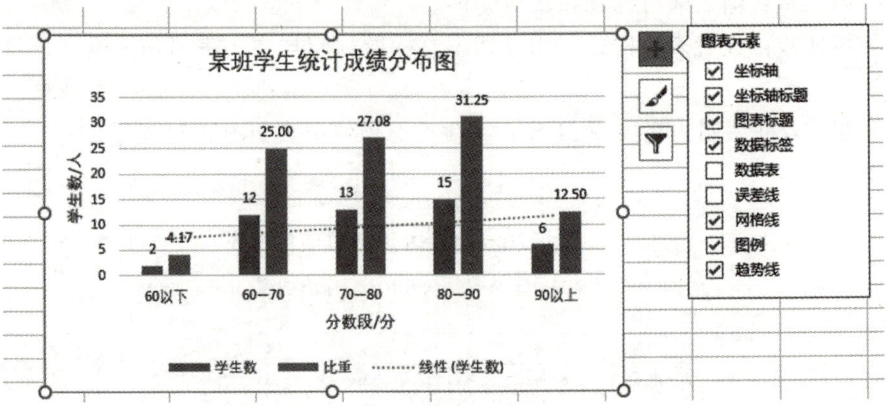

图 3-29　用 Excel 绘制的某班学生统计成绩分布图

同步测试

一、填空题

1. 统计分组的关键问题是__________和__________。

2. 统计分组的结果，必须保证总体各单位在同一组内是__________，组与组之间是__________。

3. 对同一总体采用两个或两个以上的分组标志层叠起来进行分组称为__________，分别对各个标志单独进行分组就形成__________。

4. 分配数列按所选择分组标志的性质不同，可分为__________和__________两种。

5. __________变量可以做单项式分组或组距式分组；而__________变量只能做组距式分组，其组限表示方式必须是__________。

6. 在组距数列中，组距的大小与组数的多少成__________关系。

7. 各种不同性质的社会经济现象的次数分布主要有三种类型，即__________、__________和__________。

8. 连续型变量划分组限时，由于采用__________组限，为保证变量归组不发生混乱，要遵循__________原则。

9. 用__________代表各组一般水平，必须假定变量值在本组范围内呈__________。

10. 从主词是否分组来看，统计表可分为__________、__________和__________三种。

二、判断题

1. 次数分配数列就是变量数列。 （ ）
2. 统计分组的关键是正确选择分组数列的种类。 （ ）
3. 将某市 500 家工厂按产值分组所形成的变量数列，其次数是各厂的产值数。 （ ）
4. 组距式分组会使资料的真实性受到一定影响。 （ ）
5. 利用离散型变量进行分组时，只能是单项式的。 （ ）
6. 在等距数列条件下，次数分布和次数密度的分布是相同的。 （ ）
7. 较大制累计表示大于该组变量值下限的次数或频率的合计有多少。 （ ）
8. 某一开口式变量数列中，其开口组的下限为 200，邻组的组距为 10，则开口组的组中值为 195。 （ ）
9. 在进行分组时，凡遇到某单位的标志值刚好等于相邻两组上下限数值，一般将此值归入上限所在组。 （ ）
10. 平行分组体系是按照主要标志和次要标志对总体进行多次分组。 （ ）

三、单项选择题

1. 统计资料的整理是指（ ）。

A. 只对初级资料进行整理　　B. 只对原始资料进行整理
C. 主要对原始资料进行整理　　D. 只对次级资料进行整理

2. 统计分组法适用的阶段是（ ）。

A. 统计设计　B. 统计调查　C. 统计整理　D. 统计分析

3. 变量数列是指（ ）。

A. 各组组别依次排成的数列　　B. 各组频数依次排成的数列
C. 各组频率依次排成的数列　　D. 各组组别与次数排成的数列

4. 简单分组与复合分组的区别在于（ ）。

A. 总体的复杂程度不同　　B. 选择分组标志的安排不同
C. 选择分组标志的性质不同　　D. 组数多少的不同

5. 20 名工人看管机器台数资料如下：3、5、4、6、5、2、3、4、4、3、4、2、3、5、4、4、5、3、3、4。按上述资料编制变量数列，应采用（ ）。

A. 单项式分组　B. 组距式分组　C. 等距分组　D. 异距分组

6. 变量数列的组中值是（ ）。

A. 组限变动范围内的一个变量值　　B. 上限与下限的中点
C. 组内的一个变量值　　D. 总体单位的一个变量值

7. 统计分组的核心问题是（ ）。

A. 选择分组的标志　　B. 划分各组界限

C. 区分事物的性质　　D. 对分组资料进行再分组

8. 组距数列中影响各组次数分布的要素是（　　）。

A. 组中值　　B. 组距和组数

C. 组距　　D. 总体单位数

9. 统计表中的主词是指（　　）。

A. 描述研究对象的指标　　B. 表中全部统计资料的内容

C. 分布在各栏中的指标数值　　D. 各种指标所描述的研究对象

10. 划分连续型变量的组限时，相邻两组的组限必须（　　）。

A. 重叠　　B. 相近　　C. 不等　　D. 间断

四、多项选择题

1. 原始资料之所以需要整理，是因为（　　）。

A. 原始资料不系统　　B. 原始资料只反映个体的情况

C. 原始资料太复杂　　D. 原始资料是零碎的

E. 原始资料是分散的

2. 在组距数列中，组中值（　　）。

A. 是上限与下限之间的中点数

B. 在开口组中无法确定

C. 用来代表各组标志值的平均水平

D. 在开口组中可参照邻组组距来确定

E. 是组内变量值的平均数

3. 统计分组的作用是（　　）。

A. 反映现象总体的内部结构　　B. 比较现象间的一般水平

C. 区分现象的类型　　D. 研究现象间的依存关系

E. 分析现象的变化关系

4. 在对全部人口按性别分组的基础上再按年龄分组，这种分组是（　　）。

A. 平行分组体系　　B. 简单分组

C. 复合分组体系　　D. 复合分组

E. 资料的再分组

5. 统计分组是（　　）。

A. 在总体内进行一种定性分类

B. 在总体内进行一种定量分类

C. 将同一总体区分为性质不同的组

D. 将不同总体区分为性质不同的组

E. 将总体划分为范围更小的总体

6. 对连续型变量进行分组时，（　　）。

A. 只能以每个变量值为分组标志　　B. 要采用组距分组

C. 组限必须重叠　　D. 组距必须相等

E. 首末两组必须采用开口组限

7. 下列关于次数分配数列的说法，正确的有（　　）。

A. 由总体各个组和各组相应次数构成

B. 可以用图表形式表现

C. 可以表明总体的内部结构

D. 可以反映总体的分布特征

E. 包括品质数列和变量数列两种

8. 某居委会居民家庭按人口分组中，3 人组的户数占该居委会总户数的 58%，这个数字是（　　）。

A. 频率　　B. 相对次数　　C. 比例

D. 次数密度　　E. 频数

9. 统计整理的步骤包括（　　）。

A. 设计统计整理方案　　B. 对原始资料进行审核

C. 对原始资料进行分组和汇总　　D. 编制统计表或绘制统计图

10. 统计分组的关键在于（　　）。

A. 按品质标志分组　　B. 按数量标志分组

C. 选择分组标志　　D. 划分各组界限

五、简答题

1. 什么是统计分组？它有何作用？

2. 社会经济现象有哪几种分布类型？各有什么特征？

六、实训题

从某生产车间 172 名工人中随机抽取 30 名工人，这 30 名工人的日产量（单位：件）如下：

147	150	138	140	130	124	152	135	149	142
118	126	132	155	149	133	130	128	158	145
148	133	124	117	142	154	140	145	126	138

请根据上述资料分 5 组编制等距分配数列，并用较小制累计和较大制累计分别统计次数与频率。

项目四 综合指标

学习目标

知识目标	1. 了解总量指标的概念、种类； 2. 掌握相对指标的概念、种类及计算； 3. 掌握算术平均数、调和平均数、几何平均数、众数和中位数的概念及计算； 4. 掌握标准差和标准差系数的概念及计算。
能力目标	1. 能正确运用总量指标，区分时期指标和时点指标； 2. 能熟练计算各种相对指标； 3. 能熟练计算各种平均指标； 4. 能利用标志变异指标对所遇到的实际问题进行计算分析。
素质目标	培养学生严谨的工作作风、精益求精的工作态度和数字工匠精神，使学生具备从事统计分析工作的基本素养。

任务一　总量指标

任务情境

《中华人民共和国2023年国民经济和社会发展统计公报》显示，全年国内生产总值1 260 582亿元，粮食产量69 541万吨，工业增加值399 103亿元，批发和零售业增加值123 072亿元，社会消费品零售总额471 495亿元，年末全国人口140 967万人。

任务分析

如何反映一个国家社会经济发展的总规模、总水平？我们可以通过一系列总量指标来反映一个国家的国情国力，上述工业增加值、粮食产量、社会消费品零售总额、全国人口等指标就可以概括反映2023年我国工业、农业、国内贸易发展总体情况和人口总数。

任务实施

1. 请列举反映企业发展状况的总量指标。
2. 对所列举的总量指标，区分哪些是时期指标，哪些是时点指标。

相关知识

一、总量指标的概念与作用

（一）总量指标的概念

总量指标是反映社会经济现象总体在一定时间、地点条件下的总规模、总水平或工作总量的统计指标，一般以绝对数形式表现，因此又称绝对指标，是最基本的统计指标。例如，一个国家或地区在一定时期内的产品数量、生产总值、工业增加值、商品销售额、人口总数、土地面积等，均属总量指标。需要注意的是，总量指标只能根据有限总体计算，指标数值随研究范围的大小而增减变动。

（二）总量指标的作用

统计作为认识社会的有力武器，就是从了解社会经济现象的一系列总量指标开始的，如果不首先掌握总量指标，就不可能了解社会经济现象的基本数量特征，也就无法进一步研究现象之间的数量关系及其发展变化规律。总量指标的主要作用如下：

（1）总量指标作为对社会经济现象总体外延数量特征的描述，是认识社会的起点。总量指标是反映社会经济发展水平的最基本指标，被广泛用来反映一个国家的国情国力，也被用来反映一个地区、部门、企业的基本情况，如人口数、土地面积、生产总值等。

（2）总量指标是编制和检查计划、进行科学管理的依据。国家在制定政策、编制和检查国民经济发展计划时，必须从客观实际出发，而总量指标正是客观实际在数量上的反映。另外，国家在组织国民经济的综合平衡时，也离不开对总量指标的使用。

（3）总量指标是计算相对指标和平均指标的基础。相对指标和平均指标一般是对两个有联系的总量指标进行对比得到的，它们是总量指标的派生指标，总量指标计算的科学性直接关系到相对指标和平均指标计算的准确性。

二、总量指标的种类

（一）按反映的总体内容分类

总量指标按反映的总体内容不同，可分为总体单位总量和总体标志总量。

1. 总体单位总量

总体单位总量是指总体单位的总数，它反映总体本身的规模大小。例如，以某班学生为总体，总体单位是每一个学生，学生人数则是总体单位总量。

2. 总体标志总量

总体标志总量是指总体各单位某一数量标志值的总和，它反映总体某一数量特征的总量，如工业增加值、商品销售额等。

需要注意的是，总体单位总量和总体标志总量是相对的，根据研究目的的不同，两者可以相互转化。例如，研究某企业职工平均工资，全部职工是统计总体，职工人数是总体单位总量，工资总额是总体标志总量；研究某地区企业平均人数，所有企业是统计总体，企业个数是总体单位总量，职工人数是总体标志总量。

（二）按反映的时间状况分类

总量指标按反映的时间状况不同，可分为时期指标和时点指标。

1. 时期指标

时期指标在经济学上又称流量，它是反映现象总体在一定时期内活动过程发生的总量，其数值是该时期内发生的总和，具有可加性。例如，产值、商品销售额、出生人口数、工资总额等指标数值都是现象在一定时期内连续不断发生的累计结果。

时期指标的特点如下：

（1）时期指标数值具有可加性，累计的结果表明现象在一定时期内活动过程的总成果，这种累计具有一定的实际意义。

（2）同一总体时期指标数值大小与时间长短成正比关系，即时间越长，指标数值越大，反之就越小。

（3）时期指标数值是通过连续不断调查登记取得的。

2. 时点指标

时点指标在经济学上又称存量，它是反映现象总体在某一时刻（瞬间）状态上的总量，不具有可加性。例如，年末人口数、物资库存量、企业个数、牲畜存栏头数等均属时点指标。时点指标表明现象在一定间隔期内数量增减变化相互抵消的结果，而不是累计结果。

时点指标的特点如下：

（1）时点指标数值不能累计，累计会造成重复计算。时点指标数值表现为现象发展到一定时点上所处的水平，它只能间断计数，不能累计，累计的结果没有实际意义。

（2）时点指标数值大小与时点间隔长短无直接关系，即不受时间长短的影响，如年末人数不一定大于月末人数。

（3）时点指标数值一般是通过间断统计得到的。

课堂活动 思考题：毕业生人数、银行储蓄存款额属于时期指标还是时点指标？

（三）按采用的计量单位分类

总量指标按采用的计量单位不同，可分为实物指标、价值指标和劳动指标。

1. 实物指标

实物指标是以实物单位计量的总量指标，即根据事物的自然属性和特点采用自然、物理单位计量的总量指标，用来反映各种同类实物的总量。例如，设备用“台”、汽车用“辆”、人口用“人”作为计量单位。实物指标的局限性在于使用价值不同的产品或商品的实物指标数值不能直接相加。

2. 价值指标

价值指标是以货币单位计量的总量指标，如国内生产总值、工业增加值、商品销售额等。价值指标具有广泛的综合能力和概括能力，可以将不能直接相加的产品数量过渡到可以直接相加的产值，从而综合说明具有不同使用价值的产品的价值总量。

3. 劳动指标

劳动指标是以劳动单位计量的总量指标，如工时、工日等。劳动指标主要在工业企业范围内使用，是企业编制和检查计划及制定劳动定额的重要依据。

三、总量指标的计量单位

（一）实物单位

实物单位是根据事物的自然属性和特点而采用的计量单位，主要包括以下五种：

（1）自然单位：按照事物的自然状况来计算其数量的计量单位。例如，人口用“人”计量，汽车用“辆”计量，鞋用“双”计量。

（2）度量衡单位：按照统一的度量衡制度规定来计算事物数量的计量单位。例如，钢铁用“吨”计量，粮食用“吨或公斤”计量，棉布用“米”计量。采用度量衡单位，主要是由于无法采用自然单位来表明某些事物的数量。另外，有些事物虽然可以用自然单位计量，但不如用度量衡单位计量准确。

（3）双重单位：同时采用两种或两种以上计量单位来表明某 事物的数量。例如，电动机功率用“千瓦/台”计量。

（4）复合单位：将两种单位结合起来使用，以乘积表示某一事物的数量。例如，货物周转量用“吨公里”计量，发电量用“千瓦时”计量。

（5）标准实物单位：按照统一折算的计算单位来计算事物的数量。

在某些情况下，根据统计研究的需要，必须把同类性质的实物按比例折合成标准实物，然后进行汇总。例如，在统计工业产品产量时，为了准确地反映产品的使用价值，需要将性质和用途相同，而品种、规格、含量不同的同类产品按规定的标准实物单位折算，如各种功率不同的拖拉机，以15马力为一个标准台。标准实物量的计算公式如下：

$$标准实物量=\sum 实物量\times 折合系数$$

$$折合系数=\frac{产品实际规格或含量}{标准品规格或含量}$$

（二）货币单位

货币单位是由社会必要劳动时间所确定的商品的价值单位，如“元”“万元”“亿元”等。

（三）劳动单位

劳动单位是以劳动时间表示的计量单位，是一种复合单位。在工业生产中，劳动单位应用较多，如“工时”“工日”等。

四、总量指标的计算

（一）总量指标的计算方法

1. 直接计量法

直接计量法是对总体的所有单位进行全面的调查登记，采用直接计数、点数或测量等方法，逐步计算汇总求得总量指标的方法。

2. 估计推算法

估计推算法是根据各种关系或非全面调查资料推算求得总量指标的方法。常用的估计推算法有比例推算法、因素推算法、依存关系推算法、抽样推算法等。

（二）总量指标的求和公式

$$\sum(X\pm Y)=\sum X\pm\sum Y$$

$$\sum ax=a\sum x$$

$$\sum a=na$$

知识拓展

国内生产总值

国内生产总值（Gross Domestic Product，简称 GDP）是指一个国家或地区的所有常住单位在一定时期内生产活动的全部最终产品的价值总和。GDP 是国民经济核算的核心指标，也是衡量一个国家或地区经济状况和发展水平的重要指标。

GDP 的计算方法如下：

（1）生产法：GDP=总产出－中间投入。

（2）收入法：GDP=劳动者报酬＋生产税净额＋固定资产折旧＋营业盈余。

（3）支出法：GDP=最终消费支出＋资本形成总额＋货物和服务净出口。

任务二　相对指标

任务情境

第七次全国人口普查数据显示，全国人口共 141 178 万人。其中，男性 72 334 万人，占 51.24%；女性 68 844 万人，占 48.76%；男女性别比为 105.07。城镇人口 90 199 万人，占 63.89%；乡村人口 50 979 万人，占 36.11%。

任务分析

总量指标只是认识社会的起点，它是一种感性认识，要使感性认识上升到理性认识，并对社会经济现象做出全面的判断和评价，揭示现象内部构成、发展速度、比例关系，仅仅依靠总量指标还不够，必须借助于相对指标。

任务实施

1. 根据已知资料，计算计划完成程度、结构、比例、强度等相对指标。
2. 查阅恩格尔系数，知晓我国第一个百年奋斗目标。

相关知识

一、相对指标的概念与作用

（一）相对指标的概念

相对指标又称相对数，是将两个有联系的指标数值进行对比所形成的一种比率，用来反映现象内部、现象之间的数量联系程度及现象本身的发展变化程度。例如，工业企业产值计划完成程度、人口性别和年龄构成、国民收入增长速度、国民经济各部门之间的比例关系等都是相对指标。

（二）相对指标的作用

相对指标是反映社会经济现象之间数量对比关系的综合指标，在国民经济统计、计划和管理工作中应用十分广泛。相对指标的作用如下：

(1) 利用相对指标，可以综合表明相关现象之间的数量联系，反映现象内部、现象之间或现象本身的比例、结构、程度、速度、强度等，从而弥补总量指标的不足，更加全面深入地分析问题。

(2) 相对指标可以提高事物之间的可比性。有些总量指标由于受其他条件的制约，在绝对量上是不能直接对比的，而相对指标能把总量指标的绝对水平抽象化，这就提高了事物之间的可比性。例如，我国以占世界 9%的耕地养活了世界近 1/5 的人口。

(3) 相对指标是国家进行经济管理和考核企业经济活动成果的重要工具。在制订与贯彻执行国民经济和社会发展计划的过程中，需要用相对指标进行比例关系的研究、检查和监督，如农轻重比例关系、积累与消费比例关系等；考核企业经济活动成果也要计算一定的相对指标，如成本降低率、劳动生产率等。

二、相对指标的表现形式

计算相对指标的基本公式来源于数学中的分数式，即

$$\text{相对指标}=\frac{\text{子项指标数值（比数）}}{\text{母项指标数值（基数）}}$$

相对指标的一个重要性质就是将对比的基数抽象为不同数值。其表现形式有以下两种。

（一）无名数

无名数是一种抽象化数值，多用系数、倍数、成数、百分数、千分数等表示。多数相对指标是用无名数表示的。

(1) 系数：把对比的基数抽象为1（定为“1”）计算出的相对数。它适用于对比的两个数值相差不大的情况，如工业品比价系数、能源弹性系数、固定资产磨损系数等。

(2) 倍数：当对比的两个数值相差很大时，则可采用倍数，它将分母抽象为1。例如，2024年“双11”实现销售额14 418亿元，是2009年首届“双11”销售额（0.52亿元）的27 726.92倍。

(3) 成数：把对比的基数抽象为10计算出的相对数。例如，在预测农作物产量时，常说今年小麦比去年增产一成，即增产1/10。

(4) 百分数：把对比的基数抽象为100计算出的相对数。它在相对指标中应用十分广泛，如计划完成程度、发展速度、结构相对数等，一般适用于分子、分母相差不大的情况。

(5) 千分数：把对比的基数抽象为1 000计算出的相对数。当分子数值比分母数值小很多时，宜用千分数表示。例如，2023年年末，全国人口140 967万人，全年出生人口902万人，出生率为6.39‰，死亡人口1 110万人，死亡率为7.87‰；自然增长率为−1.48‰。

（二）有名数

有名数是将相对指标中分子与分母的计量单位同时使用，以表明客观事物的密度、强度和普遍程度。它主要用于表现某些强度相对指标的数值，如商业网点密度用“个/千人”来表示，人均国民收入用“元/人”来表示，等等。

在实际统计工作中，还使用以下两个概念：

(1) 增长百分点：将增长百分之几的数值形象地称为增长百分点。

《中华人民共和国2023年国民经济和社会发展统计公报》显示，全年最终消费支出拉动国内生产总值增长4.3个百分点，资本形成总额拉动国内生产总值增长1.5个百分点，货物和服务净出口向下拉动国内生产总值0.6个百分点。

(2) 翻番：指倍数的比例变动，以 n 表示翻番的次数，计算公式为 2^n。翻

一番是 2 倍，翻两番是 4 倍，翻三番是 8 倍。统计中常用翻番的概念来说明现象发展变化的程度。

三、相对指标的种类及计算

相对指标根据研究对象的性质、分析目的和对比标准不同，一般分为计划完成程度相对指标、结构相对指标、比较相对指标、比例相对指标、强度相对指标和动态相对指标六种。其中，计划完成程度相对指标、结构相对指标、比例相对指标、动态相对指标属于同一总体内部对比指标；强度相对指标、比较相对指标属于两个不同总体对比指标。

（一）计划完成程度相对指标

1. 计划完成程度相对指标的概念

计划完成程度相对指标是同一总体的实际完成数与计划任务数之比，表明某一时期内所研究现象的计划完成程度，一般用百分数表示，因此又称计划完成百分比。它是计划管理的特有指标。

2. 计划完成程度相对指标的基本公式

$$计划完成程度相对指标=\frac{实际完成数}{计划任务数}\times 100\%$$

计算计划完成程度相对指标时，必须注意以下几点：

（1）上式中，分母是下达的计划指标，分子则是对实际状况进行统计所得到的数据，因此要求分子、分母在指标含义、计算口径、计量单位、时间长度和空间范围等方面保持可比。

（2）由于衡量计划完成的标准总是计划任务数，因此分子、分母不能互换计算。

（3）由于计划任务数是计算计划完成程度的基数，根据其表现形式不同，下达的计划指标有三种形式：绝对数、相对数、平均数，因此计算公式也有三种表现形式。

① 当计划任务数为绝对数时，计算公式同基本公式。

适应范围：一般适用于考核社会经济现象规模（水平）的计划完成情况，如产量、产值、商品销售额等计划完成情况。

【例 4-1】 某工厂 2024 年工业增加值计划任务为 200 万元，实际完成为 215 万元，请计算该工厂 2024 年工业增加值计划完成程度。

【解析】

$$工业增加值计划完成程度=\frac{实际完成数}{计划任务数}\times 100\%=\frac{215}{200}\times 100\%=107.5\%$$

超额完成计划程度=107.5％－100％=7.5％

超额绝对数=215－200=15（万元）

② 当计划任务数为相对数时，计算公式有以下三种：

$$计划完成程度相对指标=\frac{实际完成相对数}{计划任务相对数}\times 100\%$$

$$计划完成程度相对指标=\frac{1+实际提高百分数}{1+计划提高百分数}\times 100\%$$

$$计划完成程度相对指标=\frac{1-实际降低百分数}{1-计划降低百分数}\times 100\%$$

适用范围：一般适用于考核各种社会经济现象的降低率、增长率的计划完成情况，如成本降低率、产值增长率等计划完成情况。

【例 4-2】 某企业计划规定劳动生产率比上年提高 10%，实际比上年提高 15%，请计算该企业劳动生产率计划完成程度。

【解析】
$$劳动生产率计划完成程度=\frac{1+实际提高百分比}{1+计划提高百分比}\times 100\%=\frac{1+15\%}{1+10\%}\times 100\%\approx 104.55\%$$

【例 4-3】 某厂生产甲产品，计划规定单位成本比上年降低 3%，实际比上年降低 5%，请计算该厂甲产品单位成本计划完成程度。

【解析】
$$甲产品单位成本计划完成程度=\frac{1-实际降低百分比}{1-计划降低百分比}\times 100\%=\frac{1-5\%}{1-3\%}\times 100\%\approx 97.94\%$$

需要注意的是，在以上两个例题中，分子、分母都是以本期比上期增加或减少百分之几的形式出现的，在计算计划完成程度时，不能将实际增减率与计划增减率进行直接对比，而应将包括原有基数在内的实际完成百分数与计划任务百分数进行对比，这样才符合计划完成程度的基本形式。

在实际工作中，有时也采用相减的方法，即用实际增减率减去计划增减率来说明计划完成情况。【例 4-2】中，实际劳动生产率增长率减去计划劳动生产率增长率得到 15%－10%＝5%或 115%－110%＝5%，这与前面使用对比方法计算的结果不同，意义也不同。它表明劳动生产率增长率实际比计划提高了 5 个百分点，亦即只说明实际比计划提高或降低了多少，而不能确切反映计划完成程度，两种方法是有区别的。

③ 计划任务数为平均数时，计算公式为

$$计划完成程度相对指标=\frac{实际水平}{计划水平}\times 100\%$$

适用范围：一般适用于考核以平均水平表示的技术经济指标的计划完成情况，如单位产品成本、单位产品原材料消耗量等计划完成情况。

【例 4-4】 某企业 2024 年甲产品计划规定单位产品成本为 50 元，实际单位产品成本为 40 元，请计算该企业 2024 年甲产品单位产品成本计划完成程度。

【解析】
$$甲产品单位产品成本计划完成程度=\frac{40}{50}\times 100\%=80\%$$

超额完成计划程度＝100%－80%＝20%

【例 4-5】 某企业三个车间生产同种产品，2024 年实际产量、计划完成情况及产品优质率资料如表 4-1 所示，请计算该企业产品计划完成百分比和实际优质品率。

表 4-1　某企业三个车间 2024 年实际产量、计划完成情况及产品优质率资料

车间	实际产量/万件	计划产量/万件	计划完成百分比/%	优质品产量/万件	实际优质品率/%
甲	100	83.33	120	95	95
乙	150	136.36	110	144	96
丙	250	312.50	80	245	98
合计	500	532.19		484	

【解析】 根据实际产量和计划产量，推算出产品计划完成百分比。

$$产品计划完成百分比=\frac{实际产量}{计划产量}\times100\%=\frac{500}{532.19}\times100\%\approx93.95\%$$

根据实际产量和优质品产量，推算出实际优质品率。

$$实际优质品率=\frac{优质品产量}{实际产量}\times100\%=\frac{484}{500}\times100\%=96.8\%$$

3. 计划完成情况的评价

在分析计划完成情况时，各项指标实际完成数是高于还是低于计划任务数为好，要根据计划指标的性质和内容决定。

（1）劳动成果指标计划完成情况，如产量、产值、劳动生产率等指标的计划任务数是以最低限额确定的，从经济意义上讲，计划完成程度相对指标数值越大越好，即大于 100%表示超额完成计划，其经济效果是好的。

（2）劳动占用或劳动消耗指标计划完成情况，如原材料消耗量、单位产品成本等指标的计划任务数是以最高限额确定的。这类指标的实际完成数越少越好，表明成本节约、经济效益好。同时，计划完成百分比低于 100%，表示超额完成计划。

（3）在实际工作中，为了保证计划任务的顺利完成，在计算计划完成程度的同时，还应检查计划执行进度，以此检查计划执行的均衡性、节奏性，避免在计划执行过程中出现前松后紧的情况。

计划执行进度的检查方法是将从期初至报告期止实际完成的累计数与全期计划任务数对比，来观察计划执行效果。

$$计划执行进度=\frac{期初累计至报告期止的实际完成数}{全期计划任务数}\times100\%$$

式中，分子可以是期初累计至某日、旬、月、季、半年止的实际完成数，以分别检查旬、月度、季度、年度计划执行进度。

【例 4-6】 某地区 2024 年全年工业总产值计划任务数为 124 万元，2024 年 1 月—9 月累计实际完成数为 93.4 万元，请计算 2024 年 1 月—9 月计划执行进度。

【解析】 2024 年 1 月—9 月计划执行进度$=\frac{93.4}{124}\times100\%\approx75.32\%$

一般来说，计划执行进度要与时间进度保持一致。第一季度末要完成全年计划的 25%以上，第二季度末要完成全年计划的 50%以上，时间过半，所完成的任务也要过半，第三季度末要完成全年计划的 75%以上。

4. 长期计划执行情况的检查

对计划完成情况的检查分为对短期计划完成情况的检查和对长期计划完成情况的检查两种。从国家宏观管理的角度来看，检查重点应是国民经济长期计划，我国国民经济发展计划多以 5 年或 10 年为一个阶段。我国已制定十四个五年规划。对长期计划执行情况的检查主要有以下两种方法。

（1）水平法。

若计划指标是按计划期最后一年应达到的水平来规定的，对计划执行情况的检查则应采用水平法。水平法下计划完成程度的计算公式为

$$计划完成程度=\frac{计划期末年实际达到的水平}{计划期末年规定达到的水平}\times100\%$$

【例 4-7】 “十三五”规划规定，2020 年年末某产品产量应达到 200 万吨，实际上 2020 年年末该产品产量完成 215 万吨，请计算五年计划完成程度。

【解析】 五年计划完成程度$=\frac{215}{200}\times100\%=107.5\%$

用水平法检查五年计划完成程度，还应计算提前完成计划时间，方法是在计划期只要有连续一年时间（连续 12 个月或 4 个季度）的实际完成数达到计划规定的最后一年水平，就算完成计划，剩余时间就是提前完成计划时间。例如，计划规定最后一年的水平为 50 万吨，第一年、第二年、第三年、第四年均没有达到 50 万吨，从第四年第二季度开始到第五年第一季度，实际完成产量为 50（12+12.5+12.5+13）万吨，则提前完成计划时间为 3 个季度。

（2）累计法。

若计划指标是按整个计划期累计完成数来规定的，对计划执行情况的检查则应采用累计法。例如，对于基本建设投资额、高校毕业生人数、新增生产能力等指标的计划执行情况，宜采用累计法检查。累计法下计划完成程度的计算公式为

$$计划完成程度=\frac{计划期内实际完成累计数}{计划规定累计数}\times100\%$$

【例 4-8】 “十三五”规划规定，全社会固定资产投资总额为 12 960 亿元，五年内实际累计完成固定资产投资额为 19 745.75 亿元，请计算五年计划完成程度。

【解析】 五年计划完成程度$=\frac{19\ 745.75}{12\ 960}\times100\%\approx152.36\%$

用累计法检查五年计划完成程度时，提前完成计划时间的计算方法是只要

从计划期开始到某一时期为止，实际完成累计数达到计划规定的累计数，就算完成计划，剩余时间就为提前完成计划时间。其计算公式为

$$提前完成计划时间=计划期月数-完成计划任务实际月数$$

（二）结构相对指标

社会经济现象是一个有机联系的总体，由许多部分组成，总体内部的组成状况称作结构。人们要认识总体，不仅要了解其总量，更要对总体内部的组成做量的分析，为此，就要进行结构分析，计算结构相对指标。

1. 结构相对指标的概念

结构相对指标又称比例、比率，是总体中部分数值与总体全部数值之比，反映总体内部结构。例如，学生性别比例、出勤率、优质产品率、合格率等均为结构相对指标。

2. 结构相对指标的计算公式

$$结构相对指标=\frac{总体中部分数值}{总体全部数值}\times 100\%$$

【例 4-9】 根据我国 2023 年年末人口资料，请分别计算人口结构比例，如表 4-2 所示。

表 4-2　我国 2023 年年末人口数及其构成

指标	年末数/万人	比例/%
全国人口	140 967	100.00
其中：城镇	93 267	66.16
乡村	47 700	33.84
其中：男性	72 032	51.10
女性	68 935	48.90
其中：0—15 岁（含不满 16 周岁）	24 789	17.58
16—59 岁（含不满 60 周岁）	86 481	61.35
60 周岁及以上	29 697	21.07
其中：65 周岁及以上	21 676	15.38

（数据来源：《中华人民共和国 2023 年国民经济和社会发展统计公报》）

3. 结构相对指标的特点

（1）它必须以分组法为基础。只有在对总体进行分组的基础上，才能计算结构相对指标，以反映总体内部的组成状况。

（2）它是根据同一总体计算的，即分子数值只能是分母数值的一部分。分子与分母之比既可以是部分标志值与总体标志总量之比，也可以是部分单位数与总体单位数之比，并且分子、分母不能互换计算。

（3）总体中各部分所占的比例之和等于 100%。

（三）比较相对指标

1. 比较相对指标的概念

比较相对指标是同一时期不同空间条件下同类指标数值之比，用来说明同类现象在不同空间条件下的数量对比关系，结果一般用百分数或倍数表示。

2. 比较相对指标的计算公式

$$比较相对指标=\frac{甲地区（部门）某一指标数值}{乙地区（部门）同类指标数值}$$

课堂活动 计算题：2023 年，甲市工业总产值为 500 亿元，乙市工业总产值为 400 亿元，求甲、乙两市的工业总产值之比。

3. 比较相对指标的特点

（1）用于比较的指标可以是总量指标、相对指标和平均指标，但由于总量指标易受规模的影响，因此多采用相对指标和平均指标。

（2）对比的基数选择要根据资料特点及研究目的来定，即比较相对指标计算公式中的分子、分母不是固定的，根据研究目的可以互换，如要突出先进单位的成绩，应将后进单位的成绩作为对比基数。

（3）计算比较相对指标时要注意分子、分母的可比性。

（四）比例相对指标

1. 比例相对指标的概念

比例相对指标是总体中各部分数值之比，用来反映总体内部各组成部分之间的数量联系程度和比例关系。

2. 比例相对指标的计算公式

$$比例相对指标=\frac{总体中某一部分数值}{总体中另一部分数值}$$

【例 4-10】 第七次全国人口普查数据显示，我国男性人口为 72 344 万人，女性人口为 68 844 万人，请计算男女性别比例。

【解析】 男女性别比例＝72 344∶68 844≈1.05∶1。

3. 比例相对指标的特点

（1）比例相对指标的数值一般用几比几或百分数形式表示，如积累与消费比例关系、教师与学生比例关系等。

（2）在统计分析中，有时还要用连比形式表示总体中若干组的比例关系，如农轻重比例关系、三产比例关系等。

（3）比例相对指标与结构相对指标之间有着密切关系，两类指标作用相同，只是对比方法不同，说明问题的侧重点不同，可将两者结合起来分析总体内部的组成状况。

（五）强度相对指标

社会经济现象之间的数量对比关系，不仅表现在同一总体各个组成部分之间，而且表现在不同现象之间，要分析现象之间的数量联系程度，应计算强度相对指标。

1. 强度相对指标的概念

强度相对指标是同一时期内两个性质不同但有一定联系的不同总体的总量指标之比，用来描述社会经济现象发展的强度、密度、普遍程度和利用程度。例如，人均国民收入、人均钢产量、人口密度、流通费用率、全员劳动生产率等都是强度相对指标。

课堂活动　判断以下指标是否属于强度相对指标：

人均粮食产量、人均粮食消费量、人口出生率、人口死亡率

2. 强度相对指标的计算公式

$$\text{强度相对指标}=\frac{\text{某一总量指标数值}}{\text{另一有联系但性质不同的总量指标数值}}$$

3. 强度相对指标的特点

（1）强度相对指标的表现形式一般为有名数，即将对比的两个指标的计量单位同时使用。若对比的两个指标的计量单位不同，则用双重单位；若对比的两个指标的计量单位相同，则用同一单位。

（2）计算强度相对指标时，分子、分母有时可以互换，形成正指标和逆指标。

【例 4-11】 某地区 2023 年商业网点数为 800 个，人口数为 16 万人，请计算该地区商业网点密度。

【解析】 正指标：$\text{商业网点密度}=\frac{\text{商业网点数}}{\text{人口数}}=\frac{800}{160}=5$（个/千人）

这说明该地区每千人拥有 5 个商业网点，商业网点密度数值越大，表明商业越发达。所谓正指标，就是对比的两个指标比值越大，表示现象密度越大或发展程度越高，强度相对指标数值与所研究现象的密度或发展程度成正比关系。

逆指标：$\text{商业网点密度}=\frac{\text{人口数}}{\text{商业网点数}}=\frac{160\ 000}{800}=200$（人/个）

这说明该地区每个商业网点为 200 人服务，商业网点密度数值越小，表明商业网点密度越大。所谓逆指标，就是对比的两个指标比值越大，表示现象密度越小或发展程度越低，强度相对指标数值与所研究现象的密度或发展程度成反比关系。

（3）强度相对指标具有平均意义，但它与平均指标有着本质区别。平均指标是同一总体的标志总量与单位总量之比，反映总体各单位某一数量标志的一般水平，如平均工资、平均成绩、平均价格等，即对比的两个指标出自同一总体，分子数值随分母数值变动而变动。强度相对指标反映的是两个不同总体之间的数量对比关系，分子数值并不随分母数值变动而变动。例如，生产工人劳

动生产率是平均指标，全员劳动生产率是强度相对指标。

（六）动态相对指标

前面五个相对指标都是从静态上反映社会经济现象之间的联系，然而社会经济现象是不断发展变化的，为了从动态上说明现象在时间上的运动、变化过程，应计算动态相对指标。

1. 动态相对指标的概念

动态相对指标又称发展速度，是同一总体在不同时期的指标数值之比，用来表明社会经济现象在时间上的发展变化情况。

2. 动态相对指标的计算公式

$$动态相对指标=\frac{报告期指标数值}{基期指标数值}\times 100\%$$

通常把用作比较标准的时期称为基期，而把同基期相对比的时期称为报告期。

【例 4-12】 某企业 2024 年商品销售额为 215 万元，2023 年商品销售额为 200 万元，请计算该企业商品销售额动态相对指标。

【解析】

$$商品销售额动态相对指标=\frac{报告期指标数值}{基期指标数值}\times 100\%$$

$$=\frac{215}{200}\times 100\%=107.5\%$$

计算动态相对指标时，必须选择好对比的基期，这样才能准确反映现象的发展速度。基期选择应根据不同研究对象和研究目的来定，如可选择上期、去年同期、某一特定时期等作为基期。

四、计算和运用相对指标的原则

相对指标是将两个有联系的统计指标进行对比得到的，它是对社会经济现象进行对比分析的重要手段。对比是统计分析的基本方法，对比是否合理及如何对比都会影响到相对指标的正确计算和运用。因此，相对指标的计算和运用，应遵循以下三个原则。

（一）可比性原则

相对指标是两个有联系的统计指标相比较的结果，因此计算和运用相对指标必须遵循可比性原则。可比性原则包括以下两个方面的内容：

(1) 用于对比的两个指标在含义、口径、范围、时间、空间、计算方法、计量单位等方面保持一致，否则相对指标就会失去实际意义。

(2) 要恰当选择对比基数。基数是相对指标对比的依据或标准，基数选择是否恰当关系到相对指标是否具有实际意义。选择什么样的基数作为对比标准，要结合研究目的，根据现象本身的性质和特点来定。

（二）相对指标和总量指标结合运用的原则

这一原则是由相对指标的抽象化特点决定的，因为只运用总量指标不易看出事物之间的差别程度，而只运用相对指标则看不出差别的实际意义，相对指标掩盖了事物在绝对数量上的差别，只有将两者结合运用，才能全面认识事物。因为在一个很大的相对数背后，其绝对数可能很小；而在一个很小的相对数背后，有可能隐藏着较大的绝对数。

（三）各种相对指标结合运用的原则

前面所讲的六种相对指标各有其不同的作用，它们只是从某一方面说明现象内部或现象之间的数量联系，实际上任何现象都不是孤立存在的，彼此之间是相互联系、相互制约的关系，只有将各种相对指标结合起来灵活运用，才能全面深入地反映现象的发展情况及规律。

知识拓展

恩格尔定律与恩格尔系数

19世纪，德国统计学家恩格尔根据统计资料，得出了一个消费结构的变化规律：一个家庭的收入越少，家庭收入中（或总支出中）用来购买食品的支出所占的比例就越大，随着家庭收入的增加，家庭收入中（或总支出中）用来购买食品的支出份额会下降。推而广之，一个国家越贫穷，每个国民的平均收入中（或平均支出中）用来购买食品的支出所占的比例就越大，随着国家变得更富裕，这个比例呈下降趋势。

随着家庭和个人收入的增加，收入中用于食品方面的支出比例将逐渐下降，这一定律被称为恩格尔定律，反映这一定律的系数被称为恩格尔系数。

国际上常用恩格尔系数来衡量一个国家或地区的人民生活水平。根据联合国粮农组织提出的标准，恩格尔系数在59％以上为贫困，50％～59％为温饱，40％～50％为小康，30％～40％为富裕，30％以下为最富裕。

我国2021年全国居民恩格尔系数为29.8％，其中城镇为28.6％，农村为32.7％。我国已实现第一个百年奋斗目标：到中国共产党成立100年（2021年）时全面建成小康社会！我国第二个百年奋斗目标是到中华人民共和国成立100年（2049年）时建成富强民主文明和谐美丽的社会主义现代化强国。

恩格尔系数相关计算公式如下：

$$\text{恩格尔系数}=\frac{\text{食品支出金额}}{\text{总支出金额}}\times 100\%$$

$$\text{食品支出对总支出的比率}（R_1）=\frac{\text{食品支出变动百分比}}{\text{总支出变动百分比}}$$

$$\text{食品支出对总收入的比率}（R_2）=\frac{\text{食品支出变动百分比}}{\text{总收入变动百分比}}$$

任务三 平均指标

任务情境

国家统计局发布的《2023 年城镇单位就业人员年平均工资情况》显示，2023 年全国城镇非私营单位就业人员年平均工资为 120 698 元，全国城镇私营单位就业人员年平均工资为 68 340 元，规模以上企业就业人员年平均工资为 98 096元。对于平均工资，你是否有被平均或拖后腿的感觉？另据人社部发布的《企业薪酬调查信息（2024）》，金融服务人员以年收入 13.11 万元在中位数排名中位居第一，你的工资达到职业中位数水平了吗？

任务分析

在日常工作和生活中，人们往往希望用一个数据概括现象的基本特征。例如，某地区房价水平是多少？该地区收入水平如何？某班学生学习情况如何？对上述问题的回答往往因人而异。如何概括反映现象的一般水平？我们可以借助于平均价格、平均工资、平均成绩等平均指标。一般来说，可以通过数据的集中趋势与离散程度来描述现象的基本特征。

任务实施

1. 根据给定资料，计算算术平均数、调和平均数、几何平均数。
2. 根据给定资料，计算中位数、众数。

相关知识

一、平均指标的概念

平均指标又称平均数，是指同质总体中各单位某一数量标志在一定时间、地点、条件下所达到的一般水平。它是反映现象总体综合数量特征的重要指标。

如前文所述，总量指标称为绝对数，反映现象总体的总规模、总水平；相对指标称为相对数，反映现象之间的数量对比关系；平均指标称为平均数，反映现象总体的一般水平。在理解平均指标的概念时，需要把握以下几点：

（1）平均指标必须根据同质总体进行计算。同质总体是指总体中各个单位具有相同的性质，因为不同性质的事物放在一起平均是没有意义的。例如，计算农作物平均亩产，应就不同农作物分别计算。

（2）平均指标只能就某一数量标志进行计算。反映总体中各个单位特征的标志有许多，有的是数量标志，有的是品质标志，平均指标只能就其中的数量标志进行计算，如平均工资、平均成绩、平均年龄等。

（3）平均指标反映总体的一般水平。由于社会经济现象受多种因素的影响，同质总体中各单位的标志表现存在一定差异，这种差异具体表现为数值大小不等、水平高低不一。例如，将某班所有学生作为总体，成绩是每一个学生的数量标志，那么如何反映所有学生成绩的一般水平呢？由于每个学生成绩各不相同，显然不能用某个学生的成绩来说明，而必须计算平均成绩。再如，将某厂所有工人作为总体，日产量是每一个工人的数量标志。由于每个工人生产技术水平不同，日产量也不尽相同，客观上存在一定差异，但这种差异又是有一定限度的，即差异程度不可能太大。这样，在一定条件下，客观上便存在着数量标志值的一般水平，即总体单位标志值的集中趋势。要说明所有工人日产量的一般水平，不能用某个工人的实际日产量作为代表水平，因为个别工人的日产量不是偏高就是偏低，因此必须计算平均日产量作为代表水平，它把每个工人日产量的具体差异抽象化了。

平均指标是社会经济统计中常用的综合指标之一，利用它对现象进行研究时，从个别到一般，从具体到抽象，从而概括说明总体的一般水平。在实际工作中，以平均价格代表价格的一般水平，以平均工资代表工资的一般水平。

二、平均指标的特点

（1）平均指标反映总体的一般水平，是一个抽象化数值。即平均数把总体各单位标志值的具体差异抽象化、概括化，从而反映出总体各单位标志值的一般水平。

（2）平均指标反映总体分布的集中趋势，是一个代表性数值。从社会经济现象变量数列的次数分布来看，大多数次数分布表现为“中间大，两头小”的钟形分布，即通常越接近平均数的标志值次数越多，越偏离平均数的标志值次数越少，正负离差大体相等，可以相互抵消，使整个变量数列以平均数为中心而左右波动。因此，平均指标是反映总体分布集中趋势的重要特征值，可以作为变量数列的代表值，这一特性被马克思称为平均数规律。

三、平均指标的作用

平均指标是通过科学的抽象而得出的总体的代表值和总体分布的特征值，是认识社会经济现象的本质和规律的工具。平均指标的具体作用如下：

（1）可用来比较同类现象在不同地区、部门、单位的一般水平，说明生产水平、经济效益及工作质量的高低或优劣状况。平均指标作为一个代表性数值，虽然与总体各单位标志值有差别，但这种差别在大量单位的综合中可以相对抵消，因而它不受总体单位数的影响，便于用来对比不同总体水平的高低。例如，比较不同生产规模的企业之间的生产水平，不能用总产量、总产值等总量指标，只能用平均产量、平均产值等平均指标。

（2）可用来比较同一现象的水平在不同时间的变化，以反映该现象的发展趋势和发展规律。

（3）可用来分析现象之间的依存关系。例如，分析施肥量与粮食亩产量之间的关系时，先按施肥量分组，然后计算各组粮食平均亩产量，就可以反映施肥量与粮食平均亩产量之间的依存关系。

（4）可用来进行估计推算。例如，关于农作物总产量的推算，根据样本平均数推算总体平均数，进而推算总产量。

（5）可用来作为评价事物、编制计划的数量依据。例如，企业的各种生产定额、原材料消耗定额、工时定额的制定，通常都以实际平均水平为主要依据；企业编制的各项计划中，许多指标计划都是以平均数表示的，如销售额计划、劳动生产计划、单位产品成本计划等。

四、平均指标的种类

社会经济统计中运用的平均指标，按照计算方法和作用不同，可分为数值平均数和位置平均数。在特定场合下，位置平均数可代替数值平均数来反映现象的一般水平。

（一）数值平均数

数值平均数主要包括算术平均数、调和平均数和几何平均数。

1. 算术平均数

（1）算术平均数的概念。

算术平均数是统计中最常用、最基本的一种平均数形式，它之所以得到广泛应用，是因为算术平均数的计算方法与许多社会经济现象中个别现象和总体现象之间存在的客观数量关系相符合，即总体标志总量等于总体各单位标志值的总和，而且与总体单位总量相对应。因此，用总体标志总量除以总体单位总量求得的平均数即为算术平均数。算术平均数的基本公式为

$$算术平均数=\frac{总体标志总量}{总体单位总量}$$

在利用公式计算算术平均数时，分子、分母必须同属一个总体，这也是平均指标与强度相对指标的根本区别所在。分子、分母包含的内容在口径上应严格一致，各标志值与各单位之间一一对应，并存在汇总关系。

（2）算术平均数的计算方法。

根据所掌握的资料和计算方法的复杂程度不同，算术平均数可分为简单算术平均数和加权算术平均数。

① 简单算术平均数：在资料未分组的情况下，只是已知总体单位数和总体各单位标志值资料，可将各单位标志值相加得到总体标志总量，再除以总体单位总量。

简单算术平均数的计算公式为

$$\bar{x}=\frac{x_1+x_2+\cdots+x_n}{n}=\frac{\sum x}{n}$$

② 加权算术平均数：已知资料是分组整理好的变量数列资料。

加权算术平均数的计算公式为

$$\bar{x}=\frac{x_1f_1+x_2f_2+\cdots+x_nf_n}{f_1+f_2+\cdots+f_n}=\frac{\sum xf}{\sum f}$$

下面结合案例具体介绍单项数列和组距数列加权算术平均数的计算方法。

第一，根据单项数列计算加权算术平均数。

【例 4-13】 某车间有 100 名工人，每人每日生产某种零件的资料如表 4-3 所示，请计算该车间工人平均日产零件数。

表 4-3　某车间工人生产某种零件资料

日产量 x/(件/人)	工人数 f/人	比例 $(f/\sum f)$/%	日总产量 (xf)/件	$x\cdot\frac{f}{\sum f}$
20	8	8	160	1.60
21	12	12	252	2.52
22	20	20	440	4.40
23	40	40	920	9.20
24	18	18	432	4.32
25	2	2	50	0.50
合计	100	—	2 254	22.54

【解析】 平均日产零件数$=\frac{\sum xf}{\sum f}=\frac{2\ 254}{100}=22.54$(件/人)

从上述计算过程可知，加权算术平均数不仅受各组标志值大小的影响，而且与各组标志值次数的多少有关。某组标志值次数多，它对平均数的影响就大；某组标志值次数少，它对平均数的影响就小。具体可得到以下四个结论：

结论 1：标志值的次数在平均过程中，对平均数起着权衡轻重的作用，于是统计上把次数称为权数，把用标志值乘以次数计算的算术平均数称为加权算术平均数。

结论 2：当权数为相对数时，加权算术平均数的计算公式为

$$\bar{x}=\sum x\cdot\frac{f}{\sum f}$$

证明：$\bar{x}=\frac{\sum xf}{\sum f}=\frac{\sum x\cdot\frac{f}{\sum f}}{\sum\frac{f}{\sum f}}=\sum x\cdot\frac{f}{\sum f}$

结论 3：作为权衡平均数大小的权数，其影响作用并不直接取决于权数本身数值的大小，而主要取决于作为权数的各组单位数占总体单位数的比例大小，即各组频率的大小。

根据权数的相对数形式计算的加权算术平均数更能体现出权数的实质含义，某组单位数所占的比例越大，该组标志值对平均数的影响就越大，反之就越小。

> 课堂活动 单选题：权数对加权算术平均数的影响作用取决于（　　）。
> A. 权数本身数值的大小
> B. 各组标志值的大小
> C. 作为权数的各组单位数占总体单位数的比例大小
> D. 权数的经济意义

结论 4：简单算术平均数实质上是加权算术平均数在权数相等条件下的特例，即在加权算术平均过程中，当各组次数相等时，各组单位数所占的比例相等，权数就失去了权衡轻重的作用，这时加权算术平均数也就变成了简单算术平均数。

证明：$f_1=f_2=\cdots=f_n=a$

$$\bar{x}=\frac{\sum xf}{\sum f}=\frac{x_1f_1+x_2f_2+\cdots+x_nf_n}{f_1+f_2+\cdots+f_n}=\frac{a(x_1+x_2+\cdots+x_n)}{na}=\frac{\sum x}{n}$$

第二，根据组距数列计算加权算术平均数。

其计算方法与单项数列基本相同，不同之处在于：在计算平均数之前要先求出各组的组中值作为各组标志值的代表值。

【例 4-14】 某车间工人日产量资料如表 4-4 所示，请计算该车间工人平均日产量。

表 4-4　某车间工人日产量资料

日产量/（件/人）	工人数 f/人	组中值 x/（件/人）	日总产量（xf）/件
60 以下	10	55	550
60—70	25	65	1 625
70—80	35	75	2 625
80—90	20	85	1 700
90 以上	10	95	950
合计	100	—	7 450

【解析】 平均日产量$=\frac{\sum xf}{\sum f}=\frac{7\ 450}{100}=74.5$(件/人)

需要注意的是，根据组距数列计算的加权算术平均数，只是实际平均数的近似值。计算加权算术平均数时，对权数的选择要慎重，不仅要考虑权数的形式和大小，还要保证各组标志值与权数的乘积等于各组标志总量，并具有实际经济意义。

(3) 算术平均数的数学性质及简捷计算。

① 算术平均数的数学性质。

算术平均数具有六个重要的数学性质，掌握这些性质，对于正确计算和运用算术平均数，简化其计算过程，具有重要作用。

性质 1：简单算术平均数与变量值个数的乘积等于各个变量值的总和（标志总量）。

$$\bar{x} \cdot n = \sum x$$

性质 2：各个变量值与算术平均数的离差总和等于零。

简单式：$\sum(x-\bar{x})=0$

加权式：$\sum(x-\bar{x})f=0$

性质 3：各个变量值与算术平均数的离差平方之和为最小值。

简单式：$\sum(x-\bar{x})^2=$最小值

加权式：$\sum(x-\bar{x})^2 f=$最小值

证明：设 x_0 为不等于算术平均数的任意常数，则有

$$\sum(x-x_0)^2=\sum(x-x_0+\bar{x}-\bar{x})^2=\sum[(x-\bar{x})+(\bar{x}-x_0)]^2$$

$$=\sum(x-\bar{x})^2+2(\bar{x}-x_0)\sum(x-\bar{x})+\sum(\bar{x}-x_0)^2$$

$\because \sum(\bar{x}-x_0)^2 \geqslant 0 \quad \therefore \sum(x-x_0)^2 \geqslant \sum(x-\bar{x})^2$

即 $\sum(x-\bar{x})^2$ 为最小值。

性质 4：两个性质相同的独立变量代数和的平均数等于各变量平均数的代数和；其乘积的平均数等于各变量平均数的乘积。

$$\overline{(x+y)}=\bar{x}+\bar{y} \qquad \overline{(x \cdot y)}=\bar{x} \cdot \bar{y}$$

假设 x 取值为 2、3、4，y 取值为 10、20，x 的平均数为 3，y 的平均数为 15，则 $(x+y)$ 取值为 (2+10)、(2+20)、(3+10)、(3+20)、(4+10)、(4+20)。

$$\overline{(x+y)}=\frac{(2+10)+(2+20)+(3+10)+(3+20)+(4+10)+(4+20)}{3\times 2}=\frac{108}{6}=18$$

$$\overline{(x+y)}=\bar{x}+\bar{y}=3+15=18$$

性质 5：若各个变量值加上或减去一个任意常数 a，则算术平均数也增加或减少 a。

简单式：$\dfrac{\sum(x\pm a)}{n}=\dfrac{\sum x \pm na}{n}=\bar{x}\pm a$

加权式：$\dfrac{\sum(x\pm a)f}{\sum f}=\dfrac{\sum xf \pm a\sum f}{\sum f}=\bar{x}\pm a$

性质 6：若各个变量值乘以或除以一个任意常数 a，则算术平均数也乘以或除以 a。

简单式：$\dfrac{\sum ax}{n}=a\,\bar{x}$

加权式：$\frac{\sum axf}{\sum f}=a\bar{x}$

课堂活动 单选题：若把各个标志值都扩大到原来的5倍，则新的算术平均数是原来平均数的（　　）。

A. 5倍　　B. 10倍　　C. 不变　　D. 无法判断

判断题：当每个标志值的权数都缩小或扩大一定的倍数时，算术平均数不变。（　　）

② 算术平均数的简捷计算。

当变量值很大，组数较多或组中值有多位小数时，为了简化算术平均数的计算，可利用算术平均数的数学性质5和6，采用简捷法计算。

【基本思路】首先，对变量值进行化简，化简方法有减法和除法，即将各变量值减去或除以某一共同的数，也可将两者结合使用；其次，对化简后的新变量值求平均数；最后，根据算术平均数的数学性质5和6换算成原变量值的平均数。

简捷法公式1（简单式）：$\bar{x}=\frac{\sum(x-a)}{n}+a$

证明：根据数学性质5推算即可。

简捷法公式2（加权式）：$\bar{x}=\frac{\sum(x-a)f}{\sum f}+a$

式中，a 为任意常数，亦称假定平均数，一般取被平均的各标志值的中间数或接近实际平均数的整数。

简捷法公式3（等距数列）：$\bar{x}=\frac{\sum\frac{x-a}{d}f}{\sum f}\cdot d+a$

这一公式用于等距数列，它是数学性质5和6的结合运用，式中 d 代表组距。

2. 调和平均数

算术平均数是在已知总体标志总量、总体单位总量条件下采用的，但在实际工作中，有时受资料的限制，不可能掌握总体单位总量，只能掌握每组的标志值和每组的标志总量。例如，统计农贸市场各种蔬菜的平均价格，可以掌握每种蔬菜的价格及成交额，但不好掌握成交量，在这种情况下，要计算平均价格，就不能直接采用计算算术平均数的方法，而应采用迂回方式，即用每组标志总量除以每组标志值，得到每组单位总量，然后再计算平均数，我们把用这种方法计算出的平均数称为调和平均数。

（1）调和平均数的概念。

调和平均数又称倒数平均数，它是各个变量值倒数的算术平均数的倒数。

（2）调和平均数的计算方法。

根据所掌握资料的形式不同，调和平均数主要有两种：简单调和平均数和加权调和平均数。

① 简单调和平均数。

简单调和平均数的计算公式为

$$\bar{x}_H=\frac{n}{\frac{1}{x_1}+\frac{1}{x_2}+\cdots+\frac{1}{x_n}}=\frac{n}{\sum\frac{1}{x}}$$

【例 4-15】 某农贸市场白菜价格资料如表 4-5 所示。

表 4-5　某农贸市场白菜价格资料

时段	价格/（元/千克）	数量/千克	金额/元
早	0.5	1	1
中	0.4	1	1
晚	0.2	1	1

问题 1：若早、中、晚各买 1 千克，平均每千克白菜的价格是多少？

【解析】 已知标志值（价格）和总体单位数（数量）求平均价格，应采用简单算术平均数。

$$平均价格=\frac{0.5+0.4+0.2}{1+1+1}\approx0.367（元/千克）$$

问题 2：若早、中、晚各买 1 元，平均每千克白菜的价格是多少？

【解析】 已知标志值和标志总量（金额）求平均价格，应采用简单调和平均数。

$$平均价格=\frac{1+1+1}{\frac{1}{0.5}+\frac{1}{0.4}+\frac{1}{0.2}}=\frac{3}{9.5}\approx0.316(元/千克)$$

为何两种平均价格不相同？因为两种平均数尽管被平均的标志值（价格）是相同的，但由于研究问题不同，对平均数的要求也不一致，因此就有不同的计算方法，而且结果表明的含义也有区别。

前者是各买 1 千克的平均价格，所平均的对象是分母，单位数（数量）相同；后者是各买 1 元的平均价格，所平均的对象是分子，标志总量（金额）相同。前者中每种价格对平均价格的影响相等（权数为 1）；后者中每种价格对平均价格的影响不等（权数为 2、2.5、5），价格最低的买得最多，以至于平均价格相对降低，从中可以看出调和平均数受极小值的影响较大。

因此，调和平均数与算术平均数在计算内容上有一定的差别，主要取决于平均的条件，这是调和平均数的第一类应用意义。

② 加权调和平均数。

加权调和平均数是在资料分组且各组标志总量不等情况下使用的。在统计工作中，常会遇到只有各组标志总量，缺少总体单位数的变量数列资料，无法直接采用加权算术平均数计算平均数。同时，简单调和平均数是在各组标志总量相等条件下使用的，在许多情况下，各组标志总量是不等的。在【例 4-15】中，早、中、晚价格不同，若不是各买 1 元，而是分别买 2 元、4 元、6 元，即价格高少买，价格低多买，这样每种价格对平均价格所起的作用就不同了，此时应采用加权调和平均数计算平均价格。

加权调和平均数的计算公式为

$$\bar{x}_H = \frac{\sum m}{\sum \frac{m}{x}}$$

【例 4-16】 某商品在 3 个市场上的销售价格和销售额资料如表 4-6 所示，请计算该商品在 3 个市场上的平均销售价格。

表 4-6　某商品销售价格资料

市场	销售价格 x/（元/千克）	销售额 m/元	销售量（m/x）/千克
甲	1.5	30 000	20 000
乙	1.8	45 000	25 000
丙	2.0	50 000	25 000
合计	—	125 000	70 000

【解析】 平均销售价格$=\frac{\sum m}{\sum \frac{m}{x}}=\frac{125\ 000}{70\ 000}\approx 1.79$(元/千克)

(3) 调和平均数与算术平均数的区别和联系。

① 调和平均数与算术平均数的区别。

研究同一个问题时，由于所掌握的资料不同，计算形式及所采用的权数也有所不同。加权算术平均数以各组单位数 f 为权数，标志总量为 xf，加权调和平均数以各组标志总量 m 为权数。

② 调和平均数与算术平均数的联系。

调和平均数在社会经济统计中可作为算术平均数的变形来使用。

若 $m=xf$，则$\bar{x}_H=\frac{\sum m}{\sum \frac{m}{x}}=\frac{\sum xf}{\sum \frac{xf}{x}}=\frac{\sum xf}{\sum f}$，即加权调和平均数=加权算术平均数。

可见，在一定条件下，加权调和平均数与加权算术平均数在计算结果、经济内容上完全一致，只是计算平均数的形式不同而已。

(4) 调和平均数的应用。

计算平均数时，究竟是使用算术平均数还是使用调和平均数，要从具体指标的实际内容出发，取决于所掌握的资料。同时，作为算术平均数的变形使用的调和平均数，在社会经济统计中可用于以下两种情况：

① 由绝对数计算平均数：若已知总体标志总量，但缺乏总体单位数资料，则可采用调和平均数。

② 由相对数或平均数计算平均数：应根据所掌握的权数资料，确定相应的计算方法。

a. 若所掌握的权数资料是比值的分母数值（f），则采用加权算术平均数。

b. 若所掌握的权数资料是比值的分子数值（m），则采用加权调和平均数。

3. 几何平均数

（1）几何平均数的概念。

几何平均数又称对数平均数，是 n 个变量值连乘的 n 次方根，用符号 $\bar{x}_G$ 表示。

（2）几何平均数的计算方法。

根据所掌握的资料形式不同，几何平均数主要有两种：简单几何平均数和加权几何平均数。

① 简单几何平均数。

简单几何平均数的计算方法为

$$\bar{x}_G=\sqrt[n]{x_1\cdot x_2\cdot x_3\cdots x_n}=\sqrt[n]{\prod x}$$

当 $n>2$ 时，需要开高次方，计算较为烦琐，有以下三种方法可求解几何平均数。

a. 利用计算器计算，这种方法最为简便，以计算 $\sqrt[20]{10}$ 为例，计算步骤如下：输入“10”，按【2ndf】键，在计算器上找到【$\sqrt[x]{y}$】，输入“20”，再按【=】键，显示 1.12。

注意

不同计算器的操作方法不一样。CASIO 计算器先输入“20”，按【SHIFT】键，在计算器上找到【$\sqrt[x]{y}$】，输入“10”，再按【=】键，显示 1.12。

b. 采用查表的方法，在此不做介绍。

c. 采用取对数的方法，公式两边同时取对数：

$$\lg\bar{x}_G=\frac{\lg x_1+\lg x_2+\lg x_3+\cdots+\lg x_n}{n}=\frac{\sum\lg x}{n}$$

由对数求出真数，即为几何平均数。几何平均数的对数就是各个变量值的对数的算术平均数。

【例 4-17】 某型号钻头的生产需要连续经过 6 道不同的加工工序，各道工序的合格率分别为 98%、97.2%、97%、98.4%、95.8%、95.2%，请计算该型号钻头的平均合格率。

【解析】 由于各道工序的合格率是在前道或前几道工序合格率的基础上计算的，因此各道工序的合格率总和并不等于该型号钻头的总合格率，即不能采用算术平均数或调和平均数计算平均合格率。由于该型号钻头的总合格率等于各道工序合格率的连乘，所以应采用几何平均数计算平均合格率。

$$平均合格率=\sqrt[n]{x_1\cdot x_2\cdot x_3\cdot\cdots\cdot x_n}=\sqrt[n]{\prod x}$$

$$=\sqrt[6]{98\%\times 97.2\%\times 97\%\times 98.4\%\times 95.8\%\times 95.2\%}\approx 96.9\%$$

② 加权几何平均数。

当所掌握的资料是分组资料，并且各个变量值的次数不同时，应计算加权几何平均数。

加权几何平均数的计算公式为

$$\bar{x}_G=\sqrt[f_1+f_2+f_3+\cdots+f_n]{x_1^{f_1}\cdot x_2^{f_2}\cdot x_3^{f_3}\cdot\cdots\cdot x_n^{f_n}}=\sqrt[\sum f]{\prod x^f}$$

对上式左右两边同时取对数，可得

$$\lg\bar{x}_G=\frac{f_1\lg x_1+f_2\lg x_2+f_3\lg x_3+\cdots+f_n\lg x_n}{f_1+f_2+f_3+\cdots+f_n}=\frac{\sum f\lg x}{\sum f}$$

【例 4-18】 某银行一笔投资的年利率按复利计算，10 年的年利率分别为：3%有 3 年，5%有 2 年，8%有 2 年，10%有 3 年。请计算平均年利率。

【解析】 方法 1：在 Excel 中，可利用 GEOMEAN 函数计算几何平均数，具体操作步骤如下：单击任一单元格，输入“=GEOMEAN（1.03，1.03，1.03，1.05，1.05，1.08，1.08，1.1，1.1，1.1）”，按【Enter】键后得到 1.064 6，则平均年利率为 6.46%。

方法 2：第一，先将复利率换算为本利率，根据复利规定，前一年的本利是后一年的本金，因此，应先计算出平均年本利率，然后减去 100%得到平均年利率，即平均年利率=平均年本利率−100%。

$$第二，总本利率=\frac{最后一年本利}{最初存入本金}=\frac{第一年本利}{最初存入本金}\times\frac{第二年本利}{第一年本利}\times\cdots\times\frac{最后一年本利}{最后第二年本利}$$

$$=第一年本利率\times第二年本利率\times\cdots\times最后一年本利率。$$

由于总本利率等于各年本利率的连乘积，因此应采用几何平均数计算平均年本利率。

$$平均年本利率=\sqrt[f_1+f_2+f_3+\cdots+f_n]{x_1^{f_1}\cdot x_2^{f_2}\cdot x_3^{f_3}\cdot\cdots\cdot x_n^{f_n}}=\sqrt[\sum f]{\prod x^f}$$

$$=\sqrt[10]{103\%^3\times 105\%^2\times 108\%^2\times 110\%^3}\approx 106.46\%$$

平均年利率=106.46%−100%=6.46%

(3) 几何平均数的应用。

几何平均数是计算平均比率和平均发展速度最适宜的一种方法，这是由几何平均数的数学性质与现象发展的平均比率或平均速度形成的客观过程的一致性决定的。

若某一个总体的标志总量（一般表现为总比率或总速度）等于各个变量值的连乘积，则适合采用几何平均数计算平均标志值；或者凡是各个变量值的连乘积等于总比率或总速度的，均可采用几何平均数计算其平均比率或平均速度。

（二）位置平均数

位置平均数主要包括众数和中位数。

1. 众数

（1）众数的概念。

众数是在总体中出现次数最多的标志值，亦即在总体中最常遇到的数，通常用字母 M_0 表示。在统计实践中，常用众数来代表社会经济现象的一般水平。例如，如果掌握了大量的调查资料，并且只需以一般的、最常见的数值作为研究问题或安排工作的参考依据，那么我们就可以用众数代替算术平均数。再如，为了掌握某班学生某学科的学习情况，可以用该班最普遍的学习成绩作为该学科学习成绩的一般水平。

（2）众数的计算方法。

众数的计算方法应根据所掌握的资料是单项数列还是组距数列来定。

① 根据单项数列确定众数，可采用直接观察法。单项数列众数的确定方法较为简单，可以直接观察，出现次数最多的标志值即为众数。如果有两个标志值出现的次数相同并且最多，那么这两个标志值均为众数，称为复众数。

② 根据组距数列确定众数的基本步骤如下：

首先，确定众数组，分两种情况：等距数列，次数最多的一组即为众数组；异距数列，次数密度最大的一组即为众数组。

其次，利用上限公式或下限公式，近似确定众数的具体数值。具体确定时，要根据众数组相邻两组次数的多少来定。当众数组相邻两组的次数相等或该数列分布对称时，众数组的组中值就是众数。当众数组前一组的次数小于众数组后一组的次数时，众数靠近众数组上限。

因此，在众数组内确定众数时，可按众数组次数与其相邻两组次数的差数比例，采用上限公式或下限公式计算众数的近似值，这一推算法称为比例插值法。

组距数列中众数的计算公式为

下限公式：$M_0=L+\dfrac{\Delta_1}{\Delta_1+\Delta_2}\cdot d$

上限公式：$M_0=U-\dfrac{\Delta_2}{\Delta_1+\Delta_2}\cdot d$

式中，L 代表众数组下限，U 代表众数组上限，Δ_1 为众数组次数与前一组次数之差，Δ_2 为众数组次数与后一组次数之差，d 为组距。

【例 4-19】 某系学生考试成绩分布资料如表 4-7 所示，请计算成绩众数。

表 4-7 某系学生考试成绩分布资料（计算成绩众数）

按成绩分组/分	学生数/人
30—40	4
40—50	7
50—60	9
60—70	20
70—80	35
80—90	16
90—100	9
合计	100

【解析】 “70－80”这一组次数最多，所以为众数组，$L=70$，$U=80$，$\Delta_1=35-20=15$，$\Delta_2=35-16=19$，$d=10$。

下限公式：$M_0=L+\dfrac{\Delta_1}{\Delta_1+\Delta_2}\cdot d=70+\dfrac{15}{15+19}\times10\approx74.41$(分)

上限公式：$M_0=U-\dfrac{\Delta_2}{\Delta_1+\Delta_2}\cdot d=80-\dfrac{19}{15+19}\times10\approx74.41$(分)

(3) 众数的应用。

众数是一种位置平均数，它不受极端值的影响，因此，当数列中存在异常变量值时，众数要比算术平均数更能确切地代表现象的一般水平。它适用于单位数较多且具有明显集中趋势的总体。

课堂活动 小张刚刚大学毕业，现有两家高科技产品开发公司向他发出入职邀请，这两家公司所有员工的月工资情况如表 4-8 和表 4-9 所示。

表 4-8 甲公司所有员工月工资情况

员工	管理人员		普通工作人员				
人员结构	总经理	部门经理	科研人员	销售人员	高级技工	中级技工	保洁工
员工数/人	1	3	2	3	16	24	1
月工资/(元/人)	21 000	8 400	2 025	2 200	1 800	1 600	950

表 4-9 乙公司所有员工月工资情况

员工	管理人员		普通工作人员				
人员结构	总经理	部门经理	科研人员	销售人员	高级技工	中级技工	保洁工
员工数/人	1	2	2	2	15	22	1
月工资/(元/人)	8 000	4 000	2 600	2 500	2 300	2 100	1 300

请你利用所学统计知识帮助小张做出合理的职业选择。

2. 中位数

(1) 中位数的概念。

把总体单位的某一数量标志的各个数值，按大小顺序排列，居于中间位置的标志值就是中位数，通常用字母 M_e 表示。

从定义可知，中位数就是将某标志的全部数值均等分为两半的那个标志值，其中一半数值小于中位数，另一半数值则大于中位数。

(2) 中位数的意义。

由于中位数是按标志值所处的位置来确定的，因此它是位置平均数，并且由于位置居中，其数值既不太大，也不太小，有时可以用中位数代表现象的一般水平。同时，它可以在标志值变动较大的情况下，不受极端值的影响，基于这一点，用它来反映现象的一般水平要比用算术平均数更具代表性。中位数一般用于产品质量统计和数理统计。

(3) 中位数的计算方法。

根据所掌握的资料不同，中位数的计算分为以下三种情况：

① 由未分组资料确定中位数。

方法：首先，将总体各单位标志值依序排列。

其次，按$\frac{n+1}{2}$确定中位数的位置。

n 为总体单位数，应注意区分 n 的奇偶性：

a. 当总体单位数（n）为奇数时，居于中间位置的标志值即为中位数。

b. 当总体单位数（n）为偶数时，中间位置的两个标志值的算术平均数即为中位数。

② 由单项数列确定中位数。

方法：首先，计算各组的累计次数（或累计频率），采用较小制累计或较大制累计。

其次，按 $\frac{\sum f+1}{2}$ 确定中位数的位置，并对照累计次数（或累计频率）确定中位数。

【例 4-20】 某班组工人日产量分布资料如表 4-10 所示，请计算日产量中位数。

表 4-10　某班组工人日产量分布资料

按日产量分组/件	工人数/人	较小制累计/人
22	3	3
23	5	8
24	7	15
25	6	21
26	4	25
合计	25	—

【解析】 中位数位置$=\frac{\sum f+1}{2}=\frac{25+1}{2}=13$

由于13被包含在较小制累计“15”这一组中，因此中位数为24件。

③ 由组距数列确定中位数。

方法：首先，计算各组的累计次数（或累计频率），采用较小制累计或较大制累计。

其次，按$\frac{\sum f}{2}$确定中位数所在组的位置，即保证中位数所在位置的前后两部分次数相等。

注意

未分组资料和单项数列分别按$\frac{n+1}{2}$和$\frac{\sum f+1}{2}$确定中位数的位置，它是以点数确定位置，由于位置（间隔）比点数少1，加上1后除以2，所得点数才正好是中间位置，否则会相差半个位置。

再次，对照累计次数（或累计频率）确定中位数所在组。

最后，用插补法按比例推算出中位数的近似值，即利用下限公式或上限公式确定具体数值。

$$\text{下限公式：}M_e=L+\frac{\frac{\sum f}{2}-S_{m-1}}{f_m}\cdot d$$

式中，L为中位数所在组的下限，f_m为中位数所在组的次数，d为中位数所在组的组距，S_{m-1}为较小制累计至中位数所在组前一组止的累计次数。

$$\text{上限公式：}M_e=U-\frac{\frac{\sum f}{2}-S_{m+1}}{f_m}\cdot d$$

式中，U为中位数所在组的上限，S_{m+1}为较大制累计至中位数所在组后一组止的累计次数。

【例4-21】 某系学生考试成绩分布资料如表4-11所示，请计算成绩中位数。

表4-11 某系学生考试成绩分布资料（计算成绩中位数）

按成绩分组/分	学生数/人	较小制累计/人	较大制累计/人
30—40	4	4	100
40—50	7	11	96
50—60	9	20	89

续表

按成绩分组/分	学生数/人	较小制累计/人	较大制累计/人
60－70	20	40	80
70－80	35	75	60
80－90	16	91	25
90－100	9	100	9
合计	100	—	—

【解析】 中位数所在组位置$=\frac{\sum f}{2}=\frac{100}{2}=50$，所以“70－80”这一组为中位数所在组。

$L=70$，$S_{m-1}=40$，$f_m=35$，$d=10$，$U=80$，$S_{m+1}=25$。

下限公式：$M_e=L+\frac{\frac{\sum f}{2}-S_{m-1}}{f_m}\cdot d=70+\frac{50-40}{35}\times 10\approx 72.86$(分)

上限公式：$M_e=U-\frac{\frac{\sum f}{2}-S_{m+1}}{f_m}\cdot d=80-\frac{50-25}{35}\times 10\approx 72.86$(分)

(4) 中位数的应用。

中位数是一种位置平均数，它是数列中间一项的标志值或中间两项标志值的算术平均数，因此它不受极端值的影响。在社会经济统计中，对一些不能用数量表示，而只能用等级、顺序、名次等表示的现象，可用中位数代表其一般水平。

(三) 数值平均数与位置平均数的关系

1. 算术平均数、调和平均数、几何平均数的关系

各种数值平均数都有其各自的特点和应用范围，采用哪种平均数，应根据研究对象的性质和研究目的来定。从数量关系的角度分析，算术平均数和调和平均数易受极端变量值的影响，算术平均数受极大值的影响较大，调和平均数受极小值的影响较大，相对而言，几何平均数受极端变量值的影响较小。

因此，根据同一标志值数列计算三种平均数，其关系式为

算术平均数≥几何平均数≥调和平均数

明确这一关系后，就可以判断出：在该用算术平均数的场合而用了其他平均数，则结果必然偏小；在该用调和平均数的场合而用了其他平均数，则结果必然偏大。

2. 算术平均数与中位数、众数的关系

算术平均数与中位数、众数之间存在一定关系，这种关系取决于总体次数的分布状况。次数分布的常见形式是钟形分布，它分为对称分布和非对称分布。

（1）对称分布。

对称的钟形分布以算术平均数为对称轴，两边次数相等，同时次数由小到大逐渐增多，达到最多时为最高峰，而后逐渐减少，即算术平均数所在点是曲线的最高点和中心点，这时，算术平均数、中位数、众数三者合而为一，即 $\bar{x}=M_e=M_0$。

（2）非对称分布。

当总体呈非对称的钟形分布时，算术平均数、中位数、众数三者之间存在一定差别，其差别的大小与非对称的程度有关，非对称程度越大，它们之间的差别就越大，非对称程度越小，它们之间的差别就越小，两者成正比关系。

a. 当次数分布右偏时，$M_0<M_e<\bar{x}$。

b. 当次数分布左偏时，$\bar{x}<M_e<M_0$。

产生差别的原因在于三种平均数受极端变量值的影响程度不同。算术平均数受全部变量值的影响，而且受极端值的影响最大；中位数只受极端值位置的影响，不受其数值的影响；众数取决于次数最多的标志值，不受极端值位置及数值的影响。

因此，当总体呈非对称的钟形分布时，算术平均数不是大于众数就是小于众数，而中位数总是处于两者之间。

在对称和非对称的钟形分布下，算术平均数、中位数、众数的位置关系如图 4-1 所示。

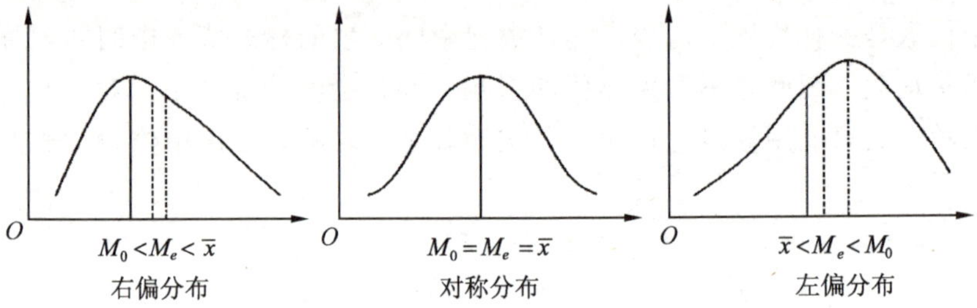

图 4-1　钟形分布下算术平均数、中位数、众数的位置关系

3. 算术平均数、中位数、众数的数量关系式

英国统计学家卡尔·皮尔逊提出的经验公式表明，在次数分布呈轻微偏斜条件下，即在偏斜适度情况下，不论是右偏还是左偏，算术平均数与众数的距离约等于算术平均数与中位数距离的 3 倍，即三者的数量关系式为

$$\bar{x}-M_0=3(\bar{x}-M_e)$$

（1）上述关系也可表述为：

① 算术平均数与中位数的距离约等于算术平均数与众数距离的 1/3。

② 中位数与众数的距离约等于算术平均数与众数距离的 2/3。

（2）根据上述关系，只要掌握其中两个平均数，就可近似估计另一个平均数，并可判断偏态的方向。

（3）上述关系式可变换为以下三种形式：

$$M_0=3M_e-2\bar{x}$$

$$M_e=\frac{M_0+2\bar{x}}{3}$$

$$\bar{x}=\frac{3M_e-M_0}{2}$$

五、正确计算和运用平均指标的原则

平均指标的应用虽然广泛，但不能把任何变量无原则地混在一起进行平均。在用平均指标来分析社会经济现象时，必须遵循以下原则。

（一）同质性原则或平均数只能根据同质总体计算

只有在同质总体中，总体各单位才具有共同的特征，进而才能按某一数量标志计算其平均数，并用一个代表性数值来说明总体的一般水平。所谓同质性，就是总体各单位在被平均的标志上应具有同类性，各单位之间的不同只表现为标志值量上的差别，如果将不同性质的单位混合在一起平均，那么不但不能反映总体的一般水平，反而会掩盖事实真相。

（二）用组平均数补充说明总平均数

根据同质总体计算的总平均数，可以反映总体的一般水平，但总平均数把各单位的数量差异抽象化了，而总体各单位在数量上的差异又受到许多因素的影响。为了深入研究总体的特征和规律性，必须按有关标志进行分组，计算组平均数，以弥补总平均数的不足。这样不仅可以分析总体的数量特征及其依存关系，还可以揭示总体内部结构对总平均数的影响。

（三）用分配数列和典型资料补充说明平均数

（1）由于平均数在反映现象总体一般水平的同时，也掩盖了总体某一标志在各单位之间的差异及其分布状况，因此，为了更加深入全面地说明问题，在应用平均数时，要按被平均的数量标志进行分组，并编制分配数列来补充说明平均数。

（2）要把平均数与典型事例结合起来。平均数反映总体某一数量标志的一般水平，体现一定范围内现象总体的共性，但同时也掩盖了现象的个性。因此，为了充分发挥平均数对社会经济现象的认识作用，往往需要结合典型事例，特别是要研究先进与落后的典型，以弥补平均数的不足。

知识拓展

交替标志的平均数

一、基本概念

（一）交替标志

在社会经济统计中，经常会遇到这样一种情况，即总体全部单位可划分为具有某种性质的单位和不具有该种性质的单位两部分，它们合并构成一个总体。换言之，总体按某一标志分组，只能分为两组，并且两组在性质上是相互排斥的。例如，人口按性别分组，产品按是否合格分组，等等。

这种通过对“是”与“否”或“有”与“无”的区分将总体单位划分为两部分的标志，称为交替标志或是非标志。它在总体单位中交替出现，非此即彼，主要用来反映总体单位之间在属性上的差别。

对是非标志进行研究，首先要将标志的具体表现数量化，即将属性差异过渡到数量差异，统计上通过（0，1）变量值的处理方法对其进行过渡。

是非标志既然是用“是、否”“有、无”来回答，就可用变量 x 来表示。标志表现为肯定的（是），将其标志值记为 1（$x=1$）；标志表现为否定的（否），将其标志值记为 0（$x=0$）。

设总体共有 N 个单位，总体中具有某种属性（$x=1$）的单位有 N_1 个，总体中不具有该种属性（$x=0$）的单位有 N_0 个，则

$$N=N_1+N_0$$

（二）成数

成数是一种特殊的结构相对数，它是某一总体按某一标志分成两部分，其中一部分单位数占总体单位数的比例，常用字母 p 和 q 表示。

p 表示总体中具有某种属性的单位数占总体单位数的比例。

q 表示总体中不具有该种属性的单位数占总体单位数的比例。

二、交替标志平均数的计算

将上面的资料整理成表 4-12 所示的形式。

表 4-12　交替标志平均数计算资料

是非标志		标志值 x	单位数 f	成数
具体表现	肯定	1	N_1	p
	否定	0	N_0	q
合计		—	N	1

用加权算术平均数计算交替标志平均数的公式如下：

$$\bar{x}=\frac{\sum xf}{\sum f}=\frac{1\times N_1+0\times N_0}{N_1+N_0}=\frac{N_1}{N}=p$$

任务四　标志变异指标

任务情境

我国历年高考录取总是采用原始分从高到低依次排序的办法，但原始分录取存在一定的不足。例如，甲、乙两名考生，6 门科目考试成绩有 4 门相同，甲生物理比乙生高出 10 分，乙生政治比甲生高出 11 分，若按原始分录取，只能录取乙生，但从当年试卷难度来看，物理难度高于政治，如果按各科成绩分

别排名，在物理科目中，甲生排名有可能优于乙生数百名，很明显，从甲、乙两名考生在全体考生中的地位来看，甲生优于乙生。如何解决这一问题？可采用标准分录取办法。

任务分析

平均指标是将总体各单位标志值的具体差异抽象化，从而反映出总体的一般水平，这样，平均指标就掩盖了标志值之间的差异。但是，总体各单位标志值之间的差异又是客观存在的，如工人日产量差异、学生成绩差异等都是普遍存在的。那么，如何反映标志值之间的差异呢？这就需要借助于标志变异指标。

任务情境中提到的标准分就是原始分与平均分的差除以标准差的商。其计算公式如下：

$$\text{标准分}=\frac{x-\bar{x}}{\sigma}$$

式中，x 代表各科成绩原始分，$\bar{x}$ 代表平均分，σ 代表标准差。

任务实施

1. 根据给定资料，计算全距和平均差。
2. 根据给定资料，计算标准差和标志变异系数。

相关知识

一、标志变异指标的概念

标志变异指标又称标志变异度，是反映总体各单位标志值的离散状况和差异程度的综合指标。标志变异指标可测定总体各单位标志值的离中程度和离中趋势，故又称离中量数。

如前文所述，平均指标将总体各单位标志值的差异抽象化，以揭示总体各单位标志值的趋中程度和集中趋势，一般又将平均指标称为趋中量数。平均指标虽能综合反映总体各单位某一数量标志的一般水平和共性，但并不能反映总体各单位标志值之间的差异性和离散性，这就要借助于标志变异指标。

二、标志变异指标的意义

一般来说，在统计分析中，必须把平均指标和标志变异指标这一对相互联系的对应指标结合起来使用。因为它们从不同侧面揭示总体各单位标志值的分布特征，即平均指标反映标志值的集中趋势和趋中程度，标志变异指标反映标志值的离中趋势和离中程度。

三、标志变异指标的作用

（1）标志变异指标是评价平均指标代表性大小的尺度。平均指标作为一个代表性数值，它与总体各单位标志值之间存在不同的差距，这个差距的大小可以作为衡量平均指标代表性大小的尺度，即平均指标的代表性取决于总体各单位标志值的离散程度。例如，甲、乙两组工人日产量（单位：件）资料如下：

甲组：80、90、100、110、120，$\bar{x}=100$。

乙组：98、99、100、101、102，$\bar{x}=100$。

甲、乙两组工人日产量的平均数均为100件，但甲组工人日产量在平均数周围分布较为分散，乙组工人日产量在平均数周围分布较为集中，即乙组工人日产量的离差值相对于甲组要小。这表明若以平均数100件分别代表甲、乙两组工人日产量的一般水平，则乙组的代表性较大。

由此可见，平均数的代表性受标志值离散程度的影响，离散程度越大（总体各单位标志值的差异程度越大），平均数的代表性就越小；离散程度越小，平均数的代表性就越大；若离散程度为零，则平均数具有完全的代表性。

（2）标志变异指标可用于测量社会经济活动过程的稳定性、均衡性和节奏性，是衡量生产经营管理工作质量的重要指标。例如，在检验工业产品质量时，可以利用标志变异指标表明产品质量的稳定性；在检查物资供应情况时，可以利用标志变异指标表明物资在地区间供应的均衡性；在分析计划完成程度时，可以利用标志变异指标表明计划执行过程的节奏性，即是前松后紧还是前紧后松。

（3）标志变异指标可用于揭示总体各单位标志值分布的离中趋势，是研究总体分布的重要特征值。

四、标志变异绝对指标

常用的标志变异绝对指标有全距、平均差和标准差，它们均有计量单位。这三个指标主要用于反映标志变异的绝对程度，用绝对数表示，一般不能用于不同总体之间离散程度的直接比较。

（一）全距

1. 全距的概念

全距又称极差，是变量数列中最大标志值与最小标志值之差，通常用R表示。全距可以说明总体各单位标志值变动的总范围，也是衡量平均数代表性大小的最简单指标。

2. 全距的计算公式

$$R=\text{最大标志值}-\text{最小标志值}$$

$$R=\text{最大组上限}-\text{最小组下限}$$

【例4-22】 甲、乙两个班组日产量（单位：件）资料如下，请计算甲、乙两个班组日产量的全距。

甲班组日产量：35、38、40、45、52，$\bar{x}=42$。

乙班组日产量：28、34、42、48、58，$\bar{x}=42$。

【解析】 甲班组：$R=52-35=17$（件）

乙班组：$R=58-28=30$（件）

因为甲班组全距小于乙班组全距，所以甲班组平均日产量的代表性较大。

3. 全距的特点

利用全距来说明平均数代表性的大小，具有以下显著特点：

(1) 计算简便且意义明确，在实际工作中常用于产品质量的检验和控制。

(2) 全距易受两个极端值的影响，往往不能反映中间变量值的变化，因而不能充分确切地反映总体各单位标志值的实际变动范围。

(二) 平均差

1. 平均差的概念

平均差是总体各单位标志值与其算术平均数的离差绝对值的算术平均数，通常用 AD 表示。它综合反映了变量数列的平均差异程度。

设标志值为 x，则算术平均数为 $\bar{x}$，$(x-\bar{x})$ 可能为正值，也可能为负值，根据算术平均数的数学性质 2，各标志值与其算术平均数的离差总和等于零，即 $\sum(x-\bar{x})=0$。若离差总和等于零，则无法计算离差的平均数。因此，为了避免正负相互抵消，在计算平均差时，采用离差的绝对值形式，即 $|x-\bar{x}|$。

2. 平均差的计算方法

根据所掌握的资料不同，平均差的计算方法有以下两种：

(1) 简单平均差：资料未分组。

简单平均差的计算公式为

$$AD=\frac{\sum|x-\bar{x}|}{n}$$

【例 4-23】 甲、乙两个班组日产量资料如表 4-13 所示，请比较两个班组日产量平均数代表性的大小。

表 4-13　甲、乙两个班组日产量资料　　单位：件

甲班组			乙班组		
日产量 x	离差 $(x-\bar{x})$	离差绝对值 $\|x-\bar{x}\|$	日产量 x	离差 $(x-\bar{x})$	离差绝对值 $\|x-\bar{x}\|$
35	−7	7	28	−14	14
38	−4	4	34	−8	8
40	−2	2	42	0	0
45	3	3	48	6	6
52	10	10	58	16	16
合计	—	26	—	—	44

【解析】 甲班组：$AD=\frac{\sum|x-\bar{x}|}{n}=\frac{26}{5}=5.2$(件)

乙班组：$AD=\frac{\sum|x-\bar{x}|}{n}=\frac{44}{5}=8.8$(件)

这说明甲班组日产量的离散程度小于乙班组，甲班组日产量平均数的代表性大。

（2）加权平均差：资料分组并形成变量数列。

加权平均差的计算公式为

$$AD=\frac{\sum|x-\bar{x}|f}{\sum f}$$

【例 4-24】 某车间 100 名工人加工某种零件的日产量资料如表 4-14 所示，请计算该车间工人日产零件的平均数和平均差。

表 4-14 某车间工人加工零件日产量资料

日产量 x/件	工人数 f/人	离差 $(x-\bar{x})$/件	离差绝对值 $\|x-\bar{x}\|$/件	离差总数 $(\|x-\bar{x}\|f)$/件
8	20	−1.4	1.4	28
9	35	−0.4	0.4	14
10	30	0.6	0.6	18
11	15	1.6	1.6	24
合计	100	—	—	84

【解析】 $\bar{x}=\frac{\sum xf}{\sum f}=\frac{940}{100}=9.4$（件）

$$AD=\frac{\sum|x-\bar{x}|f}{\sum f}=\frac{84}{100}=0.84\text{（件）}$$

3. 平均差的特点

平均差是在各标志值对平均数离差绝对值的基础上计算的，它不同于全距，考虑到了总体所有单位标志值的差异，能较准确地反映总体各单位标志值的平均变异程度。

（三）标准差

1. 标准差的概念

标准差又称均方差，是指总体各单位标志值与其算术平均数离差平方的算术平均数的平方根。标准差是标志变异指标中最常用、最主要的指标，通常用 σ 表示。

2. 标准差的计算方法

（1）简单标准差：未分组资料。

基本公式：$\sigma=\sqrt{\frac{\sum(x-\bar{x})^2}{n}}$

简捷公式：$\sigma=\sqrt{\frac{\sum x^2}{n}-\bar{x}^2}=\sqrt{\overline{x^2}-\bar{x}^2}$

证明：$\sigma=\sqrt{\dfrac{\sum(x^2-2\bar{x}x+\bar{x}^2)}{n}}=\sqrt{\dfrac{\sum x^2-2\bar{x}\sum x+n\bar{x}^2}{n}}$

$=\sqrt{\dfrac{\sum x^2}{n}-2\bar{x}^2+\bar{x}^2}=\sqrt{\dfrac{\sum x^2}{n}-\bar{x}^2}=\sqrt{\overline{x^2}-\bar{x}^2}$

即变量的方差等于变量平方的平均数减去变量平均数的平方。

(2) 加权标准差：分组资料。

基本公式：$\sigma=\sqrt{\dfrac{\sum(x-\bar{x})^2f}{\sum f}}$

简捷公式：$\sigma=\sqrt{\dfrac{\sum x^2f}{\sum f}-\bar{x}^2}=\sqrt{\overline{x^2}-\bar{x}^2}$

【例 4-25】 某系学生考试成绩分布资料如表 4-15 所示，请计算成绩标准差。

表 4-15 某系学生考试成绩分布资料（计算成绩标准差）

按成绩分组/分	学生数 f/人	组中值 x/分	xf	$x-\bar{x}$	$(x-\bar{x})^2$	$(x-\bar{x})^2f$
30—40	4	35	140	−35.9	1 288.81	5 155.24
40—50	7	45	315	−25.9	670.81	4 695.67
50—60	9	55	495	−15.9	252.81	2 275.29
60—70	20	65	1 300	−5.9	34.81	696.20
70—80	35	75	2 625	4.1	16.81	588.35
80—90	16	85	1 360	14.1	198.81	3 180.96
90—100	9	95	855	24.1	580.81	5 227.29
合计	100	—	7 090	—	—	21 819.00

【解析】 $\bar{x}=\dfrac{\sum xf}{\sum f}=\dfrac{7\,090}{100}=70.9$(分)

$\sigma=\sqrt{\dfrac{\sum(x-\bar{x})^2f}{\sum f}}=\sqrt{\dfrac{21\,819}{100}}=\sqrt{218.19}\approx 14.77$(分)

(3) 交替标志的标准差。

$$\sigma_p=\sqrt{pq}=\sqrt{p(1-p)}$$

证明：$\sigma_p=\sqrt{\dfrac{\sum(x-\bar{x})^2f}{\sum f}}=\sqrt{\sum(x-\bar{x})^2\cdot\dfrac{f}{\sum f}}$

$=\sqrt{(1-p)^2p+(0-p)^2q}=\sqrt{q^2p+p^2q}=\sqrt{pq(p+q)}=\sqrt{pq}$

3. 标准差的特点

为什么有了全距、平均差以后，还要计算标准差？因为全距是以两个极端标志值的差距来反映标志变异程度的，它没有考虑中间标志值的变化，在计算上太粗略。而平均差是总体各单位标志值与其算术平均数的离差绝对值的算术平均数，它虽然考虑了各标志值的变化，但因离差之和等于零，故在计算时采取绝对值形式，在应用上有较大的局限性。标准差不仅具有平均差的优点，即考虑到总体所有单位标志值的变异影响，而且在数学处理上比平均差更为合理。具体来说，标准差具有以下特点：

（1）采用平方的方法来消除离差正负号，便于数学计算。

（2）运用“$\sum(x-\bar{x})^2=$最小值”的数学性质，使计算更加科学。

五、标志变异系数

前面介绍的标志变异绝对指标（全距、平均差、标准差），不仅受标志变异程度和数列平均水平的影响，而且都是有名数。因此，只有在平均数相等、计量单位相同的条件下，才能采用这类绝对指标直接比较不同总体变量值的离散程度。但是，为了对比分析不同平均水平的总体的变异程度，必须消除平均数不同和计量单位不同的影响，这就要进一步计算标志变异相对指标。

（一）标志变异系数的概念

标志变异系数又称离散系数，是用相对数形式表示的标志变异指标。它是标志变异绝对指标与相应的平均数之比，通常用 V 表示。

（二）标志变异系数的计算公式

1. 全距系数的计算公式

$$V_R=\frac{R}{\bar{x}}\times 100\%$$

2. 平均差系数的计算公式

$$V_{AD}=\frac{AD}{\bar{x}}\times 100\%$$

3. 标准差系数的计算公式

$$V_\sigma=\frac{\sigma}{\bar{x}}\times 100\%$$

在以上三个系数中，应用最广的是标准差系数。

（三）标准差系数的应用

（1）当两个总体平均数不相等，但标准差相等时，应计算标准差系数。

【例 4-26】 甲、乙两组工人平均日产量分别为 47 件和 67 件，标准差均为 8.6 件，请比较甲、乙两组工人平均日产量代表性的大小。

【解析】 甲组标准差系数：$V_\sigma=\frac{\sigma}{\bar{x}}\times 100\%=\frac{8.6}{47}\times 100\%\approx 18.3\%$

乙组标准差系数：$V_\sigma=\frac{\sigma}{\bar{x}}\times 100\%=\frac{8.6}{67}\times 100\%\approx 12.8\%$

因为甲组标准差系数大于乙组标准差系数，所以乙组工人平均日产量的代表性大。

（2）当两个总体平均水平相差较大时，若要比较它们变异程度的大小，应计算标准差系数。

【例 4-27】 甲、乙两家公司平均月销售量资料如表 4-16 所示，请比较甲、乙两家公司平均月销售量代表性的大小。

表 4-16　甲、乙两家公司平均月销售量资料

公司	平均月销售量/件	标准差/件
甲	15 000	650
乙	8 000	480

【解析】 因为甲、乙两家公司平均月销售量差异较大，并且标准差差异也较大，所以应计算标准差系数。

甲公司：$V_\sigma=\frac{\sigma}{\bar{x}}\times100\%=\frac{650}{15\ 000}\times100\%\approx4.3\%$

乙公司：$V_\sigma=\frac{\sigma}{\bar{x}}\times100\%=\frac{480}{8\ 000}\times100\%=6\%$

因为乙公司标准差系数大于甲公司标准差系数，所以甲公司平均月销售量的代表性大。

知识拓展

方差的数学性质

方差就是标准差的平方，具有以下几个数学性质：

性质 1：总方差＝组间方差＋组内方差。

（1）总方差：根据总体中所有单位标志值对总平均数计算的标准差平方，反映整个总体的总离差。

（2）组间方差：根据各组平均数对总平均数计算的标准差平方，反映各组之间的离差。

（3）组内方差：根据各组中各单位标志值对组平均数计算的标准差平方，反映各组内部的离差。

性质 2：变量值的方差等于变量值平方的平均数减去变量值平均数的平方。

性质 3：变量值对算术平均数的方差为最小值。

性质 4：几个同性质独立变量之和的方差等于各个变量方差之和。

性质 5：几个同性质独立变量平均数的方差等于各个变量方差平均数的 $1/n$。

任务五　Excel 在综合指标中的应用

实训教学目的

利用 Excel 软件可计算平均指标和标志变异指标，描绘数据的分布特征，如集中趋势、离中趋势等。通过对本任务实训内容的学习，学生可以初步掌握利用 Excel 软件计算平均指标和标志变异指标，提高实践能力。

实训教学内容

1. 利用 Excel 软件计算集中趋势指标。
2. 利用 Excel 软件计算离中趋势指标。

实训教学要求

学生先组成学习小组，一般 2—4 人一组。学生在上机操作前先熟悉 Excel 软件，将前面理论知识部分讲授的例题作为原始资料进行上机练习。

实训操作步骤

一、集中趋势指标的计算

描述集中趋势的统计指标有数值平均数和位置平均数。在 Excel 中，对于未分组资料，可以用统计函数计算；对于分组资料，可以根据公式计算。

（一）算术平均数

根据所掌握的资料不同，算术平均数的计算方法也不相同。

1. 根据未分组资料计算简单算术平均数

实训资料：某车间 5 名工人日产量（单位：件）资料为 80、90、100、110、120，求平均日产量。

具体操作步骤如下：

第一步：将 5 名工人日产量资料输入单元格 A1 到 A5 中。

第二步：利用 AVERAGE 函数计算平均值，可单击任一空单元格，输入“＝AVERAGE（A1：A5）”，得到平均日产量为 100 件。

也可利用函数对话框计算平均值，方法如下：

单击任一空单元格，单击【公式】选项卡下【函数库】组中的【插入函数】命令，在弹出的【插入函数】对话框中，在【或选择类别】下拉列表中选择【统计】选项，在【选择函数】列表框中选择【AVERAGE】函数后，单击【确定】按钮，进入【函数参数】对话框，在【Number1】框中输入数据所在区域“A1：A5”后，单击【确定】按钮，即可得到平均日产量为 100 件。

2. 根据分组资料计算加权算术平均数

实训资料：某车间 100 名工人按日产量分组资料如表 4-17 所示，求平均日产量。

表 4-17　某车间工人按日产量分组资料

按日产量分组/个	工人数 f/人
80—90	5
90—100	11
100—110	14
110—120	27
120—130	20
130—140	14
140—150	9

具体操作步骤如下：

第一步：输入资料。在 A 列中输入日产量分组，在 B 列中输入组中值（x），在 C 列中输入工人数（f），并计算出总人数。

第二步：计算总日产量。单击单元格 D2，输入“=B2 * C2”，然后利用填充柄功能计算出单元格 D3 到 D8 的数值，并求总和。

第三步：计算平均日产量。单击单元格 D10，输入“=D9/C9”，即可得到平均日产量为 117.4 个，如图 4-2 所示。

	A	B	C	D
1	按日产量分组/个	组中值 x/个	工人数 f/人	xf
2	80—90	85	5	425
3	90—100	95	11	1045
4	100—110	105	14	1470
5	110—120	115	27	3105
6	120—130	125	20	2500
7	130—140	135	14	1890
8	140—150	145	9	1305
9	合计	—	100	11740
10				117.4

图 4-2　根据分组资料计算加权算术平均数操作结果

3. 权数为相对数时计算加权算术平均数

实训资料：同表 4-17。

第一步：在 E 列中输入人数占比。在单元格 E2 中输入“=C2/$C$9 * 100”，然后利用填充柄功能计算出单元格 E3 到 E9 的数值。

第二步：在 F 列中输入 $x\dfrac{f}{\sum f}$。在单元格 F2 中输入“=B2 * E2/100”，然后利用填充柄功能计算出单元格 F3 到 F8 的数值，再利用求和公式计算出平均日产量为 117.4 个，如图 4-3 所示。

	A	B	C	D	E	F
1	按日产量分组/个	组中值 x/个	工人数 f/人	xf	人数比重/%	$x\frac{f}{\sum f}$
2	80—90	85	5	425	5	4.25
3	90—100	95	11	1045	11	10.45
4	100—110	105	14	1470	14	14.7
5	110—120	115	27	3105	27	31.05
6	120—130	125	20	2500	20	25
7	130—140	135	14	1890	14	18.9
8	140—150	145	9	1305	9	13.05
9	合计	—	100	11740	100	117.4
10				117.4		

图 4-3　权数为相对数时计算加权算术平均数操作结果

（二）调和平均数

1. 简单调和平均数

实训资料：某农贸市场菠菜价格资料如表 4-18 所示，求平均价格。

表 4-18　某农贸市场菠菜价格资料

时段	价格/（元/千克）
早	2.6
中	2.2
晚	2.0

具体操作步骤如下：

第一步：将早、中、晚菠菜价格资料输入单元格 A1 到 A3 中。

第二步：利用 HARMEAN 函数计算平均价格，可单击任一空单元格，输入“=HARMEAN（A1：A3）”，得到平均价格为 2.24 元/千克。

也可利用函数对话框计算平均值，方法如下：

单击任一空单元格，单击【公式】选项卡下【函数库】组中的【插入函数】命令，在弹出的【插入函数】对话框中，在【或选择类别】下拉列表中选择【统计】选项，在【选择函数】列表框中选择【HARMEAN】函数后，单击【确定】按钮，进入【函数参数】对话框，在【Number1】框中输入数据所在区域“A1：A3”后，单击【确定】按钮，即可得到平均价格为 2.24 元/千克。

2. 加权调和平均数

实训资料：某商品在 3 个市场上的销售价格和销售额资料如表 4-19 所示，求 3 个市场的平均价格。

表 4-19　某商品销售价格和销售额资料

市场	销售价格/（元/个）	销售额/元
甲	1.5	30 000
乙	1.8	45 000
丙	2.0	50 000
合计	—	125 000

具体操作步骤如下：

第一步：将原始资料输入 Excel 工作表中。

第二步：计算销售量。在单元格 D1 中输入“销售量/个”，在单元格 D2 中输入“=C2/B2”，然后利用填充柄功能计算出单元格 D3、D4 的数值，并利用求和公式计算出总销售量为 70 000 个。

第三步：单击任一空单元格，输入“=C5/D5”，得到 3 个市场的平均价格为 1.79 元/个，如图 4-4 所示。

	A	B	C	D
1	市场	销售价格/(元/个)	销售额/元	销售量/个
2	甲	1.5	30000	20000
3	乙	1.8	45000	25000
4	丙	2.0	50000	25000
5	合计	—	125000	70000
6				1.79

图 4-4　计算加权调和平均数操作结果

（三）几何平均数

在 Excel 中，可利用 GEOMEAN 函数计算几何平均数。

实训资料：某企业一笔投资的年利率按复利计算，8 年的年利率分别为：4%有 3 年，6%有 2 年，10%有 1 年，13%有 2 年。请计算平均年利率。

具体操作步骤如下：

单击任一空单元格，输入“=GEOMEAN（1.04，1.04，1.04，1.06，1.06，1.1，1.13，1.13）”，按【Enter】键后得到 1.074 4，则平均年利率为 7.44%，如图 4-5 所示。

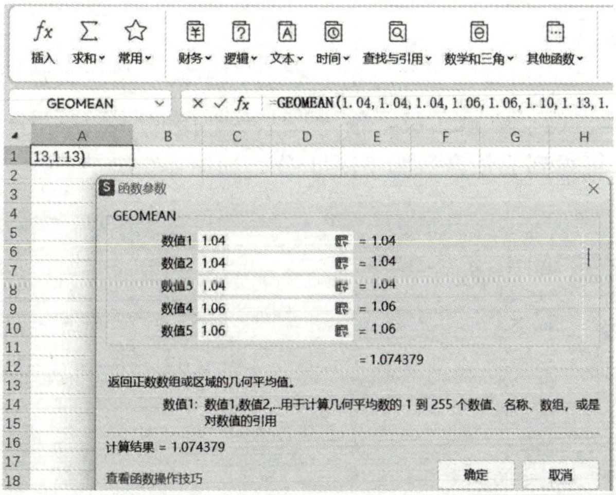

图 4-5　计算几何平均数操作过程

（四）众数

1. 根据未分组资料计算众数

可利用 MODE 函数求众数：先将原始资料输入工作表中，单击任一空单元格，单击【公式】选项卡下【函数库】组中的【插入函数】命令，在弹出的【插入函数】对话框中，在【或选择类别】下拉列表中选择【统计】选项，在【选择函数】列表框中选择【MODE】函数（若要返回数值，选择【MODE.SNGL】函数；若要返回数组，选择【MODE.MULT】函数）后，单击【确定】按钮，进入【函数参数】对话框，在【Number1】框中输入数据所在区域即可。

2. 根据分组资料计算众数

实训资料：某系学生考试成绩分布资料如表 4-20 所示，求成绩众数。

表 4-20　某系学生考试成绩分布资料（用 Excel 求成绩众数）

按成绩分组/分	学生数/人
30—40	4
40—50	7
50—60	9
60—70	20
70—80	35
80—90	16
90—100	9
合计	100

根据下限公式 $M_0 = L + \frac{\Delta_1}{\Delta_1 + \Delta_2} \cdot d$，计算众数。

具体操作步骤如下：

第一步：在 A 列中输入成绩分组，在 B 列中输入学生人数资料。

第二步：单击任一空单元格，输入“=70+(B6−B5)/((B6−B5)+(B6−B7))*10”，即可得到成绩众数为 74.41 分，如图 4-6 所示。

	A	B	C	D	E	F
1	按成绩分组/分	学生数/人				
2	30—40	4				
3	40—50	7				
4	50—60	9		$M_0 = L + \frac{\Delta_1}{\Delta_1 + \Delta_2} \cdot d$		
5	60—70	20				
6	70—80	35				
7	80—90	16				
8	90—100	9				
9	合计	100				
10		74.41				

图 4-6　计算众数操作结果

（五）中位数

利用原始资料计算中位数时，可先对原始数据进行排序，按照确定中位数位置的公式找到中位数所在的位置，然后计算出中位数的数值。如果是分组资料，可利用下限公式 $M_e = L + \frac{\frac{\sum f}{2} - S_{m-1}}{f_m} \cdot d$ 计算中位数。

实训资料：某系学生考试成绩分布资料如表 4-21 所示，求成绩中位数。

表 4-21　某系学生考试成绩分布资料（用 Excel 求成绩中位数）

按成绩分组/分	学生数/人	较小制累计/人	较大制累计/人
30—40	4	4	100
40—50	7	11	96
50—60	9	20	89
60—70	20	40	80
70—80	35	75	60
80—90	16	91	25
90—100	9	100	9
合计	100	—	—

具体操作步骤如下：

第一步：计算较小制累计次数。在单元格 C1 中输入“向上累计（较小制累计）”，在单元格 C2 中输入“=B2”，在单元格 C3 中输入“=C2+B3”，然后利用填充柄功能计算出单元格 C4 到 C8 的数值。

第二步：单击任一空单元格，输入“=70+（B9/2−C5)/B6 * 10”，可得到成绩中位数为 72.86 分，如图 4-7 所示。

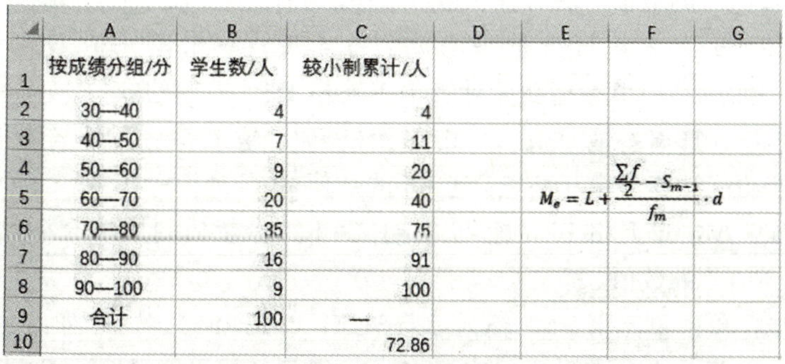

	A	B	C	D	E	F	G
1	按成绩分组/分	学生数/人	较小制累计/人				
2	30—40	4	4				
3	40—50	7	11				
4	50—60	9	20				
5	60—70	20	40		$M_e = L + \frac{\frac{\sum f}{2} - S_{m-1}}{f_m} \cdot d$		
6	70—80	35	75				
7	80—90	16	91				
8	90—100	9	100				
9	合计	100	—				
10			72.86				

图 4-7　计算中位数操作结果

二、离中趋势指标的计算

描述离中趋势的统计指标有极差、平均差和标准差等。

（一）极差

对数据进行排序后，最大变量值和最小变量值会自然显示出来，就很容易求得极差。如果没有对数据进行排序，可利用 MAX 函数和 MIN 函数求得最大变量值与最小变量值。

实训资料：某单位 7 名职工年龄（单位：岁）资料为 18、19、25、35、42、50、56，求年龄极差。

具体操作步骤如下：

将 7 名职工年龄资料输入单元格 A1 到 A7 中，先单击单元格 B1，输入“＝MAX（A1：A7）”，即可求得最大值，再单击单元格 B2，输入“＝MIN（A1：A7）”，即可求得最小值，最后单击单元格 B3，输入“＝B1－B2”，求得年龄极差为 38 岁。

（二）平均差

实训资料：某车间 100 名工人加工某种零件的日产量资料如表 4-22 所示，求日产量平均差。

表 4-22　某车间工人加工某种零件日产量资料

日产量 x/件	工人数 f/人
8	20
9	35
10	30
11	15
合计	100

具体操作步骤如下：

第一步：将原始数据输入 A 列和 B 列后，计算 C 列。

第二步：单击单元格 C2，输入“＝A2＊B2”，然后利用填充柄功能计算出单元格 C3 到 C5 的数值，并在单元格 C6 中求和；单击任一空单元格（如 A8），输入“＝C6/B6”，求得日产量平均数为 9.4 件；单击单元格 D2，输入“＝A2－9.4”，然后利用填充柄功能计算出单元格 D3 到 D5 的数值。

第三步：计算离差绝对值。单击单元格 E2，输入“＝ABS（D2）”，然后利用填充柄功能计算出单元格 E3 到 E5 的数值。

第四步：单击单元格 F2，输入“＝E2＊B2”，然后利用填充柄功能计算出单元格 F3 到 F5 的数值。

第五步：单击单元格 F6，输入“＝SUM（F2：F5）”，计算出合计数，然后单击任一空单元格，输入“＝F6/B6”，求得日产量平均差为 0.84 件。

（三）标准差

1. 简单标准差

直接利用 STDEV. P 函数计算简单标准差，先将原始资料输入工作表中，单击任一空单元格，单击【公式】选项卡下【函数库】组中的【插入函数】命令，在弹出的【插入函数】对话框中，在【或选择类别】下拉列表中选择【统计】选项，在【选择函数】列表框中选择【STDEV. P】函数后，单击【确定】

按钮，进入【函数参数】对话框，在【Number1】框中输入数据所在区域即可。

2. 加权标准差

实训资料：某系学生考试成绩分布资料如表 4-23 所示，求成绩标准差。

表 4-23　某系学生考试成绩分布资料（用 Excel 求成绩标准差）

按成绩分组/分	组中值 x/分	学生数 f/人
30—40	35	4
40—50	45	7
50—60	55	9
60—70	65	20
70—80	75	35
80—90	85	16
90—100	95	9
合计	—	100

具体操作步骤如下：

第一步：输入资料。在 A 列中输入成绩分组，在 B 列中输入组中值，在 C 列中输入学生人数。

第二步：计算算术平均数。单击单元格 D2，输入“＝B2 * C2”，然后利用填充柄功能计算出单元格 D3 到 D8 的数值，并在单元格 D9 中求和。再单击任一空单元格，输入“＝D9/C9”，求得算术平均数为 70.9 分。

第三步：计算离差和离差平方和。单击单元格 E2，输入“＝B2－70.9”，然后利用填充柄功能计算出单元格 E3 到 E8 的数值。再单击单元格 F2，输入“＝E2 * E2 * C2”，然后利用填充柄功能计算出各组离差平方和，并在单元格 F9 中求和。

第四步：单击任一空单元格，输入“＝SQRT(F9/C9）”，求得成绩标准差为 14.77 分，如图 4-8 所示。

SQRT 函数是求给定数值的平方根的函数。

	A	B	C	D	E	F
1	按成绩分组/分	组中值 x/分	学生数 f/人	xf	离差	离差平方和
2	30—40	35	4	140	-35.9	5155.24
3	40—50	45	7	315	-25.9	4695.67
4	50—60	55	9	495	-15.9	2275.29
5	60—70	65	20	1300	-5.9	696.2
6	70—80	75	35	2625	4.1	588.35
7	80—90	85	16	1360	14.1	3180.96
8	90—100	95	9	855	24.1	5227.29
9	合计	—	100	7090	—	21819
10				70.9		14.77
11						
12						
13						
14						
15						

$$\sigma=\sqrt{\frac{\sum(x-\bar{x})^2}{\sum f}}=\sqrt{\frac{21819}{100}}=\sqrt{218.19}\approx 14.77$$

图 4-8　计算加权标准差操作结果

同步测试

一、填空题

1. 根据指标所反映的总体内容不同，可将总量指标分为____________和____________。

2. 相对指标的表现形式有两种：____________和____________。

3. 国民收入中积累额与消费额的比例为1∶2.5，这是________相对指标。其中，积累率为29%，这是________相对指标。

4. 同类指标数值在不同空间做静态对比形成______________，而同一总体内不同部分数值做对比形成______________。

5. 权数对平均数的影响，取决于作为权数的________占总体单位数的比例大小。

6. 中位数是位于数列____________的那个标志值，众数则是在总体中出现次数____________的那个标志值，它们也称为位置平均数。

7. 调和平均数又称____________，它是作为算术平均数的一种变形来使用的。

8. 加权算术平均数不仅受________的影响，还受________的影响，而众数和中位数却不受________的影响。

9. ________与其算术平均数的________等于零。

10. 几何平均数是计算________和________最适宜的一种方法。

二、判断题

1. 在校生数和毕业生数这两个指标均是时点指标。（　　）

2. 劳动量指标通常用工日或工时表示，它实际上就是一个复合单位。（　　）

3. 若甲、乙、丙三家企业的产值计划完成程度分别为90%、100%、110%，则这三家企业的平均产值计划完成程度应该为100%。（　　）

4. 按规定，考试成绩通常以“分”表示，这是标准实物单位。（　　）

5. 某年年末生猪存栏头数为62万头，这一数字说明了生猪在年内发展的总规模。（　　）

6. 结构相对指标中的“结构”是指总体单位之间的关系。（　　）

7. 根据同一资料计算，若算术平均数大于众数，则次数分布曲线向右偏斜。（　　）

8. 假定每一个标志值都扩大一倍，则扩大后的算术平均数与原算术平均数相等。（　　）

9. 假定把所有标志值所对应的权数都缩小为原来的1/2，则缩小后的算术平均数也正好是原算术平均数的1/2。（　　）

10. 中位数是根据变量所处的中间位置来确定的，因此它不受变量数目多少和极端数值的影响。（　　）

三、单项选择题

1. 下列属于时点指标的是（　　）。

A. 利润总数　B. 流动资金额　C. 国民收入　D. 出生人口数

2. 将对比的基数抽象为10的相对指标的表现形式是（　　）。

A. 系数　B. 倍数　C. 成数　D. 百分数

3. 某企业按计划规定，本月单位产品成本应比上月降低6%，实际执行结果比上月降低8%，则该企业完成单位产品成本计划的（　　）。

A. 6%　B. 75%　C. 98.15%　D. 97.87%

4. 按全国人口平均的国民收入是（　　）。

A. 结构相对指标　B. 平均指标

C. 比较相对指标　D. 强度相对指标

5. 某企业2023年完成产值300万元，2024年计划增长10%，实际完成产值346.5万元，超额完成计划程度是（　　）。

A. 15.5%　B. 115.5%　C. 5%　D. 105%

6. 对于粮食作物播种面积与相应的粮食产量，（　　）。

A. 前者为时点指标，后者为时期指标

B. 两者都是时期指标

C. 前者为时期指标，后者为时点指标

D. 两者都是时点指标

7. 某企业有10家下属公司，现已知每家公司产值计划完成百分比和实际产值资料，计算该企业平均产值计划完成程度时所采用的权数是（　　）。

A. 公司数　B. 工人数　C. 实际产值　D. 计划产值

8. 权数对算术平均数的影响，取决于（　　）。

A. 权数的绝对数　B. 权数的相对数

C. 权数的标志值　D. 权数的平均数

9. 甲、乙两个数列的平均数分别为100和14.5，标准差分别为12.8和3.7，则（　　）。

A. 甲数列平均数的代表性大于乙数列

B. 乙数列平均数的代表性大于甲数列

C. 甲、乙两个数列平均数的代表性相同

D. 甲、乙两个数列平均数的代表性无法比较

10. 某商场在制订男士衬衫进货计划时，需要了解衬衫的平均尺寸，应计算（　　）。

A. 算数平均数　B. 众数　C. 中位数　D. 调和平均数

四、多项选择题

1. 某省普通高等学校教师数为39.3万人，这是一个（　　）。

   A. 综合指标　　B. 时期指标　　C. 质量指标

   D. 数量指标　　E. 总量指标

2. 计算相对指标时，分子与分母不能互换的有（　　）。

   A. 强度相对指标　　B. 动态相对指标　　C. 比较相对指标

   D. 结构相对指标　　E. 比例相对指标

3. 下列属于时期指标的有（　　）。

   A. 黄金储备量　　B. 出生人口数　　C. 基建投资额

   D. 商业网点数　　E. 土地面积

4. 下列属于强度相对指标的有（　　）。

   A. 全员劳动生产率　　B. 人口死亡率

   C. 人均粮食产量　　D. 产值利税率

   E. 生产工人劳动生产率

5. 下列使用了结构相对指标的有（　　）。

   A. 集体所有制企业职工占职工总数的比例为50%

   B. 某产品合格率为95%

   C. 全民所有制企业的总产值是集体所有制企业的1.5倍

   D. 某产品产量2月比1月增长17%

   E. 在全部工业企业中，全民所有制企业占30%

6. 今年的收入比去年增加一成，即增产（　　）。

   A. 百分之百　　B. 一倍　　C. 百分之十

   D. 0.1倍　　E. 十分之一

7. 下列与加权算术平均数大小有关的说法，正确的有（　　）。

   A. 受各组标志值大小的影响　　B. 受各组次数多少的影响

   C. 受各组标志值和次数的共同影响　　D. 与各组标志值大小无关

   E. 与各组次数多少无关

8. 在计算加权算术平均数时，对权数的选择应考虑的条件有（　　）。

   A. 权数必须是单位数比例

   B. 权数与标志值相乘具有经济意义

   C. 权数必须是总体单位数

   D. 权数必须表现为标志值的直接承担者

   E. 权数与标志值相乘能够构成标志总量

9. 如果将所有的标志值都减去10，那么（　　）。

   A. 其算术平均数不变　　B. 其算术平均数也减去10

   C. 其方差不变　　D. 其标准差不变

   E. 其标准差系数不变

10. 如果将所有的标志值都扩大 10 倍，那么（　　）。

A. 其算术平均数不变

B. 其算术平均数也扩大 10 倍

C. 其方差不变

D. 其标准差不变

E. 其标准差系数不变

五、计算题

1. 现有甲、乙两个生产小组，甲生产小组平均每个工人的日产量为 36 件，标准差为 9.6 件；乙生产小组工人日产量资料如表 4-24 所示。

表 4-24　乙生产小组工人日产量资料

按日产量分组/件	工人数/人
10—20	18
20—30	39
30—40	31
40—50	12

要求：计算乙生产小组平均每个工人的日产量，并分析甲、乙两个生产小组中哪个小组的平均日产量更有代表性。

2. 甲地区 2023—2024 年三产增加值资料如表 4-25 所示，乙地区 2024 年实现地区生产总值 1 500 亿元。

表 4-25　甲地区 2023—2024 年三产增加值资料　　单位：亿元

按产业分组	2023 年	2024 年
第一产业	100	120
第二产业	650	730
第三产业	450	470

要求：根据所给资料，计算结构相对指标、比例相对指标、比较相对指标、动态相对指标。

3. 某企业三个车间生产同种产品，2024 年实际产量、计划完成情况及产品优质率资料如表 4-26 所示。

表 4-26 某企业三个车间 2024 年实际产量、计划完成情况及产品优质率资料

车间	实际产量/万件	计划完成百分比/%	实际优质品率/%
甲	100	120	95
乙	150	110	96
丙	250	80	98
合计	500		

要求：计算该企业产品计划完成程度和实际优质品率。

六、简答题

1. 如何理解权数的意义？

2. 计算和运用相对指标时应遵循的原则有哪些？

3. 计算和运用平均指标时应遵循的原则有哪些？

4. 时期指标与时点指标有何区别？

5. 平均指标与强度相对指标有何异同？

6. 简述算术平均数、众数和中位数的关系。

七、实训题

某金属切削车间有100名工人，按日切削零件数分组资料如表4-27所示。

表4-27　某金属切削车间工人日切削零件资料

按日切削零件数分组/个	工人数/人
80—90	5
90—100	11
100—110	14
110—120	27
120—130	20
130—140	14
140—150	9

要求：根据所给资料，计算中位数和众数。

项目五 时间数列分析

学习目标

知识目标	1. 掌握时间数列的概念和种类； 2. 掌握平均发展水平和平均增长量的计算方法； 3. 掌握平均发展速度和平均增长速度的计算方法； 4. 掌握直线趋势方程中参数 a、b 的计算公式。
能力目标	1. 能正确区分时间数列； 2. 能根据所给资料熟练计算平均发展水平和平均发展速度； 3. 能利用最小二乘法测定线性趋势并进行预测； 4. 能利用 Excel 软件计算时间数列的各项指标。
素质目标	培养学生严谨的工作作风、精益求精的工作态度和数字工匠精神，使学生具备从事统计分析工作的基本素养。

任务一 时间数列概述

任务情境

我国 2016—2023 年国民经济主要指标如表 5-1 所示，请根据所给资料，概述我国国民经济运行情况。

表 5-1　我国 2016—2023 年国民经济主要指标①

年份	2016	2017	2018	2019	2020	2021	2022	2023
国民总收入/亿元	742 352	825 016	896 915	988 458	1 009 151	1 133 518	1 197 215	1 251 297
国内生产总值/亿元	744 127	827 122	900 309	990 865	1 015 986	1 143 670	1 210 207	1 260 582
人均国内生产总值/元	53 980	59 660	64 644	70 892	72 447	80 976	85 698	89 358

任务分析

宇宙间一切事物都处在不断发展变化之中，一切社会经济现象的规模、水平、结构和比例关系都随着时间的推移而不断变化。统计作为认识社会的有力武器，主要通过编制和分析时间数列来反映社会经济现象的发展变化，揭示社会经济现象发展变化的规律性。

任务实施

1. 请根据身边实际例子编制时间数列。
2. 请根据表 5-1 中各项指标的性质判断其属于何种数列。

相关知识

一、时间数列的概念

时间数列又称动态数列，是指同种指标的数值按其发生的时间先后顺序排列而成的统计数列。例如，将我国国内生产总值、人口总数、全员劳动生产率等指标数值按照时间先后顺序排列形成的数列，可以反映一定时期内我国经济发展水平变化程度、人口变动趋势和劳动生产率变化情况。

二、时间数列的构成要素

（1）时间：被研究现象所属时间，可以是某一时期，也可以是某一时点。

（2）指标数值（又称发展水平）：被研究现象在各个时间上的统计指标数值。

三、时间数列的作用

（1）可以描述某一社会经济现象发展状况、变化的过程和规律。

（2）可以计算一系列动态分析指标，考察社会经济现象发展变化的方向和速度。

（3）可以揭示社会经济现象发展变化的趋势和规律，并预测某些社会经济现象的发展前景。

① 本项目涉及的我国国民经济和人口相关数据均来自我国各年国民经济和社会发展统计公报，在此统一说明，不再一一列举数据来源。

四、时间数列的种类

根据编制时间数列所采用的统计指标形式不同，时间数列分为总量指标时间数列、相对指标时间数列、平均指标时间数列三种。其中，总量指标时间数列是基本数列，相对指标时间数列和平均指标时间数列是总量指标时间数列的派生数列。

（一）总量指标时间数列

总量指标时间数列又称绝对数时间数列，是指由一系列同类总量指标的数值按其发生的时间先后顺序排列而成的时间数列。它可以反映被研究现象在各个时期或时点所达到的总规模、总水平及其发展变化情况。由于总量指标有时期指标和时点指标之分，因此，根据反映现象的时间状况不同，总量指标时间数列又分为时期数列和时点数列。

1. 时期数列

时期数列是指由一系列同类时期指标的数值按其发生的时间先后顺序排列而成的时间数列。时期指标数值是现象在一定时间内（如一个月或一年）发展过程的绝对数总和，如表 5-1 中的国民总收入、国内生产总值指标数值。要理解时期数列，需要明确以下两个概念：

（1）时期：时期数列中各个指标数值所属的时间长度。

（2）时期间隔：相邻两个时期间的距离。

2. 时点数列

时点数列是指由一系列同类时点指标的数值按其发生的时间先后顺序排列而成的时间数列。时点指标数值是现象在某一瞬间（如月末或年末）所达到的水平，如表 5-2 中的年末人口数指标数值。要理解时点数列，需要明确以下两个概念：

（1）时点：时点数列中各个指标数值所属的时间。

（2）时点间隔：相邻两个时点间的距离。

表 5-2　我国 2016—2023 年年末人口数资料　　单位：万人

年份	2016	2017	2018	2019	2020	2021	2022	2023
年末人口数	138 271	139 008	139 538	140 005	141 178	141 260	141 175	140 967

3. 时期数列与时点数列的区别

（1）反映现象的性质不同。

时期数列反映时期现象在各个时期内发展的总量；时点数列反映时点现象在各个时点上的状态和水平。

（2）构成指标的性质不同。

时期数列由时期指标构成，因此各个指标数值可以相加，加总结果表明现象在更长时期内发展的总量；时点数列由时点指标构成，各个指标数值不能相加。

(3) 指标数值与时间的关系不同。

时期数列中各个指标数值的大小与其所属时期的长短直接相关，时期越长，指标数值越大，反之则越小；时点数列中各个指标数值的大小与其所属时点的间隔长短没有直接关系。

(4) 指标数值取得方式不同。

时期数列中各个指标数值一般是通过连续不断登记取得的；时点数列中各个指标数值通常是通过定期的一次性登记取得的。

(二) 相对指标时间数列

相对指标时间数列是指由一系列同类相对指标的数值按其发生的时间先后顺序排列而成的时间数列。它主要反映现象之间的数量对比关系或相互联系的发展变化情况，如表 5-1 中的人均国内生产总值时间数列。

相对指标时间数列是由两个总量指标时间数列对比得到的，而总量指标时间数列又分为时期数列和时点数列，因此，相对指标时间数列的形成主要有以下三种情况：

(1) 由两个时期数列对比得到，如产值计划完成程度。

(2) 由两个时点数列对比得到，如生产工人数占全部职工数的比例。

(3) 由一个时期数列与一个时点数列对比得到，如商品流转次数。

$$\text{商品流转次数}=\frac{\text{报告期商品销售额}}{\text{报告期平均商品储存额}}$$

相对指标时间数列中各个指标数值由于对比基数不同而不能直接相加。

(三) 平均指标时间数列

平均指标时间数列是指由一系列同类平均指标的数值按其发生的时间先后顺序排列而成的时间数列。它主要反映现象一般水平的发展变化过程及趋势，如平均工资、商品房平均销售价格组成的时间数列。由于平均指标有一般平均数和序时平均数之分，因此，平均指标时间数列也有一般平均数时间数列和序时平均数时间数列两种。平均指标时间数列的形成过程及注意事项同相对指标时间数列。

五、时间数列的编制原则

编制时间数列的目的是通过对数列中各个指标数值进行动态对比分析，研究社会经济现象的发展变化过程及其规律性。因此，保证数列中各个指标数值之间的可比性，就成为编制时间数列的基本原则。具体来说，编制时间数列时，应遵循以下原则。

(一) 时期长短要相等

时间数列是由一系列同类统计指标的数值按照时间的先后顺序排列起来的，在编制时间数列时，首先要注意各个指标数值所属的时间及其间隔是否具有可比性。

(1) 时期数列：由于各个指标数值的大小与其所属时期的长短直接相关，因此，数列中各个指标数值所属时期的长短要一致，如果不一致，有时很难直接做出判断和比较。另外，时期间隔一般也要相等，这样才能更清楚地看出现象的发展动态。但这一要求也不能绝对化，要视研究目的和掌握资料的情况而定，时期间隔长短也可不相等。

(2) 时点数列：由于各个指标数值是反映现象在某一时点上的状态，并且各个指标数值的大小与其所属时点的间隔长短没有直接关系，因此，它不存在时期长短要相等的问题，也不存在时点间隔必须相等的问题，即各个指标数值所属时点之间的间隔可以相等，也可以不相等，都具有可比性。

总之，无论是时期数列还是时点数列，如果相邻指标数值所属时间之间的间隔都相等，就能更清楚地看出现象的发展动态，有时不相等，也不影响指标数值的可比性。

(二) 总体范围要统一

每个指标数值所包括的总体范围应一致。

这里所讲的总体范围一般指行政区划、隶属关系、分组范围、产品范围等。如果总体范围发生了变动，就不能直接比较前后各指标数值了，必须对资料进行适当的调整。

(三) 经济内容要统一

时间数列中各个指标数值所反映的经济内容应一致。统计指标不是抽象的量，而是反映一定经济内容的，因此，在编制时间数列时，必须注意各个指标数值在经济内容上的同质性。一般来说，只有是同质的现象，才能对其进行动态对比，进而才能说明现象发展变化的过程及趋势。例如，全员劳动生产率和生产工人劳动生产率，前者属于强度相对指标，后者属于平均指标，这两个指标的计算口径和经济内容不同，若将两者混编在同一个时间数列中，可能得出错误的结论。

(四) 计算方法、计算价格、计量单位要统一

(1) 计算方法：即使指标名称、经济内容都一致，有时计算口径不一致也无法对比，如东西方国民收入。

(2) 计算价格：价格有不变价和现行价之分，不同年份价值指标的计算价格要具有可比性。

(3) 计量单位：在实物指标中，计量单位应一致。

六、时间数列分析指标

如前文所述，编制时间数列的目的主要是揭示事物发展的规律，为统计分析提供依据。对社会经济现象的发展水平和发展速度进行研究，必须借助于动态分析指标。由于各指标的表现形式和计算方法不同，动态分析指标主要有两类：一是比较指标，包括发展水平、发展速度、增减速度、增减量和增长1%的绝对值；二是平均指标，包括平均发展水平、平均增减量、平均发展速度、平均增减速度。另一种分类方法：一是水平指标，包括发展水平、平均发展水平、增减量、平均增减量；二是速度指标，包括发展速度、平均发展速度、增减速度、平均增减速度。

知识拓展

“三新”经济

经核算，2023年我国“三新”经济增加值为223 528亿元，比上年增长6.4%，比同期国内生产总值（GDP）现价增速高1.8个百分点；相当于GDP的比例为17.73%，比上年提高0.37个百分点。

分三次产业看，“三新”经济中，第一产业增加值为8 728亿元，比上年增长3.2%，占比为3.9%；第二产业增加值为93 491亿元，比上年增长0.7%，占比为41.8%；第三产业增加值为121 309亿元，比上年增长11.5%，占比为54.3%。

“三新”经济是一种有别于传统经济划分模式的表现形式，主要是指以新产业、新业态、新商业模式为核心内容的经济活动的集合。“三新”经济增加值是衡量一个国家或地区所有常住单位在一定时期内从事“三新”经济生产活动创造的增加值。

“三新”经济包括以下核心内容：

新产业：指应用新科技成果、新兴技术而形成一定规模的新型经济活动，包括高技术产业、现代服务业等。具体表现为新技术形成新产业、新产品形成新产业、新需求催生新产业等。

新业态：指顺应多元化、多样化、个性化的产品或服务需求，依托技术创新和应用，从现有产业和领域中衍生叠加出的新环节、新链条、新活动形态。

新商业模式：指为实现用户价值和企业持续盈利目标，对企业经营的各种内外要素进行整合和重组，形成高效并具有独特竞争力的商业运行模式。

“三新”经济涉及的具体行业主要包括：

（1）先进制造业：包括节能环保设备和产品制造、高效节能通用设备制造等。

（2）现代服务业：包括网络购物、在线教育、互联网诊疗、远程办公、数字娱乐等。

（3）数字经济：包括人工智能、创意经济、流量经济、共享经济、低碳经济、生物经济等。

（4）电子商务：通过网络进行的商品和服务交易活动。

（5）现代物流：利用现代信息技术和设备进行的物流管理。

（6）互联网金融：包括网络借贷、众筹、第三方支付等。

任务二　时间数列水平指标

任务情境

我国2016—2023年国内生产总值资料如表5-3所示，请描述我国国内生产总值变化情况及趋势。

表5-3　我国2016—2023年国内生产总值资料　　单位：亿元

年份	2016	2017	2018	2019	2020	2021	2022	2023
发展水平	a_0	a_1	a_2	a_3	a_4	a_5	a_6	a_7
国内生产总值	744 127	827 122	900 309	990 865	1 015 986	1 143 670	1 210 207	1 260 582

任务分析

从表5-3中的数据来看，我国国内生产总值每年均有增长，总体呈增长趋势，要详细说明我国国民经济发展情况、增长情况及平均增长情况，可通过计算增长量、平均增长量和平均发展水平等指标来反映。

任务实施

1. 计算逐期增长量、累积增长量和平均增长量。
2. 计算平均发展水平。

相关知识

一、发展水平

（一）发展水平的概念

发展水平是指时间数列中的每一个指标数值，反映被研究现象在一定时期或时点上所达到的规模或水平。它是计算其他动态分析指标的基础，通常用字母 a 表示。在时间数列中，发展水平是通过总量指标、相对指标、平均指标表现的。

（二）发展水平的种类

1. 按在时间数列中所处的位置分类

发展水平按在时间数列中所处的位置不同，可分为最初水平、最末水平和中间水平三种。

（1）最初水平：时间数列中第一项指标数值，用 a_0 表示。

（2）最末水平：时间数列中最后一项指标数值，用 a_n 表示。

（3）中间水平：时间数列中除第一项和最后一项指标数值以外的各项指标

数值，用a_1，a_2，a_3，…，a_{n-1}表示。

2. 按在动态分析中所处的地位分类

发展水平按在动态分析中所处的地位不同，可分为基期水平和报告期水平两种。

（1）基期水平：用作比较标准的那个时间状况下的发展水平。

（2）报告期水平：所要研究的那个时间状况下的发展水平。

上述两个概念不是固定不变的，而是随着研究目的不同和时间变更而相应变化的。

（三）发展水平的文字表达方式

统计上习惯用“增长到”“增长为”“降低到”“降低为”等字样来表示事物增长或降低到某种水平。

二、增减量

（一）增减量的概念

增减量是指时间数列中报告期水平与基期水平之差，用来说明现象在一定时期内增加或减少的绝对量。由于用作比较标准的基期不同，增减量分为逐期增减量和累积增减量两种。

（二）增减量分析

1. 逐期增减量

逐期增减量是指报告期水平与前一期水平之差，用来说明现象逐期增加或减少的绝对量。符号表示如下：

$$a_1-a_0,\ a_2-a_1,\ a_3-a_2,\ \cdots,\ a_n-a_{n-1}$$

2. 累积增减量

累积增减量是指报告期水平与某一固定基期水平（最初水平）之差，用来说明现象在某一时期内总的增减绝对量。符号表示如下：

$$a_1-a_0,\ a_2-a_0,\ a_3-a_0,\ \cdots,\ a_n-a_0$$

【例 5-1】 根据我国 2016—2023 年国内生产总值资料，计算逐期增长量和累积增长量，如表 5-4 所示。

表 5-4　我国 2016—2023 年国内生产总值增长量分析表　　单位：亿元

年份		2016	2017	2018	2019	2020	2021	2022	2023
发展水平		a_0	a_1	a_2	a_3	a_4	a_5	a_6	a_7
国内生产总值		744 127	827 122	900 309	990 865	1 015 986	1 143 670	1 210 207	1 260 582
增长量	逐期	—	82 995	73 187	90 556	25 121	127 684	66 537	50 375
	累积	—	82 995	156 182	246 738	271 859	399 543	466 080	516 455

（三）逐期增减量与累积增减量的关系

1. 累积增减量等于逐期增减量之和

$$a_n-a_0=(a_1-a_0)+(a_2-a_1)+(a_3-a_2)+\cdots+(a_n-a_{n-1})$$

516 455=82 995+73 187+90 556+25 121+127 684+66 537+50 375

2. 相邻两个累积增减量之差等于相应的逐期增减量

$$(a_n-a_0)-(a_{n-1}-a_0)=a_n-a_{n-1}$$

$$516\ 455-466\ 080=50\ 375$$

课堂活动 计算题：某地区粮食产量逐期增长量为2019年8.6万吨、2021年7.7万吨，2021年累积增长量为25.2万吨，2020年逐期增长量与累积增长量各为多少？

（四）年距增减量

年距增减量是指报告期水平与上年同期水平之差，用来反映本期发展水平较上年同期发展水平增减的绝对量。该指标可以消除季节变动的影响。

三、平均增减量

（一）平均增减量的概念

平均增减量是指各个逐期增减量的序时平均数，用来说明现象在较长时期内平均每期增减的绝对量。

（二）平均增减量的计算公式

$$\text{平均增减量}=\frac{\text{逐期增减量之和}}{\text{逐期增减量个数}}=\frac{\text{累积增减量}}{\text{时间数列项数}-1}$$

【例 5-2】 请根据【例 5-1】中的资料计算平均增长量。

【解析】 $\text{平均增长量}=\frac{\text{累积增长量}}{\text{时间数列项数}-1}=\frac{516\ 455}{8-1}\approx 73\ 779.29$(亿元)

四、平均发展水平

（一）平均发展水平的概念

平均发展水平又称序时平均数或动态平均数，是指时间数列中各个时期或时点上的发展水平的平均数，从动态上说明社会经济现象在某一段时间内发展的一般水平。平均发展水平是以时间为单位，以发展水平为标志值计算出来的一种平均数。

（二）序时平均数与一般平均数的联系和区别

1. 序时平均数与一般平均数的联系

序时平均数与一般平均数都是将所研究现象的数量差异抽象化，从而概括反映现象的一般水平。

2. 序时平均数与一般平均数的区别

（1）说明问题不同：序时平均数平均的是现象在不同时期或时点上的数量差异，从动态上反映现象在一段时间内发展的一般水平；一般平均数平均的是现象在同一时间上的数量差异，从静态上反映现象在具体时间条件下的一般水平。

（2）计算基础不同：序时平均数的计算依据的是时间数列；一般平均数的

计算依据的是变量数列。

（三）序时平均数的作用

（1）便于同一现象在不同时期或不同空间的比较。

（2）能消除现象在短时间内波动的影响，便于观察现象的发展态势。有些现象受季节因素、偶然因素影响较大，不易观察其变动规律，通过计算序时平均数，能消除现象在短时间内波动的影响，便于在不同时间上进行比较，从而观察现象固有的发展趋势。

（3）利用序时平均数能解决对比分析中存在的某些可比性问题。

（四）序时平均数的计算方法

由于发展水平的表现形式可以为绝对数、相对数、平均数，因此序时平均数的计算就要根据不同时间数列采用不同的计算方法，但最基本的是根据绝对数时间数列计算序时平均数。

1. 根据绝对数时间数列计算序时平均数

（1）由时期数列计算序时平均数。

因为时期数列中各个指标数值具有可加性，相加的结果表明现象在更长一段时间内发展的总量，所以可采用简单算术平均法计算平均发展水平。其计算公式为

$$\bar{a}=\frac{\sum a}{n}$$

【例 5-3】 请根据【例 5-1】中的资料计算平均国内生产总值。

【解析】 $\bar{a}=\dfrac{\sum a}{n}$

$$=\frac{744\ 127+827\ 122+900\ 309+990\ 865+1\ 015\ 986+1\ 143\ 670+1\ 210\ 207+1\ 260\ 582}{8}$$

$$=\frac{8\ 092\ 868}{8}=1\ 011\ 608.5\text{（亿元）}$$

（2）由时点数列计算序时平均数。

首先，时点数列是根据时点资料编制的，这样相邻两个时点间必然存在一定间隔，因此时点数列通常都是间断数列；其次，在实际统计工作中，一般是将时点的最小时间单位规定为一天，即以一天为一个时点，如果时点数列中资料是逐日记录、逐日排列的，可视为连续时点数列，反之则视为间断时点数列，这样时点数列就有连续与间断之分。

① 由连续时点数列计算序时平均数。

在编制时间数列时，首要原则是保证时期长短及其间隔一致，但对于时点数列来说，既可编制间隔相等的时点数列，也可编制间隔不等的时点数列。

a. 由间隔相等的连续时点数列计算序时平均数。

如果时点数列中资料是逐日记录、逐日排列的，那么数列中各个指标数值之间的时间间隔相等，可用各个时点指标数值的总和除以日数求得序时平均数。

其计算公式为

$$\bar{a}=\frac{\sum a}{n}$$

【例 5-4】 某班 4 月 1 日—10 日在校学生人数资料如表 5-5 所示，请计算该班 4 月上旬平均在校学生人数。

表 5-5 某班 4 月 1 日—10 日在校学生人数资料 单位：人

日期	1	2	3	4	5	6	7	8	9	10
在校学生人数	48	50	49	50	50	48	50	50	49	50

【解析】 $\bar{a}=\frac{\sum a}{n}=\frac{48+50+49+50+50+48+50+50+49+50}{10}$

$=\frac{494}{10}=49.4$(人)

用这种方法计算序时平均数，其结果是比较精确的，但在实际工作中往往不必要或不可能逐日记录现象每一时点水平，因此这种方法的实用性受到很大限制。

b. 由间隔不等的连续时点数列计算序时平均数。

如果数列中各个指标数值不是逐日变动的，而是每隔一段时间变动一次，那么相邻时点指标数值之间的时间间隔不等，可用每次变动持续的间隔长度作为权数对各时点指标数值进行加权平均求得序时平均数，即采用加权算术平均法。其计算公式为

$$\bar{a}=\frac{\sum af}{\sum f}$$

【例 5-5】 某企业 3 月职工人数资料如表 5-6 所示，请计算该企业 3 月平均职工人数。

表 5-6 某企业 3 月职工人数资料 单位：人

时间	1 日—15 日	16 日—20 日	21 日—31 日
职工人数	115	118	122

【解析】 本题中，该企业 3 月每一天职工人数资料都是已知的，但是人数变动间隔时间不等，因此应采用加权算术平均法计算平均职工人数。

$$\bar{a}=\frac{\sum af}{\sum f}=\frac{115\times15+118\times5+122\times11}{15+5+11}=\frac{3\ 657}{31}\approx118(\text{人})$$

② 由间断时点数列计算序时平均数。

从理论上讲，要精确计算时点数列序时平均数，必须掌握研究期内每一时点的资料，这就要统计每一时点的数据，但在实际工作中往往不必要或不可能

取得每一时点的资料。为了方便起见，通常是每隔一定时间登记一次，如固定在期初或期末，这样每次统计的时间间隔相等，或者仅当现象数量发生变动时进行统计，这样每次统计的时间间隔就有可能不相等。简言之，间断时点数列有间隔相等与间隔不等之分。

a. 由间隔相等的间断时点数列计算序时平均数。

判断方法：它是根据间隔相等的期初或期末时点资料编制的时点数列。

假定所研究现象在相邻两个时点之间的变动是均匀的，将相邻两个时点指标数值相加后除以 2，便可得到两个时点序时平均数，然后根据这样的平均数，采用简单算术平均法计算整个研究期内的序时平均数，即采用首尾折半法。首尾折半法是将动态数列首尾两项水平折半，再加上中间水平，然后除以时间数列项数减 1。其计算公式为

$$\bar{a}=\frac{\frac{a_1+a_2}{2}+\frac{a_2+a_3}{2}+\cdots+\frac{a_{n-1}+a_n}{2}}{n-1}$$

$$=\frac{\frac{a_1}{2}+a_2+a_3+\cdots+a_{n-1}+\frac{a_n}{2}}{n-1}$$

【例 5-6】 某企业 2024 年 6 月—9 月职工人数资料如表 5-7 所示，请计算该企业 2024 年第三季度平均职工人数。

表 5-7　某企业 2024 年 6 月—9 月职工人数资料　　单位：人

日期	6 月 1 日	7 月 1 日	8 月 1 日	9 月 1 日
职工人数	300	310	320	318

【解析】 先计算 7 月、8 月、9 月三个月的平均职工人数，再计算第三季度平均职工人数。

7 月平均职工人数$=\frac{300+310}{2}=305$（人）

8 月平均职工人数$=\frac{310+320}{2}=315$（人）

9 月平均职工人数$=\frac{320+318}{2}=319$（人）

第三季度平均职工人数$=\frac{305+315+319}{3}=313$（人）

首尾折半法的计算如下：

$$\bar{a}=\frac{\frac{a_1}{2}+a_2+a_3+\cdots+a_{n-1}+\frac{a_n}{2}}{n-1}=\frac{\frac{300}{2}+310+320+\frac{318}{2}}{4-1}=\frac{939}{3}=313(\text{人})$$

b. 由间隔不等的间断时点数列计算序时平均数。

判断方法：它是根据间隔不等的期初或期末时点资料编制的时点数列。

同样要假定间断的各时点之间指标数值是均匀变动的，由于各时点之间间隔不等，可用各个间隔长度作为权数，对相应的各时点水平进行加权，采用加权序时平均法计算序时平均数。其计算公式为

$$\bar{a}=\frac{\frac{a_1+a_2}{2}f_1+\frac{a_2+a_3}{2}f_2+\cdots+\frac{a_{n-1}+a_n}{2}f_{n-1}}{\sum f}$$

【例 5-7】 某企业 2024 年职工人数资料如表 5-8 所示，请计算该企业 2024 年平均职工人数。

表 5-8　某企业 2024 年职工人数资料　　单位：人

日期	1 月 1 日	3 月 1 日	8 月 1 日	10 月 1 日	12 月 31 日
职工人数	200	220	240	256	266

【解析】 $$\bar{a}=\frac{\frac{a_1+a_2}{2}f_1+\frac{a_2+a_3}{2}f_2+\cdots+\frac{a_{n-1}+a_n}{2}f_{n-1}}{\sum f}$$

$$\bar{a}=\frac{\frac{200+220}{2}\times 2+\frac{220+240}{2}\times 5+\frac{240+256}{2}\times 2+\frac{256+266}{2}\times 3}{2+5+2+3}$$

$$=\frac{2\ 849}{12}\approx 237(\text{人})$$

根据总量指标时间数列计算序时平均数时，时期数列可采用简单算术平均法，而时点数列有连续与间断之分，连续时点数列中，间隔相等的可采用简单算术平均法，间隔不等的可采用加权算术平均法；间断时点数列中，间隔相等的可采用首尾折半法，间隔不等的可采用加权序时平均法。

2. 根据相对数时间数列计算序时平均数

相对数时间数列是由两个具有密切联系的绝对数时间数列相应项对比得出的相对指标构成的。根据前面介绍的相对数时间数列形成过程，其序时平均数的基本计算方法如下：

第一步：计算构成相对数时间数列的分子数列和分母数列的序时平均数，分别用$\bar{a}$和$\bar{b}$表示。

第二步：将这两个序时平均数进行对比求得相对数时间数列的序时平均数，用$\bar{c}$表示。

相对数时间数列序时平均数的基本计算公式为

$$\bar{c}=\frac{\bar{a}}{\bar{b}}$$

(1) 当分子数列和分母数列均为时期数列时，可采用简单算术平均法计算序时平均数。

① 已知 a、b，求$\bar{c}$。

$$\bar{c}=\frac{\bar{a}}{\bar{b}}=\frac{\sum a}{\sum b}$$

② 已知 b、c，求 $\bar{c}$。

因为 $a=bc$，将其代入公式 $\bar{c}=\frac{\bar{a}}{\bar{b}}=\frac{\sum a}{\sum b}$，得到

$$\bar{c}=\frac{\bar{a}}{\bar{b}}=\frac{\sum bc}{\sum b}$$

③ 已知 a、c，求 $\bar{c}$。

因为 $b=\frac{a}{c}$，将其代入公式 $\bar{c}=\frac{\bar{a}}{\bar{b}}=\frac{\sum a}{\sum b}$，得到

$$\bar{c}=\frac{\bar{a}}{\bar{b}}=\frac{\sum a}{\sum \frac{a}{c}}$$

【例 5-8】 某公司 2020—2024 年销售额计划与实际完成情况如表 5-9 所示，请计算该公司 2020—2024 年销售额平均计划完成程度。

表 5-9　某公司 2020—2024 年销售额计划与实际完成情况

年份	2020	2021	2022	2023	2024
实际销售额/万元	350	320	380	400	500
计划销售额/万元	320	340	340	360	420
计划完成程度/%	109.38	94.12	111.76	111.11	119.05

【解析】 本题分子数列和分母数列中，销售额均为时期指标，应采用简单算术平均法计算平均发展水平。

$$\bar{c}=\frac{\sum a}{\sum b}=\frac{350+320+380+400+500}{320+340+340+360+420}\times 100\%=\frac{1\ 950}{1\ 780}\times 100\%\approx 109.55\%$$

课堂活动 某公司 2020—2024 年销售额计划完成情况如表 5-10 所示，请计算该公司 2020—2024 年销售额平均计划完成程度。

表 5-10　某公司 2020—2024 年销售额计划完成情况

年份	2020	2021	2022	2023	2024
计划销售额/万元	320	340	340	360	420
计划完成程度/%	109.38	94.12	111.76	111.11	119.05

（2）当分子数列和分母数列均为时点数列时，应视不同情况采用相应的计算方法。

如前文所述，时点数列计算序时平均数有连续与间断之分，而且每一种又有间隔相等和间隔不等两种情况，但其基本计算方法不变，可根据所给资料选择相应的计算公式。其中，常用的是根据间隔相等的间断时点数列对比形成的相对数时间数列计算序时平均数。其计算公式为

$$\bar{c}=\frac{\frac{a_1}{2}+a_2+a_3+\cdots+a_{n-1}+\frac{a_n}{2}}{\frac{b_1}{2}+b_2+b_3+\cdots+b_{n-1}+\frac{b_n}{2}}$$

【例 5-9】 某企业 2024 年第四季度职工人数资料如表 5-11 所示，请计算该企业 2024 年第四季度女职工占全部职工的平均比例。

表 5-11 某企业 2024 年第四季度职工人数资料

月份	9	10	11	12
月末女职工人数/人	80	100	120	150
月末职工总人数/人	200	250	280	300
月末女职工所占比例/%	40.00	40.00	42.86	50.00

【解析】 本题分子数列和分母数列均为间隔相等的间断时点数列，应采用首尾折半法计算平均发展水平。

$$\bar{c}=\frac{\frac{a_1}{2}+a_2+a_3+\cdots+a_{n-1}+\frac{a_n}{2}}{\frac{b_1}{2}+b_2+b_3+\cdots+b_{n-1}+\frac{b_n}{2}}=\frac{\frac{80}{2}+100+120+\frac{150}{2}}{\frac{200}{2}+250+280+\frac{300}{2}}\times 100\%\approx 42.95\%$$

（3）当分子数列和分母数列为性质不同的时期数列与时点数列时，计算序时平均数仍采用基本计算公式，但要注意所给资料中分子数列和分母数列的性质、类别，详细分析后加以确定。

【例 5-10】 某企业 2023 年第一季度商品流转资料如表 5-12 所示，请计算该企业 2023 年第一季度月平均流转次数和日平均流转次数。

表 5-12 某企业 2023 年第一季度商品流转资料

月份	1	2	3	4
商品销售额/万元	120	240	400	—
月初商品库存额/万元	40	80	80	120
商品流转次数/次	2	3	4	—

【解析】 本题分子数列中，商品销售额为时期指标，而分母数列中，商品库存额为时点总量指标，且是间隔相等的间断时点指标。

$$商品流转次数=\frac{报告期商品销售额}{报告期平均商品库存额}$$

$$\bar{c}=\frac{\bar{a}}{\bar{b}}=\frac{\frac{\sum a}{n}}{\frac{\frac{b_1}{2}+b_2+b_3+\cdots+b_{n-1}+\frac{b_n}{2}}{n-1}}=\frac{\frac{120+240+400}{3}}{\frac{\frac{40}{2}+80+80+\frac{120}{2}}{4-1}}$$

$$=\frac{253.33}{80}\approx 3.17$$

$$\bar{c}=\frac{\bar{a}}{\bar{b}}=\frac{\frac{\sum a}{n}}{\frac{\frac{b_1}{2}+b_2+b_3+\cdots+b_{n-1}+b_{n-1}+\frac{b_n}{2}}{n-1}}=\frac{\frac{120+240+400}{90}}{\frac{\frac{40}{2}+80+80+\frac{120}{2}}{4-1}}$$

$$=\frac{8.44}{80}\approx 0.11$$

3. 根据平均数时间数列计算序时平均数

(1) 由一般平均数组成的时间数列计算序时平均数。

它与相对数时间数列计算序时平均数的方法类似，计算公式可采用$\bar{c}=\frac{\bar{a}}{\bar{b}}$。

(2) 由序时平均数组成的时间数列计算序时平均数。

这种情况要根据数列中各指标数值所属时期的长短是否相等来确定，若时期长短相等，则可采用简单算术平均法，计算公式为$\bar{a}=\frac{\sum a}{n}$；若时期长短不等，则要采用加权算术平均法，计算公式为$\bar{a}=\frac{\sum af}{\sum f}$。

【例 5-11】 某企业 2024 年产量资料如表 5-13 所示，请计算该企业 2024 年平均每月产量。

表 5-13 某企业 2024 年产量资料 单位：吨

时间	1 月—4 月	5 月—7 月	8 月—12 月
平均每月产量	1 050	1 080	1 030

【解析】 $\bar{a}=\frac{\sum af}{\sum f}=\frac{1\ 050\times 4+1\ 080\times 3+1\ 030\times 5}{4+3+5}$

$=\frac{12\ 590}{12}\approx 1\ 049.17$(吨)

知识拓展

经济发展水平

经济发展水平是指一个国家经济发展的规模、速度和所达到的水准，也称经济发展量、经济动态数列水平。反映一个国家经济发展水平的常用指标有国内生产总值（GDP）、国民生产总值（GNP）、国民总收入（GNI）、人均国民收入、经济发展速度、经济增长速度。

（1）GDP/GNP 总值、人均值和变化率：衡量经济可持续发展的核心指标。根据联合国和经济学的资料，当人均 GDP/GNP 超过 3 000 美元/年时，经济发展趋向稳定上升，即可持续发展。

（2）科技在 GDP/GNP 中的贡献率：判断是否属于高投入、低产出的落后经济或生产发展方式的指标。科技在 GDP/GNP 中的贡献率越高，经济越可持续发展，它反映的是生产现代化水平。

任务三　时间数列速度指标

任务情境

1979 年中国代表团首次参加达沃斯论坛年会时，中国经济总量占世界经济总量的比例不到 2%，今天这一比例已接近 20%。2012 年至 2022 年的十年间，中国经济年均增长 6%以上，一直是世界经济增长的重要动力源。中国经济为充满不确定性的全球经济带来确定性和正能量，中国与世界共享中国式现代化带来的新机遇。2023 年，中国经济增速在全球主要经济体中保持领先，对全球经济增长的贡献率为 32%，远超第二位印度（15%）和第三位美国（11%）。国际货币基金组织总裁格奥尔基耶娃表示，中国经济每增长 1 个百分点，将使其他经济体生产水平平均提高 0.3 个百分点。

任务分析

中国经济运行表现如何？发展活力怎样？未来走势如何？通过对各领域核心经济数据，尤其是对全球经济增长贡献率的分析，可以把握中国经济的发展脉动。

任务实施

1. 根据给定资料，计算发展速度、增长速度和平均发展速度。

2. 根据2024年中国经济发展实际，分析并评价中国经济发展对世界经济发展的重要贡献。

相关知识

一、发展速度

（一）发展速度的概念

发展速度是指时间数列中报告期水平与基期水平之比，用来说明现象报告期水平发展到基期水平的几倍或百分之几。

（二）发展速度的计算公式

$$发展速度=\frac{报告期水平}{基期水平}\times100\%$$

（三）发展速度的种类

根据所采用的基期水平不同，发展速度可分为环比发展速度和定基发展速度两种。

1. 环比发展速度

环比发展速度是指报告期水平与前一期水平之比，用来说明现象逐期发展变化的相对程度。其计算公式为

$$环比发展速度=\frac{报告期水平}{前一期水平}\times100\%$$

其符号表示如下：

$$\frac{a_1}{a_0}, \frac{a_2}{a_1}, \frac{a_3}{a_2}, \cdots, \frac{a_n}{a_{n-1}}$$

2. 定基发展速度

定基发展速度又称总速度，是指各报告期水平与某一固定基期水平（通常为最初水平）之比，用来说明现象在一段较长时间内总的发展速度。其计算公式为

$$定基发展速度=\frac{报告期水平}{固定基期水平}\times100\%$$

其符号表示如下：

$$\frac{a_1}{a_0}, \frac{a_2}{a_0}, \frac{a_3}{a_0}, \cdots, \frac{a_n}{a_0}$$

3. 环比发展速度与定基发展速度的关系

（1）定基发展速度等于相应的各个环比发展速度的连乘积。

$$\frac{a_n}{a_0}=\frac{a_1}{a_0}\cdot\frac{a_2}{a_1}\cdot\frac{a_3}{a_2}\cdot\cdots\cdot\frac{a_n}{a_{n-1}}$$

（2）相邻两个定基发展速度之比等于相应的环比发展速度。

$$\frac{a_n}{a_0}\div\frac{a_{n-1}}{a_0}=\frac{a_n}{a_{n-1}}$$

【例 5-12】 根据我国 2016—2023 年国内生产总值资料，计算环比发展速度和定基发展速度，如表 5-14 所示。

表 5-14 我国 2016—2023 年国内生产总值发展速度分析表

年份		2016	2017	2018	2019	2020	2021	2022	2023
发展水平		a_0	a_1	a_2	a_3	a_4	a_5	a_6	a_7
国内生产总值/亿元		744 127	827 122	900 309	990 865	1 015 986	1 143 670	1 210 207	1 260 582
发展速度/%	环比	—	111.15	108.85	110.06	102.54	112.57	105.82	104.16
	定基	—	111.15	120.99	133.16	136.53	153.69	162.63	169.40

（四）年距发展速度

年距发展速度是指本期水平与上年同期水平之比。其计算公式为

$$年距发展速度=\frac{本期水平}{上年同期水平}\times100\%$$

二、增减速度

（一）增减速度的概念

增减速度是指时间数列中各期增减量与基期水平之比，用来反映现象各期增减变化的相对程度。

（二）增减速度的计算公式

$$\begin{aligned}增减速度&=\frac{增减量}{基期水平}\times100\%\\&=\frac{报告期水平-基期水平}{基期水平}\times100\%\\&=发展速度-1\end{aligned}$$

发展速度大于 1，表示增长速度（增长率）；发展速度小于 1，表示降低速度（降低率）。

（三）增减速度的种类

根据所采用的基期水平不同，增减速度可分为环比增减速度和定基增减速度两种。

1. 环比增减速度

环比增减速度是指各个逐期增减量与前一期水平之比，用来反映现象逐期增减变化的相对程度。其计算公式为

$$\begin{aligned}环比增减速度&=\frac{逐期增减量}{前一期水平}\times100\%=\frac{报告期水平-前一期水平}{前一期水平}\times100\%\\&=环比发展速度-1\end{aligned}$$

2. 定基增减速度

定基增减速度是指各期累积增减量与固定基期水平之比，用来反映现象在较长时期内总的增减速度。其计算公式为

$$定基增减速度=\frac{累积增减量}{固定基期水平}\times 100\%$$
$$=\frac{报告期水平-固定基期水平}{固定基期水平}\times 100\%$$
$$=定基发展速度-1$$

【例 5-13】 根据我国 2016—2021 年国内生产总值资料，计算环比增减速度和定基增减速度，如表 5-15 所示。

表 5-15　我国 2016—2021 年国内生产总值增减速度分析表

年份		2016	2017	2018	2019	2020	2021
发展水平		a_0	a_1	a_2	a_3	a_4	a_5
国内生产总值/亿元		744 127	827 122	900 309	990 865	1 015 986	1 143 670
发展速度/%	环比	—	111.15	108.85	110.06	102.54	112.57
	定基	—	111.15	120.99	133.16	136.53	153.69
增减速度/%	环比	—	11.50	8.85	10.06	2.54	12.57
	定基	—	11.50	20.99	33.16	36.53	53.69

环比增减速度与定基增减速度之间不存在直接的换算关系，如若换算必须利用发展速度指标。

（四）年距增减速度

年距增减速度是指年距增减量与上年同期水平之比。其计算公式为

$$年距增减速度=\frac{年距增减量}{上年同期水平}\times 100\%=年距发展速度-1$$

三、平均发展速度

（一）平均发展速度的概念

平均发展速度是指各期环比发展速度的序时平均数，用来说明现象在一个较长时期内逐期平均发展的程度。它是动态分析中的重要指标之一，在统计工作中应用十分广泛，特别是在编制国民经济发展计划方面起着重要作用。例如，在编制五年或十年计划时，除规定各年发展水平和发展速度以外，还要考虑平均每年的发展速度，如此才能编制完成五年或十年计划。

（二）平均发展速度的计算方法

1. 几何平均法（水平法）

凡是变量值连乘积等于总比率或总速度的现象均可采用几何平均法计算平均比率或平均速度，这是因为几何平均法的计算过程符合社会经济现象在一个较长时期内发展总速度的要求。

前文介绍了定基发展速度等于各期环比发展速度的连乘积，说明总速度不等于各期环比发展速度之和，因此不能采用算术平均法，而必须采用几何平均法。

（1）基本思路。

假定现象从最初水平出发，按照一定的平均发展速度逐期发展，到期末正好等于最末水平。这种方法的侧重点在于考察最后一年的发展水平，故称为水平法。

（2）计算公式。

根据基本思路，得到

第一年发展水平：$a_1=a_0\bar{x}$

第二年发展水平：$a_2=a_1\bar{x}=a_0\bar{x}^2$

第三年发展水平：$a_3=a_2\bar{x}=a_0\bar{x}^3$

第 n 年发展水平：$a_n=a_0\cdot\bar{x}\cdot\bar{x}\cdot\bar{x}\cdot\cdots\cdot\bar{x}=a_0\bar{x}^n$

根据 $a_n=a_0\bar{x}^n$，得到

$$\bar{x}^n=\frac{a_n}{a_0}$$

第一公式：$\bar{x}=\sqrt[n]{\frac{a_n}{a_0}}$

式中，$\frac{a_n}{a_0}$是最后一年的定基发展速度，也称总速度，如用 R 表示，又得到如下公式：

第二公式：$\bar{x}=\sqrt[n]{R}$

再根据定基发展速度与环比发展速度的关系$\frac{a_n}{a_0}=\frac{a_1}{a_0}\cdot\frac{a_2}{a_1}\cdot\frac{a_3}{a_2}\cdot\cdots\cdot\frac{a_n}{a_{n-1}}$，用 x_1，x_2，x_3，…，x_n 分别替代各期环比发展速度，则有

第三公式：$\bar{x}=\sqrt[n]{x_1\cdot x_2\cdot x_3\cdot\cdots\cdot x_n}=\sqrt[n]{\prod x}$

上述三个公式的计算结果是一致的，在实际应用中，可根据所掌握资料的不同灵活选用。

【例 5-14】 根据我国 2016—2021 年国内生产总值资料，计算国内生产总值的平均发展速度，如表 5-16 所示。

表 5-16　我国 2016—2021 年国内生产总值平均发展速度分析表

年份		2016	2017	2018	2019	2020	2021
发展水平		a_0	a_1	a_2	a_3	a_4	a_5
国内生产总值/亿元		744 127	827 122	900 309	990 865	1 015 986	1 143 670
发展速度/%	环比	—	111.15	108.85	110.06	102.54	112.57
	定基	—	111.15	120.99	133.16	136.53	153.69

【解析】 第一公式：$\bar{x}=\sqrt[n]{\frac{a_n}{a_0}}=\sqrt[5]{\frac{1\ 143\ 670}{744\ 127}}=\sqrt[5]{1.536\ 9}\approx108.98\%$

第二公式：$\bar{x}=\sqrt[n]{R}=\sqrt[5]{153.69\%}\approx108.98\%$

第三公式：$\bar{x}=\sqrt[n]{x_1\cdot x_2\cdot x_3\cdot\cdots\cdot x_n}=\sqrt[n]{\prod x}$

$$=\sqrt[5]{111.15\%\times108.85\%\times110.06\%\times102.54\%\times112.57\%}$$

$$\approx108.98\%$$

从上面的计算过程来看，无论采用哪个公式，都要开 n 次方根，计算很麻烦，在实际工作中，有以下三种解决办法：

第一，利用计算器计算。

第二，通过平均增长速度查对表水平法部分查值。

第三，采用取对数方法。

对第一公式 $\bar{x}=\sqrt[n]{\frac{a_n}{a_0}}$ 取对数，得到 $\lg\bar{x}=\frac{\lg(a_n-a_0)}{n}$。

对第二公式 $\bar{x}=\sqrt[n]{R}$ 取对数，得到 $\lg\bar{x}=\frac{\lg R}{n}$。

对第三公式 $\bar{x}=\sqrt[n]{x_1\cdot x_2\cdot x_3\cdot\cdots\cdot x_n}=\sqrt[n]{\prod x}$ 取对数，得到 $\lg\bar{x}=\frac{\sum\lg x}{n}$。

求出对数后，利用反对数表求出真数，即为平均发展速度。

利用水平法计算平均发展速度，可解决以下问题：

① 已知平均发展速度 $\bar{x}$ 和年数 n，可求出总速度 $R=\bar{x}^n$。

② 已知平均发展速度 $\bar{x}$ 和最初水平 a_0，可推算出以后各年的发展水平 $a_n=a_0\cdot\bar{x}\cdot\bar{x}\cdot\bar{x}\cdot\cdots\cdot\bar{x}=a_0\bar{x}^n$。

③ 已知平均发展速度 $\bar{x}$ 和最末水平 a_n，可推算出几年前的发展水平 $a_0=\frac{a_n}{\bar{x}^n}$。

④ 已知平均发展速度 $\bar{x}$ 和总速度 R，可求出年数 $n=\frac{\lg R}{\lg\bar{x}}$。

2. 方程法（累计法）

(1) 基本思路。

假定现象从最初水平出发，每期按照平均发展速度发展，各期的计算水平总和应与各期的实际水平总和相等。这种方法的侧重点在于考察全时期各年发展水平的累计总量，故称为累计法，如固定资产投资额、新增生产能力等。

(2) 计算公式。

根据平均发展速度 $\bar{x}$ 和最初水平 a_0，推算出以后各年的发展水平：

第一年发展水平：$a_1=a_0\bar{x}$

第二年发展水平：$a_2=a_1\bar{x}=a_0\bar{x}^2$

第三年发展水平：$a_3=a_2\bar{x}=a_0\bar{x}^3$

第 n 年发展水平：$a_n = a_0 \bar{x}^n$

各年发展水平的累计总量为

$$a_0 \bar{x} + a_0 \bar{x}^2 + a_0 \bar{x}^3 + \cdots + a_0 \bar{x}^n = \sum a$$

$$a_0(\bar{x} + \bar{x}^2 + \bar{x}^3 + \cdots + \bar{x}^n) = \sum a$$

$$\bar{x} + \bar{x}^2 + \bar{x}^3 + \cdots + \bar{x}^n = \frac{\sum a}{a_0}$$

解出这个方程的正根就是所求的平均发展速度，但解这个方程比较麻烦。为简便起见，在实际工作中，一般是通过平均增长速度查对表累计法部分查找平均发展速度。其计算步骤如下：

第一步：计算 $\frac{\sum a}{a_0}$。

第二步：计算 $\frac{\sum a}{a_0} \div n$。若计算结果大于 1，则应查增长速度表；若计算结果小于 1，则应查递减速度表。

第三步：在平均增减速度查对表中，查找最接近 $\frac{\sum a}{a_0}$ 的数值，找到它所对应的平均增减速度，然后加 1 得到平均发展速度。

3. 水平法与累计法的比较

由于水平法和累计法的理论依据不同，因此两者的计算方法、说明问题的侧重点也不同。

（1）计算方法不同。

水平法：采用几何平均法求解平均发展速度，它是通过最后一年的定基发展速度（总速度）来计算的。

累计法：采用高次方程式求解平均发展速度，它是通过各年定基发展速度的总和来计算的。

（2）说明问题的侧重点不同

水平法：侧重说明在一定的最末水平条件下应有的平均发展速度，目的在于考察最后一年的发展水平。这也说明平均发展速度只取决于时间数列中的最初水平和最末水平，中间各项水平的变化对平均发展速度没有任何影响。

累计法：侧重考察全时期各年发展水平的累计总量。

4. 计算与运用平均发展速度时应注意的问题

（1）各期发展速度的方向应基本一致。

环比发展速度基本上呈现上升趋势或下降趋势，如果各期发展速度变动太大，用这样的环比发展速度计算出的平均发展速度的代表性就差。

（2）总平均发展速度要与分段平均发展速度或突出的环比发展速度结合运用。

这就是平均指标应用原则中所提到的用组平均数补充总平均数的原理在时间数列中的应用，因为一个总平均发展速度指标只能概括反映在较长时期内现象发展的一般水平。为了深入表明现象发展变化的实际情况，除计算总平均发展速度以外，还有必要把这个时期分成若干阶段，并计算各阶段的平均发展速度，以弥补总平均发展速度的不足。

（3）速度指标与水平指标结合运用。

在相对数中提到过相对指标要与绝对指标结合运用的问题，而速度指标与水平指标结合运用在性质上与其类似。也就是说，研究平均发展速度应与各期发展水平、增减量相结合，以观察平均发展速度的绝对社会经济效益。

四、平均增长速度

（一）平均增长速度的概念

平均增长速度是指环比增长速度的序时平均数，不过它不是直接由环比增长速度计算出来的，而是通过平均发展速度间接计算的。

（二）平均增长速度的计算公式

$$平均增长速度=平均发展速度-1$$

平均发展速度大于1，结果为正值，表示平均递增率；平均发展速度小于1，结果为负值，表示平均递减率。

【例 5-15】 已知某企业利润总额2019年相比于2015年的发展速度为130%，2020年相比于2019年的发展速度为110%，如表5-17所示，请计算该企业2015—2020年利润总额的年平均发展速度；若要求2025年比2015年利润总额翻一番，则该企业2020—2025年利润总额的年平均增长速度应为多少？

表 5-17　某企业利润总额发展速度资料　　单位：%

年份	2015	2019	2020
发展速度	—	130	110

【解析】　（1）$\bar{x}=\sqrt[n]{\prod x}=\sqrt[5]{1.3\times1.1}\approx107.42\%$

（2）设2020—2025年的总速度为R_1，则有

$R=2=1.3\times1.1\times R_1$

$R_1=\dfrac{2}{1.3\times1.1}=\dfrac{2}{1.43}\approx1.398\ 6$

$\bar{x}_1=\sqrt[5]{\prod x}=\sqrt[5]{1.398\ 6}\approx106.94\%$

平均增长速度 $=106.94\%-100\%=6.94\%$

五、增长1%的绝对值

前文介绍的发展速度和增长速度都是用相对数表示的，而相对数本身具有抽象化作用，即相对数把现象发展水平在绝对数方面的差异给掩盖了；同时，现象还存在着高速度掩盖低水平、低速度隐藏高水平的问题。因此，分析现象的动态变化时，不仅要看现象的发展速度，还要看现象的发展水平，即计算增

长 1%的绝对值指标。

（一）增长 1%的绝对值的概念

增长 1%的绝对值是指在报告期水平与基期水平对比中，报告期水平比基期水平每增长 1%所包含的绝对量。该指标是用逐期增长量与环比增长速度对比求得的。

（二）增长 1%的绝对值的计算公式

$$\text{增长 1\%的绝对值}=\frac{\text{逐期增长量}}{\text{环比增长速度}\times 100}=\frac{\text{前一期水平}}{100}$$

$$\text{增长 1\%的绝对值}=\frac{a_n-a_{n-1}}{\dfrac{a_n-a_{n-1}}{a_{n-1}}\times 100}=\frac{a_{n-1}}{100}$$

增长 1%的绝对值等于前一期水平除以 100，即只要在前一期水平的基础上将小数点向前移两位，就是报告期增长 1%的绝对值。

课堂活动 1. 单选题：某省城镇固定资产投资 2023 年为 57 925 亿元，2024 年为 60 827 亿元，则 2024 年该省城镇固定资产投资增长 1%的绝对值是（　　）亿元。

A. 579.25　　B. 608.27　　C. 57 925　　D. 60 827

2. 多选题：增长 1%的绝对值（　　）。

A. 等于前一期水平除以 100

B. 等于逐期增长量除以环比增长速度

C. 等于逐期增长量除以环比发展速度

D. 表示增加一个百分点所增加的绝对量

E. 表示增加一个百分点所增加的相对量

知识拓展

高质量发展

党的二十届三中全会提出，高质量发展是全面建设社会主义现代化国家的首要任务。必须以新发展理念引领改革，立足新发展阶段，深化供给侧结构性改革，完善推动高质量发展激励约束机制，塑造发展新动能新优势。

创新：高质量发展强调创新是第一动力，要求通过技术创新、管理创新等方式提升生产力和效率。

协调：高质量发展要求区域、城乡、经济社会等各方面的协调发展，缩小城乡和区域差距。

绿色：高质量发展强调绿色发展，推动经济向低碳、环保、可持续的方向转型。

开放：高质量发展要求进一步扩大开放，提升国际竞争力，促进国内外市场的融合。

共享：高质量发展强调发展成果的共享，确保全体人民共享发展成果，促进社会公平正义。

任务四　时间数列的构成分析

任务情境

任何现象的发展变化，总是受到多种因素的影响，如工农业生产，要受天气、季节、政策、技术、人们的消费心理及风俗习惯等因素的影响，因此，时间数列中各项发展水平的变化是多种因素共同作用的结果。各种因素性质不同，其作用大小也不同，有的对现象起着普遍的、长期的决定性作用，有的对现象只起局部的、临时的非决定性作用。为了观察和分析时间数列发展变化的规律，要对各种因素进行分类，分别测定各因素对现象发展变化的影响。

任务分析

现象变动的影响因素分为四类：长期趋势、季节变动、循环变动、不规则变动。在分析时间数列时，通常会使用统计模型来识别并量化这些因素的影响，以便更好地理解和预测未来的发展趋势。常用的模型有加法模型和乘法模型两种。

任务实施

1. 采用时距扩大法、移动平均法测定长期趋势。
2. 采用数学模型法测定长期趋势。

相关知识

一、时间数列变动的影响因素及分解模型

（一）时间数列变动的影响因素

1. 长期趋势（T）

长期趋势是指现象在一段相当长的时间内持续发展变化的总趋势，即随着时间的推移，现象呈现出持续上升、持续下降、基本持平的变动态势。长期趋势是时间数列最基本的规律变动。例如，随着科技的进步，劳动生产率呈现的逐步提高趋势、国民经济呈现的不断向上发展趋势、产品成本呈现的不断下降趋势等都是长期趋势。

2. 季节变动（S）

季节变动是指现象因受自然条件或社会因素的影响，在一年或更短的时间内，随着季节变化而发生的周期性变动。例如，工农业生产的季节性，如农产品的生产、销售和储存通常有淡季与旺季之分，以一年为一个周期；服装、食品消费的季节性，如超市的营业额和顾客人数的变动常常以七天为一个周期，每个周末是高峰期；节假日旅游消费（“五一”“十一”假日消费）的季节性；等等。

注意

季节变动的周期都在一年之内，最长为一年。

3. 循环变动（C）

循环变动是一种周期较长的、近乎规律性的由高到低、再由低到高周而复始的变动。例如，经济周期分为繁荣、衰退、萧条、复苏四个阶段，果树产量有大年与小年之分，太阳黑子活动周期为 11 年，等等。

循环变动是涨落相间的重复式变动，而不是朝着同一方向的持续变动，这一点不同于长期趋势。同时，循环变动也不同于季节变动，季节变动的周期在一年之内，且周期长度相等、波动规则；循环变动的周期较长，通常在一年以上，且周期长短不等，波动程度也不相同。

4. 不规则变动（I）

不规则变动是指除上述各种变动以外，现象因临时的、偶然的因素而发生的随机变动，且无规律可循。例如，战争、水灾、地震等各种灾害引起现象增减变化。不规则变动是无法直接计算的，在实践中现象的发展水平扣除前三个因素后即为不规则变动的影响。

（二）时间数列变动的分解模型

1. 加法模型

当四种因素是相互独立的关系时，时间数列的总变动（Y）是各种因素相加的总和，即 $Y=T+S+C+I$。

2. 乘法模型

当四种因素是相互影响或交叉作用的关系时，时间数列的总变动（Y）是各种因素的乘积，即 $Y=T\cdot S\cdot C\cdot I$。

二、长期趋势的测定方法

测定长期趋势就是对时间数列的变动情况和特点进行理论分析，并采用相应的分析方法对时间数列进行修匀，消除季节变动、循环变动和不规则变动的影响，从而揭示现象发展变化的基本趋势。长期趋势有线性趋势与非线性趋势之分，因此，测定长期趋势的方法很多，主要有时距扩大法、移动平均法和数学模型法等。

（一）时距扩大法

1. 时距扩大法的含义

时距扩大法就是把原时间数列中间隔较短的各个时期或时点的数值加以合并归总，得到间隔较长的各个数值，形成一个新的时间数列，以消除由于时距较短受偶然因素影响所引起的波动，从而呈现出现象发展变化的长期趋势。

2. 时距扩大法的具体方法

（1）时距扩大总数：适用于时期数列，因为时期指标具有可加性，所以可直接将各期数值合并归总。

（2）时距扩大平均数：计算较长时期的序时平均数，既适用于时期数列，也适用于时点数列。

【例 5-16】 某企业 2013—2024 年销售情况如表 5-18 所示，请采用时距扩大法测定该企业 2013—2024 年销售的长期趋势。

表 5-18　某企业 2013—2024 年销售情况（时距扩大法）　　单位：万件

年份	销售量	时期	时距扩大总数	时距扩大平均数
			销售量	平均销售量
2013	54	2013—2015 年	156	52.00
2014	50			
2015	52			
2016	67	2016—2018 年	219	73.00
2017	82			
2018	70			
2019	89	2019—2021 年	261	87.00
2020	88			
2021	84			
2022	98	2022—2024 年	295	98.33
2023	91			
2024	106			

对每三年的销售量进行合并或平均，得到新的销售量时间数列，可清楚地看出销售量不断增长的长期趋势。

（二）移动平均法

1. 移动平均法的含义

移动平均法也是时间数列修匀的一种方法，它是将原时间数列时距扩大，采用逐期推移简单算术平均的方法，计算出扩大时距后的各个数值的序时平均数，这一系列递移的序时平均数就形成一个新的时间数列。

通过移动平均，现象受短期的不规则变动的影响将被消除，如果扩大的时距能与现象周期波动的时距相一致或为其倍数，就能进一步削弱季节变动和循环变动的影响，从而更好地反映现象发展变化的基本趋势。

2. 移动平均法的具体方法

采用移动平均法时，首先要确定移动平均的项数，一般要根据研究目的及现象的特点确定，常用的有三项移动平均和四项移动平均两种。

（1）三项移动平均：数值正好对准中间一项。

（2）四项移动平均：第一次移动平均在中间两项中点，因此还需对第一次移动平均后的数列再做一次两项的移动平均。

【例 5-17】 某企业 2013—2024 年销售情况如表 5-19 所示，请采用移动平均法测定该企业 2013—2024 年销售的长期趋势。

表 5-19 某企业 2013—2024 年销售情况（移动平均法） 单位：万件

年份	销售量	三项移动平均	四项移动平均（第一次平均）	四项移动平均（第二次平均）
		平均销售量	平均销售量	平均销售量
2013	54	—		—
2014	50	52.00	55.75	—
2015	52	56.33	62.75	59.25
2016	67	67.00	67.75	65.25
2017	82	73.00	77.00	72.38
2018	70	80.33	82.25	79.63
2019	89	82.33	82.75	82.50
2020	88	87.00	89.75	86.25
2021	84	90.00	90.25	90.00
2022	98	91.00	94.75	92.50
2023	91	98.33		—
2024	106	—		—

该企业 2013—2024 年销售额三项和四项移动平均如图 5-1 所示。

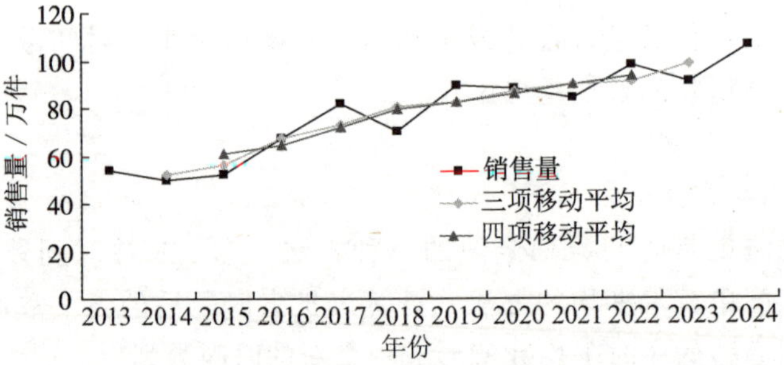

图 5-1 某企业 2013—2024 年销售额移动平均图

对时间数列的三项或四项进行平均，通过平均消除或削弱时间数列中的不规则变动，从而呈现长期发展变化趋势。

3. 应用移动平均法时应注意的问题

（1）要根据研究对象的特点确定移动平均的项数 n（移动平均的时间长度）。

① 若现象的变动具有周期性或存在自然周期，应将周期长度及其倍数或周期数作为移动平均的项数。例如，季度资料以一年内四个季度为一个周期，宜采用四项移动平均；月度资料则要用 12 个月进行移动平均，可消除周期变动的影响。

② 若原时间数列中无明显的周期变动，则采用奇数项移动平均。因为当 n 为奇数时，各项移动平均值能与各期原值对正，一次移动平均即可得到趋势值；当 n 为偶数时，需要两次移动平均才能得到趋势值。

（2）移动平均项数的多少与修匀效果的好坏有直接关系。

移动平均法的主要作用在于修匀时间数列，其修匀效果的好坏取决于移动平均项数的多少。一般来说，n 越大，修匀效果越好，其趋势线越平滑；n 越小，修匀效果越差，其趋势线起伏越大。但也应看到，n 越大，得到的趋势值越少，损失的信息量增多，也不利于对长期趋势的分析。因为按奇数项移动平均，首尾各少$\frac{n-1}{2}$项；按偶数项移动平均，首尾各少$\frac{n}{2}$项。

（3）移动平均法适用于直线型数列的修匀，不适用于曲线型数列的修匀。

（三）数学模型法

我们还可以通过建立一定的数学模型，对时间数列拟合恰当的趋势线来描述现象发展变化的基本趋势。数学模型就是根据现象的内在、外在因素变量及其相互关系，进行抽象和假设，构造一个或一组反映现象数量关系的数学方程式。采用数学模型法时，应遵循的基本步骤为：第一，选择合适的趋势方程；第二，估计方程中的参数；第三，求出趋势值并外推预测。

1. 判断线性趋势

判断一种现象发展变化的长期趋势是线性趋势还是非线性趋势，对于建立数学模型并进行预测非常重要，具体判断方法有以下两种：

（1）计算逐期增减量（一次差）：若时间数列的逐期增减量大致相同，则时间数列发展的长期趋势接近直线型。

（2）绘制散点图：以时间为横坐标，以数列中各期发展水平为纵坐标，在平面直角坐标系中画出代表数列实际发展水平的所有点，若这些点大致密集在一条直线周围上下波动，则可判断该现象呈线性趋势。

2. 建立直线趋势方程

$$y_c = a + bt$$

其中，a 为直线在 y 轴上的截距，表示 $t=0$ 时 y_c 的初始值；b 为直线的斜率，表示当 t 每变化一个时间单位时 y_c 的平均增减数量。

直线趋势方程的意义是：趋势值 y_c 在 a 值的基础上，逐期等量增减一个单位的 b 值。

课堂活动 单选题：某企业产量趋势方程为 $y_c=300+20t$，这意味着该企业产量每年平均增长（　　）。

A. 20%　　B. 20　　C. 300　　D. 320

3. 估计直线趋势方程中的参数

最小二乘法是估计直线趋势方程中的参数较理想的一种拟合方法。

（1）最小二乘法的数学依据。

第一，实际值与趋势值离差平方之和为最小值。

$$\sum(y-y_c)^2=\text{最小值}$$

第二，实际值与趋势值离差之和等于零。

$$\sum(y-y_c)=0$$

（2）标准方程组。

根据各坐标点可以绘制多条直线，究竟哪一条直线最优？要求各个实际值与其对应的趋势值离差平方之和为最小值。因为有的趋势值小于实际值，有的趋势值大于实际值，所以两者的离差有正有负，根据算术平均数的数学性质，即 $\sum(y-y_c)^2=$最小值，可得到标准方程组为

$$\begin{cases}\sum y=na+b\sum t\\ \sum ty=a\sum t+b\sum t^2\end{cases}$$

b、a 的计算公式为

$$\begin{cases}b=\dfrac{n\sum ty-\sum t\sum y}{n\sum t^2-\left(\sum t\right)^2}\\ a=\bar{y}-b\bar{t}\end{cases}$$

【例 5-18】 某企业 2018—2024 年产品销售额资料如表 5-20 所示，请利用最小二乘法拟合直线趋势方程，并预测该企业 2026 年的产品销售额。

表 5-20　某企业 2018—2024 年产品销售额资料（标准计算）

年份	年序号 t	产品销售额 y/万元	逐期增减量/万元	t^2	ty
2018	1	12.4	—	1	12.4
2019	2	13.8	1.4	4	27.6
2020	3	15.7	1.9	9	47.1
2021	4	17.6	1.9	16	70.4

续表

年份	年序号 t	产品销售额 y/万元	逐期增减量/万元	t^2	ty
2022	5	19.0	1.4	25	95.0
2023	6	20.8	1.8	36	124.8
2024	7	22.7	1.9	49	158.9
合计	28	122.0	—	140	536.2

【解析】 计算逐期增减量，因为逐期增长量大致相等，所以产品销售额的发展趋势呈线性趋势。

$$b=\frac{n\sum ty-\sum t\sum y}{n\sum t^2-(\sum t)^2}=\frac{7\times 536.2-28\times 122}{7\times 140-28^2}=\frac{3\ 753.4-3\ 416}{980-784}$$

$$=\frac{337.4}{196}\approx 1.72$$

$$a=\bar{y}-b\ \bar{t}=\frac{122}{7}-1.72\times\frac{28}{7}\approx 17.43-6.88=10.55$$

$$y_c=a+bt=10.55+1.72t$$

2026 年产品销售额＝10.55＋1.72×9＝26.03（万元）

（3）最小二乘法的简捷计算。

根据标准方程组计算 a、b 比较复杂，为了简化 a、b 的计算，依据坐标平移的思想，采用时间数列的中点作为原点，可使 $\sum t=0$，具体分为以下两种情况：

第一，时间数列项数为奇数时，令中间一年为原点，原点以前各年时间序号依次记作 −1，−2，−3，…；原点以后各年时间序号依次记作 1，2，3，…。

第二，时间数列项数为偶数时，令中间两年中点为原点，原点以前各年时间序号依次记作 −1，−3，−5，…；原点以后各年时间序号依次记作 1，3，5，…。

这样前后两部分时间序号值可以相互抵消，使 $\sum t=0$，标准方程组可简化为

$$\begin{cases}\sum y=na\\ \sum ty=b\sum t^2\end{cases}$$

b、a 的计算公式为

$$\begin{cases}b=\dfrac{\sum ty}{\sum t^2}\\ a=\bar{y}\end{cases}$$

【例 5-19】 某企业 2018—2024 年产品销售额资料如表 5-21 所示，请利用

最小二乘法拟合直线趋势方程，并预测该企业 2026 年的产品销售额。

表 5-21　某企业 2018—2024 年产品销售额（简捷计算）

年份	年序号 t	产品销售额 y/万元	逐期增减量/万元	t^2	ty
2018	−3	12.4	—	9	−37.2
2019	−2	13.8	1.4	4	−27.6
2020	−1	15.7	1.9	1	−15.7
2021	0	17.6	1.9	0	0.0
2022	1	19.0	1.4	1	19.0
2023	2	20.8	1.8	4	41.6
2024	3	22.7	1.9	9	68.1
合计	0	122.0	—	28	48.2

【解析】 计算逐期增减量，因为逐期增长量大致相等，所以产品销售额的发展趋势呈线性趋势。

$$a=\bar{y}=\frac{122}{7}\approx 17.43$$

$$b=\frac{\sum ty}{\sum t^2}=\frac{48.2}{28}\approx 1.72$$

$$y_c=a+bt=17.43+1.72t$$

2026 年产品销售额$=17.43+1.72\times 5=26.03$（万元）

课堂活动 某地历年粮食产量资料如表 5-22 所示，请利用最小二乘法拟合直线趋势方程，并预测该地 2025 年的粮食产量。

表 5-22　某地历年粮食产量资料　　单位：万吨

年份	2018	2019	2020	2021	2022	2023	2024
产量	241	246	252	257	262	276	281

知识拓展

非线性趋势的测定

一、抛物线趋势（二次曲线）

（一）判断方法

当时间数列中各期发展水平的二级增长量大致相同时，其发展趋势近似一条抛物线。

（二）抛物线方程

$$y_c=a+bt+ct^2$$

这种时间数列的特点是：每期都有增减变化，但这种变化既不是按相同的增减量，也不是按相同的增减速度，而是表现在增减量的变化上，即它的增减量每期大体上按相同的增减量变化，如表 5-23 所示。

表 5-23　时间数列二级增长量计算表

年序号	发展水平	一级增长量	二级增长量
1	$a+b+c$	—	—
2	$a+2b+4c$	$b+3c$	—
3	$a+3b+9c$	$b+5c$	$2c$
4	$a+4b+16c$	$b+7c$	$2c$
5	$a+5b+25c$	$b+9c$	$2c$

（三）参数求解方法——最小二乘法

由于方程中有三个参数，根据最小二乘法的要求，可推导出以下标准方程组：

$$\begin{cases}\sum y=na+b\sum t+c\sum t^2\\ \sum ty=a\sum t+b\sum t^2+c\sum t^3\\ \sum t^2y=a\sum t^2+b\sum t^3+c\sum t^4\end{cases}$$

解这个方程组比较麻烦，在实际计算中，可以采用简捷计算，将原点设在时间数列的中间一项，使 $\sum t=0$，$\sum t^3=0$。

（四）简化方程组

$$\begin{cases}\sum y=na+c\sum t^2\\ \sum ty=b\sum t^2\\ \sum t^2y=a\sum t^2+c\sum t^4\end{cases}$$

b、c、a 的计算公式为

$$\begin{cases}b=\dfrac{\sum ty}{\sum t^2}\\ c=\dfrac{n\sum t^2y-\sum t^2\sum y}{n\sum t^4-(\sum t^2)^2}\\ a=\dfrac{\sum y-c\sum t^2}{n}\end{cases}$$

【例 5-20】 某企业商品销售额资料如表 5-24 所示，根据所给资料拟合相应方程。

表 5-24　某企业商品销售额资料

年份	年序号 t	销售额 y/万元	一次差/万元	二次差/万元	ty	t^2	t^2y	t^4
2019	−5	420	—	—	−2 100	25	10 500	625
2020	−3	460	40	—	−1 380	9	4 140	81
2021	−1	520	60	20	−520	1	520	1
2022	1	601	81	21	601	1	601	1
2023	3	702	101	20	2 106	9	6 318	81
2024	5	823	121	20	4 115	25	20 575	625
合计	0	3 526	—	—	2 822	70	42 654	1 414

【解析】 先计算一次差，由于一次差存在增长趋势，因此还应计算二次差。因二次差大致相等，故该企业商品销售额的发展趋势呈抛物线趋势。

根据抛物线方程中 b、c、a 的计算公式，计算相应数值。

$$b=\frac{\sum ty}{\sum t^2}=\frac{2\ 822}{70}\approx 40.31$$

$$c=\frac{n\sum t^2y-\sum t^2\sum y}{n\sum t^4-(\sum t^2)^2}=\frac{6\times 42\ 654-70\times 3\ 526}{6\times 1\ 414-70^2}=\frac{9\ 104}{3\ 584}\approx 2.54$$

$$a=\frac{\sum y-c\sum t^2}{n}=\frac{3\ 526-2.54\times 70}{6}=\frac{3\ 348.2}{6}\approx 558.03$$

$y_c=558.03+40.31t+2.54t^2$

二、指数曲线趋势

（一）判断方法

当时间数列中各期发展水平的环比增长速度大致相同，即对数一次差相同时，其发展趋势近似一条指数曲线。

（二）指数曲线方程

$$y_c=ab^t$$

求解指数曲线方程时，一般先将指数曲线方程化为直线趋势方程，即采用对数方法进行转换，然后用最小二乘法求出方程参数。

对指数曲线方程 $y_c=ab^t$ 等号左右两边取对数，得到

$$\lg y_c=\lg a+t\lg b$$

设 $y'=\lg y_c$，$A=\lg a$，$B=\lg b$，有

$$y'=A+Bt$$

采用最小二乘法简捷算法得到

$$A=\frac{\sum y'}{n}$$

$$B=\frac{\sum ty'}{\sum t^2}$$

求出 A、B 的反对数，即为 a、b 的值。

三、季节变动的测定方法

测定季节变动，就是采用一定的方法，对按月或按季编制的时间数列计算季节比率，以反映季节变动的方向、程度和一般规律。研究季节变动的目的是认识和掌握季节变动的规律。

测定季节变动的常用方法有两种：按月（季）平均法和趋势剔除法。不论采用何种方法，必须具备 3 年以上连续的月度或季度资料，若资料太少，则不能确切反映季节变动的规律。

（一）按月（季）平均法

该方法不考虑长期趋势的影响，直接根据原时间数列测定季节变动。下面以具体案例来说明按月（季）平均法的具体操作步骤，相关资料如表 5-25 所示。

1. 计算各年同月（同季）的合计数和平均数

表 5-25　某产品 2020—2024 年各季度销售量资料　　单位：万件

年份	第一季度	第二季度	第三季度	第四季度	合计
2020	9	12	16	7	44
2021	11	14	17	10	52
2022	8	15	19	9	51
2023	10	14	19	7	50
2024	12	15	19	7	53
合计	50	70	90	40	250

第一季度平均数＝50/5＝10（万件）

第二季度平均数＝70/5＝14（万件）

第三季度平均数＝90/5＝18（万件）

第四季度平均数＝40/5＝8（万件）

2. 计算全期各月（季）的总平均数

五年总的销售量＝44＋52＋51＋50＋53＝250（万件）

五年总的季平均数＝250/20＝12.5（万件）或＝(10＋14＋18＋8)/4＝12.5（万件）

3. 计算季节比率

$$季节比率=\frac{各年同月（季）的平均数}{全期各月（季）的总平均数}\times 100\%$$

第一季度季节比率＝10/12.5×100%＝80%

第二季度季节比率＝14/12.5×100%＝112%

第三季度季节比率＝18/12.5×100%＝144%

第四季度季节比率＝8/12.5×100%＝64%

季节比率总和＝80%＋112%＋144%＋64%＝400%

从以上计算可以看出，对于该产品的销售，第一季度和第四季度为淡季，从第二季度开始转旺，第三季度最旺。

注意

（1）季节比率之和应等于周期内的季节数：

以季度资料为基础计算的季节比率之和应等于400%。

以月度资料为基础计算的季节比率之和应等于1 200%。

（2）有时由于存在计算误差，季节比率之和不等于400%或1 200%，这时应进行调整，调整过程分两步：

第一步：计算调整系数。

$$调整系数=\frac{400\ (1\ 200)}{各月（季）季节比率之和}$$

第二步：调整后的季节比率＝调整前的各月（季）季节比率×调整系数。

按月（季）平均法的优点：计算简便，易于掌握；缺点：没有考虑时间数列中经常存在的长期趋势的影响，因而计算的季节比率不够精确，不能确切反映季节变动的程度。为了克服这一缺点，可采用趋势剔除法来测定季节变动。

（二）趋势剔除法

趋势剔除法的基本思路如下：

（1）采用移动平均法测定时间数列的长期趋势（T）。

（2）剔除长期趋势的影响，剔除方法有减法和除法两种：

减法：$Y-T-S+I$　　除法．$Y/T=S\cdot I$

（3）根据剔除长期趋势影响后的结果重新按月（季）编排，并予以平均，消除不规则变动，计算季节比率或季节变差。

任务五　Excel在时间数列分析中的应用

实训教学目的

利用Excel软件可对时间数列中的指标进行分析，描绘现象发展过程、预测现象未来发展趋势，同时还可大大缩短计算时间、提高计算效率，使趋势分析更加快捷、具体。通过对本任务实训内容的学习，学生可以初步掌握利用Excel软件进行时间数列指标分析的方法，提高动手操作能力，同时从烦琐的手工数据计算中解脱出来，激发学习积极性，提高学习效率。

实训教学内容

1. 利用 Excel 软件计算时间数列水平指标。
2. 利用 Excel 软件计算时间数列速度指标。
3. 利用 Excel 软件测定时间数列长期趋势。

实训教学要求

1. 学生先组成学习小组，一般 2－4 人一组。学生在上机操作前先熟悉 Excel 软件相关功能，课上教师演示，学生上机操作，掌握学习内容，同时，结合前面所学内容，利用相关资料反复训练，达到熟练操作的目的。

2. 学生课后利用微课资源和网络资源，巩固所学内容。

实训操作步骤

一、时间数列水平指标分析

（一）计算增长量

实训资料：我国 2016—2021 年国内生产总值资料如表 5-26 所示，请计算逐期增长量和累积增长量。

表 5-26　我国 2016—2021 年国内生产总值增长量分析表　单位：亿元

年份		2016	2017	2018	2019	2020	2021
发展水平		a_0	a_1	a_2	a_3	a_4	a_5
国内生产总值		744 127	827 122	900 309	990 865	1 015 986	1 143 670
增长量	逐期	—					
	累积	—					

具体操作步骤如下：

第一步：将原始资料输入 Excel 工作表中。

第二步：计算逐期增长量。单击单元格 D4，输入“＝D3－C3”，然后利用填充柄功能向右填充，分别计算出 2017—2021 年每年的逐期增长量。

第三步：计算累积增长量。单击单元格 D5，输入“＝D3－744127”，或者输入“＝D3－＄C＄3”，然后利用填充柄功能向右填充，分别计算出 2017—2021 年每年的累积增长量，如图 5-2 所示。

	A	B	C	D	E	F	G	H
1	年份		2016	2017	2018	2019	2020	2021
2	发展水平		a_0	a_1	a_2	a_3	a_4	a_5
3	国内生产总值		744127	827122	900309	990865	1015986	1143670
4	增长量	逐期	—	82995	73187	90556	25121	127684
5		累积	—	82995	156182	246738	271859	399543

图 5-2　计算增长量操作结果

注意

Excel 中的“$A$1”表示绝对引用单元格 A1，即单元格 A1 的行和列都被绝对引用，不会因向其他位置的填充变化而改变行号和列标。

（二）计算平均增长量

选中单元格 H6，单击【公式】→【插入函数】，选择【AVREAGE】函数后，单击【确定】按钮。在弹出的【函数参数】对话框中，在【Number1】中选择单元格区域“D4：H4”后，单击【确定】按钮，或者选中单元格 H7，输入“＝H5/5”，即可计算出平均增长量，如图 5-3 所示。

	A	B	C	D	E	F	G	H
1	年份		2016	2017	2018	2019	2020	2021
2	发展水平		a_0	a_1	a_2	a_3	a_4	a_5
3	国内生产总值		744127	827122	900309	990865	1015986	1143670
4	增长量	逐期	—	82995	73187	90556	25121	127684
5		累积	—	82995	156182	246738	271859	399543
6	平均增长量							79908.6
7								79908.6

图 5-3　计算平均增长量操作结果

（三）计算平均发展水平

1. 根据绝对数时间数列计算序时平均数

（1）根据时期数列计算序时平均数。

根据时期数列计算序时平均数，一般采用简单算术平均法，因此可用 Excel 中的 AVERAGE 函数计算。上例中，单击任一空单元格，输入“＝AVERAGE（C3：H3）”，即可得到平均国内生产总值为 937 013.2 亿元。

（2）根据时点数列计算序时平均数。

根据时点数列计算序时平均数，应考虑以下四种情况：

第一种：对于间隔相等的连续时点数列，可采用简单算术平均法，用 Excel 中的 AVERAGE 函数计算。

第二种：对于间隔不等的连续时点数列，可以每次变动持续的间隔长度为权数，采用加权算术平均法计算。

实训资料：某企业 10 月职工人数资料如表 5-27 所示，请计算该企业 10 月平均职工人数。

表 5-27　某企业 10 月职工人数资料　　　单位：人

时间	1 日—15 日	16 日—21 日	22 日—31 日
职工人数	210	218	222

具体操作步骤如下：

将原始资料输入 Excel 工作表中，单击任一空单元格，输入“=（B2 * 15+C2 * 6+D2 * 10）/31”，即可得到平均职工人数为 215 人。

第三种：对于间隔相等的间断时点数列，采用首尾折半法。

实训资料：某企业 2024 年第二季度职工人数资料如表 5-28 所示，请计算该企业 2024 年第二季度平均职工人数。

表 5-28　某企业 2024 年第二季度职工人数资料　　　单位：人

日期	4 月 1 日	5 月 1 日	6 月 1 日	7 月 1 日
职工人数	300	320	280	340

具体操作步骤如下：

将原始资料输入 Excel 工作表中，单击任一空单元格，输入“=SUM(B2/2,C2,D2,E2/2)/(4—1)”，即可得到平均职工人数为 307 人。

注意

SUM 函数可以说是使用频次最高的函数之一。SUM 函数有两种运算方式：一是常规求和；二是累计求和。

第四种：对于间隔不等的间断时点数列，采用加权序时平均法。

实训资料：某企业 2024 年职工人数资料如表 5-29 所示，请计算该企业 2024 年平均职工人数。

表 5-29　某企业 2024 年职工人数资料　　　单位：人

日期	1 月 1 日	3 月 1 日	8 月 1 日	10 月 1 日	12 月 31 日
职工人数	200	250	245	260	280

具体操作步骤如下：

将原始资料输入 Excel 工作表中，单击任一空单元格，输入“=SUM((B2+C2)/2 * 2,(C2+D2)/2 * 5,(D2+E2)/2 * 2,(E2+F2)/2 * 3)/(2+5+2+3)”，即可得到平均职工人数为 250 人。

2. 根据相对数时间数列计算序时平均数

根据相对数时间数列计算序时平均数，先分别计算构成相对数时间数列的分子数列和分母数列的序时平均数，然后进行对比即可。

（1）由两个时期数列对比形成的相对数时间数列计算序时平均数，采用简单算术平均法，并根据已知资料的不同选择相应方法。

实训资料：某公司2020—2024年销售额计划与实际完成情况如表5-30所示，现有以下三种情况，请分别计算该公司2020—2024年销售额平均计划完成程度。

表5-30 某公司2020—2024年销售额计划与实际完成情况

年份	2020	2021	2022	2023	2024
实际销售额 a/万元	350	320	380	400	500
计划销售额 b/万元	320	340	340	360	420
计划完成程度 c/%	109.38	94.12	111.76	111.11	119.05

第一，已知 a、b，求 $\bar{c}$。

具体操作步骤如下：

将原始资料输入Excel工作表中，单击任一空单元格，输入"＝SUM（B2：F2）/SUM（B3：F3）＊100"，即可得到销售额平均计划完成程度为109.55％。

第二，已知 a、c，求 $\bar{c}$。

具体操作步骤如下：

首先，计算分子数列的序时平均数，单击任一空单元格（H2），输入"＝SUM(B2:F2)/5"，得到390；其次，计算分母数列的序时平均数，单击任一空单元格（H3），输入"＝SUM(B2/(B4/100),C2/(C4/100),D2/(D4/100),E2/(E4/100),F2/(F4/100))/5"，得到356；最后，单击单元格H4，输入"＝H2/H3＊100"，即可得到销售额平均计划完成程度为109.55％。

注意

（1）式中"B4/100"表示将相对数109.38％换算成绝对数1.0938。

（2）要注意区分SUM函数的中半角、全角括号。

第三，已知 b、c，求 $\bar{c}$。

具体操作步骤如下：

首先，计算分子数列的序时平均数，单击任一单元格（I2），输入"＝SUM(B3＊B4/100,C3＊C4/100,D3＊D4/100,E3＊E4/100,F3＊F4/100)/5"，得到390；其次，计算分母数列的序时平均数，单击任一单元格（I3），输入"＝SUM(B3:F3)/5"，得到356；最后，单击单元格I4，输入"＝I2/I3＊100"，即可得到销售额平均计划完成程度为109.55％。

（2）由两个时点数列对比形成的相对数时间数列计算序时平均数，分为以下两种情况：

① 由间隔相等的间断时点数列对比形成的相对数时间数列计算序时平均

数，要采用首尾折半法。

实训资料：某企业 2024 年第四季度职工人数资料如表 5-31 所示，请计算该企业 2024 年第四季度女职工占全部职工的平均比例。

表 5-31 某企业 2024 年第四季度职工人数资料

月份	9	10	11	12
月末女职工人数/人	80	100	120	150
月末职工总人数/人	200	250	280	300
月末女职工所占比例/%	40.00	40.00	42.86	50.00

具体操作步骤如下：

第一步：将原始资料输入 Excel 工作表中。

第二步：计算女职工人数的序时平均数，单击单元格 F2，输入“=SUM(B2/2,C2,D2,E2/2)/(4－1)”，得到 112。

第三步：计算职工总人数的序时平均数，单击单元格 F3，输入“=SUM(B3/2,C3,D3,E3/2)/(4－1)”，得到 260。

第四步：单击单元格 F4，输入“= F2/F3 * 100”，得到平均比例为 42.95%。

② 由间隔不等的间断时点数列对比形成的相对数时间数列计算序时平均数，要采用加权序时平均法。相关计算公式为

$$\bar{c}=\frac{\frac{a_1+a_2}{2}f_1+\frac{a_2+a_3}{2}f_2+\cdots+\frac{a_{n-1}+a_n}{2}f_{n-1}}{\frac{b_1+b_2}{2}f_1+\frac{b_2+b_3}{2}f_2+\cdots+\frac{b_{n-1}+b_n}{2}f_{n-1}}$$

实训资料：某公司职工人数资料如表 5-32 所示，请计算该公司临时工占全部职工的平均比例。

表 5-32 某公司职工人数资料 单位：人

日期	1 月 1 日	5 月 31 日	7 月 1 日	10 月 31 日	12 月 31 日
临时工	8	10	12	20	24
正式工	700	700	710	720	740
合计	708	710	722	740	764

具体操作步骤如下：

第一步：将原始资料输入 Excel 工作表中。

第二步：计算分子数列（临时工）全年序时平均数。单击单元格 G2，输入“=SUM((B2+C2)/2 * 5,(C2+D2)/2 * 1,(D2+E2)/2 * 4,(E2+F2)/2 * 2)/12”，得到临时工全年序时平均数为 13.67 人。

第三步：计算分母数列（全部职工）全年序时平均数。单击单元格 G4，输

入“=SUM((B4+C4)/2*5,(C4+D4)/2*1,(D4+E4)/2*4,(E4+F4)/2*2)/12”，得到全部职工全年序时平均数为 724.08 人。

第四步：单击单元格 G5，输入“=G2/G4”，得到平均比例为 1.89%，如图 5-4 所示。

G2 =SUM((B2+C2)/2*5,(C2+D2)/2*1,(D2+E2)/2*4,(E2+F2)/2*2)/12

	A	B	C	D	E	F	G	H	I
1	日期	1月1日	5月31日	7月1日	10月31日	12月31日			
2	临时工	8	10	12	20	24	13.67		
3	正式工	700	700	710	720	740			
4	合计	708	710	722	740	764	724.08		
5							1.89%		

图 5-4　计算平均比例操作结果

二、时间数列速度指标分析

(一) 计算发展速度

实训资料：我国 2016—2021 年国内生产总值资料如表 5-33 所示，请计算环比发展速度和定基发展速度。

表 5-33　我国 2016—2021 年国内生产总值发展速度分析表

年份		2016	2017	2018	2019	2020	2021
发展水平		a_0	a_1	a_2	a_3	a_4	a_5
国内生产总值/亿元		744 127	827 122	900 309	990 865	1 015 986	1 143 670
发展速度/%	环比	—					
	定基	—					

具体操作步骤如下：

第一步：将原始资料输入 Excel 工作表中。

第二步：计算环比发展速度。单击单元格 D4，输入“=D3/C3*100”，计算出 2017 年的环比发展速度，然后利用填充柄功能计算出单元格 E4 到 H4 的数值，得到 2017—2021 年每年的环比发展速度。

第三步：计算定基发展速度。单击单元格 D5，输入“=D3/744127*100”，计算出 2017 年的定基发展速度，然后利用填充柄功能计算出单元格 E5 到 H5 的数值，得到 2017—2021 年每年的定基发展速度，如图 5-5 所示。

	A	B	C	D	E	F	G	H
1	年份		2016	2017	2018	2019	2020	2021
2	发展水平		a_0	a_1	a_2	a_3	a_4	a_5
3	国内生产总值		744127	827122	900309	990865	1015986	1143670
4	发展速度	环比	—	111.15	108.85	110.06	102.54	112.57
5		定基	—	111.15	120.99	133.16	136.53	153.69

图 5-5　计算发展速度操作结果

（二）计算增长速度

实训资料：同表 5-33。

第一步：将原始资料输入 Excel 工作表中。

第二步：计算环比增长速度。单击单元格 D4，输入“=（D3－C3）/C3＊100”，计算出 2017 年的环比增长速度，然后利用填充柄功能，分别计算出 2018—2021 年每年的环比增长速度。

第三步：计算定基增长速度。单击单元格 D5，输入“=（D3－744127）/744127＊100”，计算出 2017 年的定基增长速度，然后利用填充柄功能，分别计算出 2018—2021 年每年的定基增长速度。

（三）计算平均发展速度

下面以几何平均法为例，说明平均发展速度的计算。

1. 已知各年环比发展速度求平均发展速度

Excel 提供 GEOMEAN（几何平均）函数计算几何平均数。在前面发展速度操作结果的基础上，单击任一空单元格，单击【公式】→【插入函数】，选择函数类别【统计】中的【GEOMEAN】函数，进入 GEOMEAN 函数参数设置对话框；在【Numbcr1】框中输入环比发展速度所在单元格区域“D4：H4”，单击【确定】按钮后，即可求得平均发展速度为 108.98%，如图 5-6 所示。

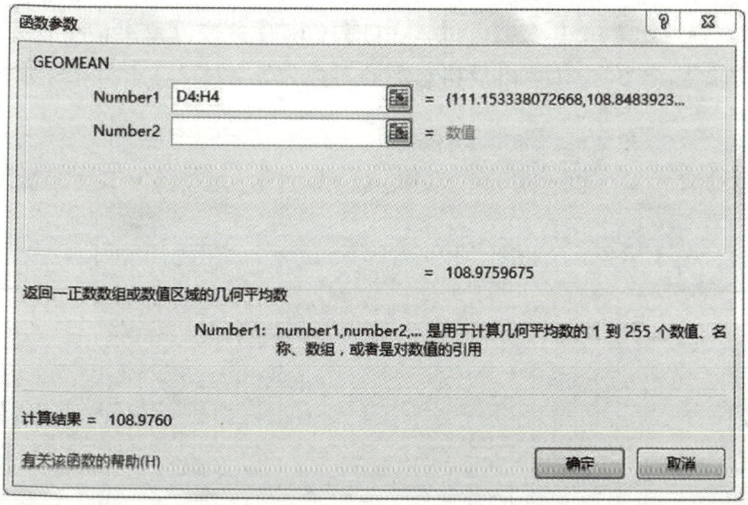

图 5-6　计算平均发展速度操作结果

2. 已知最初水平和最末水平求平均发展速度

若已知最初水平和最末水平，则可按以下公式并利用对数函数 LOG10 来计算平均发展速度。

$$\bar{x}=\sqrt[n]{\frac{a_n}{a_0}} \qquad \lg \bar{x}=\frac{\lg(a_n-a_0)}{n}$$

具体操作步骤如下：

第一步：单击单元格 I3，单击【公式】→【数学与三角函数】，在弹出的下拉列表中选择【LOG10】函数，进入 LOG10 函数参数设置对话框；在【Number】框中输入“H3”，计算出最末水平的对数为 6.058 3，如图 5-7 所示。

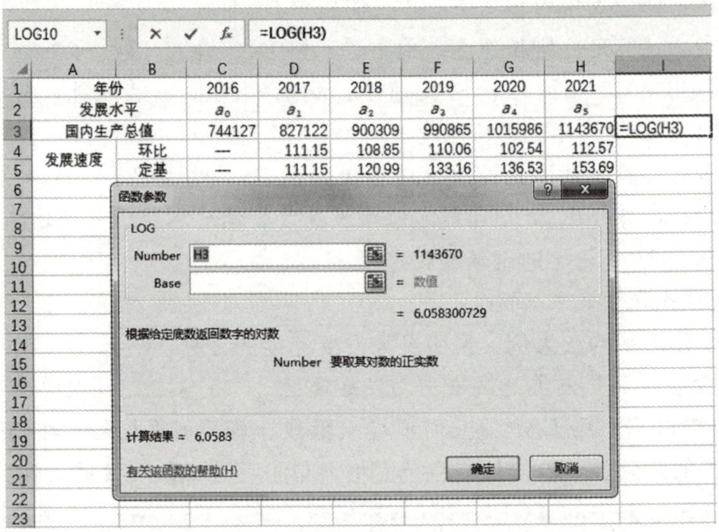

图 5-7　计算最末水平对数操作结果

第二步：单击单元格 I4，单击【公式】→【数学与三角函数】，在弹出的下拉列表中选择【LOG10】函数，进入 LOG10 函数参数设置对话框；在【Number】框中输入“C3”，计算出最初水平的对数为 5.871 6，如图 5-8 所示。

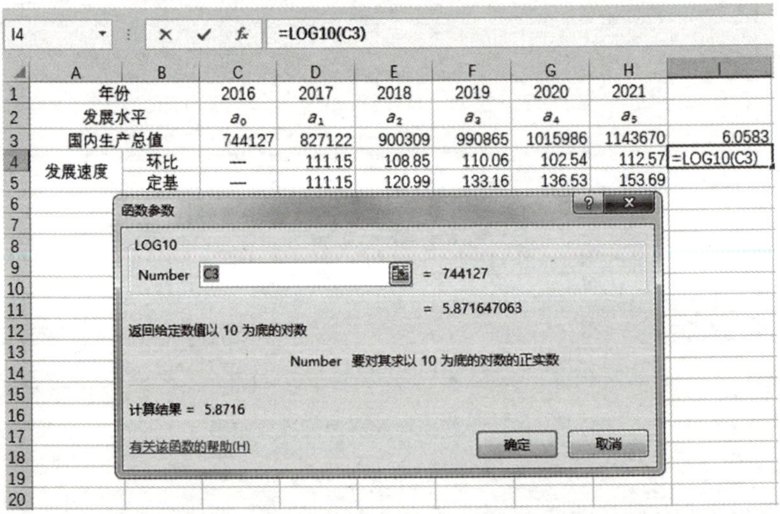

图 5-8　计算最初水平对数操作结果

第三步：单击单元格 I5，输入“=(I3−I4)/5”得到对数 0.037 3；单击单元格 I6，输入“=10^I5”或“=POWER（10，I5）”，求得真数为 1.089 8，即 108.98%，如图 5-9 所示。

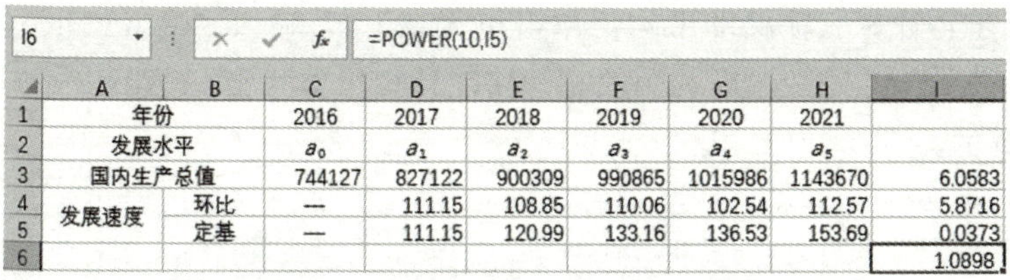

	A	B	C	D	E	F	G	H	I
1	年份		2016	2017	2018	2019	2020	2021	
2	发展水平		a_0	a_1	a_2	a_3	a_4	a_5	
3	国内生产总值		744127	827122	900309	990865	1015986	1143670	6.0583
4	发展速度	环比	—	111.15	108.85	110.06	102.54	112.57	5.8716
5		定基	—	111.15	120.99	133.16	136.53	153.69	0.0373
6									1.0898

图 5-9　计算平均发展速度操作结果

注意

“^”代替 POWER 函数，表示基数乘幂运算的幂。

三、时间数列长期趋势分析

长期趋势的测定方法主要有时距扩大法、移动平均法和最小二乘法，对于时距扩大法，可通过 SUM 函数求解，不再举例说明。

（一）移动平均法

在 Excel 中，对于移动平均法，可通过 AVERAGE 函数，并利用填充柄功能求解。

实训资料：某企业 2013—2024 年销售量资料如表 5-34 所示，请利用移动平均法测定该企业 2013—2024 年销售量的长期趋势。

表 5-34　某企业 2013—2024 年销售量资料　　单位：万件

年份	销售量	三项移动平均
		平均销售量
2013	54	—
2014	50	52
2015	52	56.33
2016	67	67
2017	82	73
2018	70	80.33
2019	89	82.33
2020	88	87
2021	84	90
2022	98	91
2023	91	98.33
2024	106	—

具体操作步骤如下：

第一步：将原始资料输入 Excel 工作表中。

第二步：计算三项移动平均。单击单元格 C4，输入“＝AVERAGE（B3，B4，B5）”，得到 52，然后利用填充柄功能计算出单元格 C5 到 C13 的数值，如图 5-10 所示。

C4　=AVERAGE(B3,B4,B5)

	A	B	C	D	E
1	年份	销售量	三项移动平均		
2			平均销售量		
3	2013	54	—		
4	2014	50	52		
5	2015	52	56.33		
6	2016	67	67		
7	2017	82	73		
8	2018	70	80.33		
9	2019	89	82.33		
10	2020	88	87		
11	2021	84	90		
12	2022	98	91		
13	2023	91	98.33		
14	2024	106	—		

图 5-10　计算三项移动平均操作结果

注意

首尾各少一项，用“—”表示。

（二）最小二乘法

1. 测定线性趋势

实训资料：某企业 2018—2024 年产品销售额资料如表 5-35 所示，请根据所给资料拟合直线趋势方程。

表 5-35　某企业 2018—2024 年产品销售额资料

年份	年序号 t	产品销售额 y/万元	逐期增长量/万元	t^2	ty
2018	1	12.4			
2019	2	13.8			
2020	3	15.7			
2021	4	17.6			
2022	5	19.0			
2023	6	20.8			
2024	7	22.7			
合计	28	122.0			

具体操作步骤如下：

第一步：将原始资料输入 Excel 工作表中。在 A 列中输入年份，在 B 列中输入年序号，在 C 列中输入产品销售额。

第二步：计算 t^2。单击单元格 E2，输入“=B2 * B2”，然后利用填充柄功能计算出单元格 E3 到 E8 的数值，并计算出合计数。

第三步：计算 ty。单击单元格 F2，输入“=B2 * C2”，然后利用填充柄功能计算出单元格 F3 到 F8 的数值，并计算出合计数。

第四步：计算参数 a、b 的值。先计算 b 值，根据 $b=\dfrac{n\sum ty-\sum t\sum y}{n\sum t^2-(\sum t)^2}$，单击单元格 E11，输入“=（7 * E9－B9 * C9）/（7 * E9－B9 * B9）”，得到 b 值为 1.72；再计算 a 值，根据 $a=\bar{y}-b\,\bar{t}$，单击单元格 F11，输入“=C9/7－E11 * B9/7”，得到 a 值为 10.54。

直线趋势方程：$y_c=10.54+1.72t$。

2. 使用 INTERCEPT 函数计算截距

利用已知的 x 值和 y 值计算直线与 y 轴的交叉点。交叉点是以通过已知的 x 值和 y 值绘制的最佳拟合回归直线为基础的。当自变量为 0 时，可使用 INTERCEPT 函数确定因变量的值。

语法结构：INTERCEPT（Known _ y′s，Known _ x′s）。

Known _ y′s：因变量的观测值或数据的集合。

Known _ x′s：自变量的观测值或数据的集合。

a=INTERCEPT（C2：C8，B2：B8）≈10.54

3. 使用 SLOPE 函数计算斜率

利用已知的 x 值和 y 值计算直线的斜率。斜率为直线上任意两点的垂直距离与水平距离的比值，也就是回归直线的变化率。

语法结构：SLOPE（Known _ y′s，Known _ x′s）。

Known _ y′s：因变量数组或数组区域。

Known _ x′s：自变量数组或数组区域。

b=SLOPE（C2：C8，B2：B8）≈1.72

直线趋势方程：$y_c=10.54+1.72t$。

同步测试

一、填空题

1. 时间数列一般由__________和__________两个基本要素构成。

2. 增长量有__________增长量和__________增长量之分。

3. 保证时间数列中各个指标数值的__________，是编制时间数列的基本原则。

4. 增长速度由于比较基期的不同，可分为__________增长速度和________增长速度两种。

5. 用前一期水平除以 100，可得到________________指标。

6. 按______________法计算平均发展速度，侧重点是从各年发展水平的累计总和出发进行研究；按__________法计算平均发展速度，侧重点是从最后一年的发展水平出发进行研究。

7. 水平法计算平均发展速度仅受____________的影响，不受____________的影响。

8. 最小二乘法是估计直线或曲线趋势方程参数较理想的一种拟合方法，其数学依据是____________________________。

9. 若时间数列的________________大体相同，则时间数列发展的长期趋势接近直线型。

10. 用最小二乘法所拟合的趋势线必须满足的最基本条件是__________。

二、判断题

1. 2024 年按不同专业划分的全国毕业生人数属于时期数列。（ ）

2. 首尾折半法适用于计算间隔相等的时点数列的序时平均数。（ ）

3. 编制时点数列时，其间隔应视所研究现象在时间上变动的大小和快慢确定。（ ）

4. 假设某工厂产值的环比发展速度每年都等于 1.2，那么其间各年的逐期增长量是逐年增加的。（ ）

5. 假设某工厂产值的逐期增长量每年相等，那么其间各年的环比增长速度不变。（ ）

6. 环比增长速度等于环比发展速度减 1，也可表示为逐期增长量与基期水平之比。（ ）

7. 平均增长速度就是对各期的环比增长速度求几何平均数。（ ）

8. 相邻两个时期的环比发展速度之比等于相应的定基发展速度。（ ）

9. 总速度就是定基发展速度，它是由各期发展水平之和与最初水平对比求得的。（ ）

10. 若某商店三年中商品销售额平均每年增加 10 万元，则商品销售额的发展速度年年保持不变。（ ）

三、单项选择题

1. 时间数列是一种（ ）。

A. 变量数列　B. 品质数列　C. 间断数列　D. 连续数列

2. 绝对数时间数列按反映现象的时间状况可分为（ ）。

A. 时间数列和变量数列　B. 时期数列和时点数列

C. 分组数列和组距数列　D. 组距数列和单项数列

3. 各单位年末职工人数是（　　）。

A. 时期数列　　B. 时点数列　　C. 时期指标　　D. 时点指标

4. 把各个时期的出勤率按时间先后顺序排列起来，形成的数列是（　　）。

A. 时期数列　　B. 时点数列

C. 相对数时间数列　　D. 平均数时间数列

5. 编制时间数列时，要求各指标数值所属的时期长短（　　）。

A. 必须相等　　B. 完全不相等

C. 一般应相等，但也可不相等　　D. 一般应不相等，但也可相等

6. 相对数时间数列中各指标数值之间具有（　　）。

A. 完整性　　B. 总体性　　C. 可加性　　D. 不可加性

7. 计算时间数列平均发展水平的基本方法是（　　）。

A. 变量数列序时平均法　　B. 绝对数时间数列序时平均法

C. 相对数时间数列序时平均法　　D. 平均数时间数列序时平均法

8. 累积增长量与增长速度在一段时间内存在的联系是（　　）。

A. 累积增长量＝环比增长速度×前期水平

B. 累积增长量＝定基增长速度×前期水平

C. 累积增长量＝环比增长速度×最初水平

D. 累积增长量＝定基增长速度×最初水平

9. 对某企业总产值（单位：万元）资料拟合的方程为 $y=100+10t$，这意味着该企业总产值每年平均增加（　　）。

A. 110 万元　　B. 10 万元　　C. 100 万元　　D. 10%

10. 假定某现象每年发展速度大体不变，那么每年的绝对增长量（　　）。

A. 增加　　B. 减少　　C. 保持稳定　　D. 无法得出结论

四、多项选择题

1. 编制时间数列时，应注意（　　）。

A. 时期长短应该相等

B. 指标的经济内容应该相同

C. 指标的计算方法应该一致

D. 指标的计算价格和计量单位应该相同

E. 总体范围应该一致

2. 由 2010—2020 年各年年末人口数所组成的数列是（　　）。

A. 统计数列　　B. 动态数列　　C. 时期数列

D. 时点数列　　E. 时间数列

3. 统计中，常用的序时平均数有（　　）。

A. 平均发展水平　　B. 平均增长量

C. 平均发展速度　　D. 增长 1%的绝对值

E. 环比发展速度

4. 时间数列的水平指标有（　　）。

A. 发展水平　　B. 平均发展水平

C. 发展速度　　D. 平均发展速度

E. 增长速度

5. 下列属于由两个时期数列对比形成的相对数时间数列的有（　　）。

A. 每百元产值利润时间数列　　B. 工业总产值计划完成程度时间数列

C. 全员劳动生产率时间数列　　D. 工人出勤率时间数列

E. 商品流通费用率时间数列

6. 定基增减速度等于（　　）。

A. 环比发展速度的连乘积

B. 逐期增减量除以基期发展水平

C. 累积增减量除以基期发展水平

D. 定基发展速度减 100%

E. 环比发展速度的连乘积减 100%

7. 增减速度的计算公式有（　　）。

A. 增减速度＝环比发展速度－100%

B. 增减速度＝定基发展速度－100%

C. 增减速度＝发展速度－100%

D. 增减速度＝增减量/基期水平×100%

E. 增减速度＝（报告期水平－基期水平）/基期水平×100%

8. 用水平法计算的平均发展速度的大小取决于（　　）。

A. 现象时期的长短

B. 现象发展总速度的大小

C. 现象最初水平和最末水平的高低

D. 现象发展中间水平波动的影响

E. 现象定基发展速度的大小

9. 长期趋势的表现形式有（　　）。

A. 稳定的水平趋势　　B. 向上发展变化的趋势

C. 向下发展变化的趋势　　D. 等比上升趋势

E. 等差上升趋势

10. 直线趋势方程 $y=a+bt$ 中，参数 b 表示（　　）。

A. 趋势线的截距　　B. 当 $t=0$ 时 y 的数值

C. 趋势值或理论值　　D. 趋势线的斜率

E. 当 t 每变动一个单位时 y 平均增减的数量

五、计算题

1. 某企业 2024 年第一季度职工人数变动资料如表 5-36 所示。

表 5-36　某企业 2024 年第一季度职工人数变动资料　　单位：人

日期	1月1日	2月15日	3月22日
职工人数	1 000		
增减人数		+20	+40

要求：计算该企业 2024 年第一季度平均职工人数。

2. 某商店 2024 年商品库存额资料如表 5-37 所示。

表 5-37　某商店 2024 年商品库存额资料　　单位：万元

日期	1月1日	4月1日	9月1日	12月31日
商品库存额	4.6	4.0	3.8	5.4

要求：计算该商店 2024 年平均商品库存额。

3. 某企业 2024 年各月计划产值完成情况资料如表 5-38 所示。

表 5-38　某企业 2024 年各月计划产值完成情况资料

月份	1	2	3	4	5	6
计划产值/万元	285	300	300	310	325	350
计划完成程度/%	105	108	120	125	122	128

要求：计算该企业 2024 年第一季度、第二季度及上半年产值平均计划完成程度。

4. 某企业 2019—2024 年年末全部职工人数和生产工人数资料如表 5-39 所示。

表 5-39　某企业 2019—2024 年年末全部职工人数和生产工人数资料　单位：人

年份	2019	2020	2021	2022	2023	2024
全部职工人数	2 000	2 020	2 060	2 120	2 250	2 500
生产工人数	1 640	1 650	1 700	1 750	1 860	2 070

要求：计算该企业 2019—2024 年生产工人数占全部职工人数的平均比例。

5. 某市 2024 年上半年各月猪肉消费量与人口数资料如表 5-40 和表 5-41 所示。

表 5-40　某市 2024 年上半年各月猪肉消费量资料　　单位：万吨

月份	1	2	3	4	5	6
消费量	2.00	2.30	1.80	2.00	2.25	2.40

表 5-41　某市 2024 年上半年各月人口数资料　　单位：万人

日期	1 月 1 日	3 月 1 日	4 月 1 日	6 月 30 日
人口数	1 380	1 390	1 396	1 400

要求：试以猪肉消费量代替零售量，计算该市 2024 年第一季度、第二季度及上半年人均猪肉消费量。

6. 某企业 1 月实际完成产值 50 万元，刚好完成计划；2 月实际完成产值 61.2 万元，超额完成计划 2%；3 月实际完成产值 83.2 万元，超额完成计划 4%。

要求：计算该企业第一季度产值平均计划完成程度。

7. 某地 2019—2024 年钢产量资料如表 5-42 所示。

表 5-42　某地 2019—2024 年钢产量资料　　单位：万吨

年份	2019	2020	2021	2022	2023	2024
钢产量	650	748	795	810	860	910

要求：列表计算以下指标。

(1) 逐期增长量与累积增长量。

(2) 环比发展速度与定基发展速度。

(3) 环比增长速度与定基增长速度。

(4) 增长 1%的绝对值。

(5) 平均发展水平和平均增长量。

(6) 平均发展速度和平均增长速度。

8. 某地 2018—2024 年粮食产量资料如表 5-43 所示。

表 5-43　某地 2018—2024 年粮食产量资料　　单位：吨

年份	2018	2019	2020	2021	2022	2023	2024
产量	241	246	252	257	262	276	281

要求：

(1) 用最小二乘法拟合直线趋势方程。

(2) 预测该地 2025 年的粮食产量。

六、简答题

1. 时期数列与时点数列有何区别？

2. 简述序时平均数与一般平均数的异同。

3. 用水平法与累计法计算平均发展速度的区别主要表现在哪些方面？

七、实训题

上机完成计算题中的 7、8 两题。

项目六 统计指数分析

学习目标

知识目标	1. 了解统计指数的概念、作用； 2. 掌握统计指数的分类； 3. 掌握统计指数的性质。
能力目标	1. 能正确区分数量指标指数和质量指标指数； 2. 能知晓常用统计指数的经济内容。
素质目标	培养学生分析问题、解决问题的能力，使学生具备从事统计分析工作的基本素养。

任务一 统计指数概述

任务情境

通货膨胀是在信用货币制度下，流通中的货币数量超过经济实际需要而引起的货币贬值和物价水平持续、普遍上涨的现象。通货膨胀的直接结果是物价上涨，而物价上涨又是一个重要话题，它关系到千家万户，关系到国计民生。那么，如何衡量通货膨胀呢？

任务分析

居民消费价格指数（CPI）、工业品出厂价格指数（PPI）、GDP 平减指数等指标都可以从不同角度反映通货膨胀的程度。例如，CPI 的上涨通常意味着一定程度的通货膨胀，下跌则可能意味着一定程度的通货紧缩。

任务实施

1. 请以小组为单位调查附近农贸市场的农产品价格情况，了解居民对价格变动的反应。

2. 查阅国家统计局网站公布的居民消费价格指数、工业品出厂价格指数和股票指数等常用指数，观察指数变动与经济发展之间的关系。

相关知识

一、统计指数的产生与发展

（一）统计指数的产生

统计指数是研究社会经济现象数量变动的一种特有方法，其概念从产生至今已有三百多年的历史。最早的指数是物价指数，即指数是因物价变动而产生的，由英国学者赖斯·沃汉于1675年首创。1707年英国的皮索普·弗里特伍德与1764年意大利的吉安·卡利对物价指数的计算进行了深入研究。

18世纪中叶，大量金银流入欧洲，引起欧洲物价飞涨，商品价格变动不仅受到广大普通民众的关注，而且让经济学家、企业家及统治阶级开始意识到物价问题对经济发展和国家安定的重要影响。

早期计算的物价指数是就单一商品而言的，即只反映一种商品价格的变动情况，也是现在通常所说的个体价格指数。例如，若甲商品基期价格为100元，报告期价格为125元，则甲商品价格指数为125%（125/100），以此表明甲商品价格变动的程度。我们把反映价格变动的相对数称为指数。

随着社会经济的不断发展，指数理论与编制方法日趋完善，指数的应用不仅发展到对多种商品价格综合变动的测定，而且进一步拓宽到社会经济领域的各个方面，如产品产量、成本等。

（二）统计指数的发展

（1）凡是反映社会经济现象的动态相对数，都称为指数。随着统计工作的发展，人们对指数概念的理解和对指数方法的应用也在不断扩展。

（2）凡是反映社会经济现象的各种相对数，都称为指数。

（3）指数公式：在指数发展的里程碑上，我们不能忘记指数公式的创造者——德国的拉斯贝尔和派煦。

① 拉氏公式：基期加权综合法。

价格指数：$k_p=\dfrac{\sum p_1q_0}{\sum p_0q_0}$ 物量指数：$k_q=\dfrac{\sum p_0q_1}{\sum p_0q_0}$

② 派氏公式：报告期加权综合法。

价格指数：$k_p=\frac{\sum p_1q_1}{\sum p_0q_1}$　　物量指数：$k_q=\frac{\sum p_1q_1}{\sum p_1q_0}$

③ 杨格公式：固定加权综合法。

④ 马歇尔-埃奇沃斯指数公式（马埃公式）：交叉加权综合法。

⑤ 费雪公式（理想公式）：几何综合平均法。

总之，三百多年来，指数的应用范围在扩大，从物价指数扩展到物量指数，并从测算单一项目的变动扩展到反映复杂现象的综合变动。

二、统计指数的概念

统计指数简称指数，一般将其理解为动态比较指标。它有广义与狭义之分，广义的统计指数包括所有动态比较指标，狭义的统计指数则专指总指数。

（一）广义的统计指数

凡是说明社会经济现象数量变动的相对数都称为指数，即一切通过比较得出的相对指标，从广义上讲均可称为指数，如前文介绍过的动态相对数、比较相对数、计划完成相对数等。

既然指数是一种相对数，而可比性又是计算相对指标的前提，那么指数研究中的对比就不外乎两种：第一，对比的指标出自简单现象总体，即社会经济现象在实物量上能够直接相加对比的总体；第二，对比的指标出自复杂现象总体，即社会经济现象在实物量上不能直接相加对比的总体，必须借助于同度量因素，然后才能对比。前者是广义指数的研究范围，后者则是狭义指数的研究范围。

（二）狭义的统计指数

狭义的统计指数是指反映多因素构成的不能直接相加的复杂现象总体数量变动的相对数。例如，不同使用价值的工业产品产量、不同类别的商品价格，由于它们的计量单位不同，在实物量上无法直接相加，但是统计上需要把它们当作一个总体进行研究，以反映其数量综合变动程度，这就需要计算一种特殊的相对数，即指数。

目前，无论是在国内还是在国外，无论是在统计实践还是在理论研究中，“指数”一词均用于广义和狭义两个方面。统计工作中编制的指数通常是狭义的统计指数，本项目所讲的指数编制理论与方法也主要针对狭义的统计指数。

三、统计指数的作用

统计指数是综合反映复杂社会经济现象数量变动程度的概括性指标，它是一种工具，能反映宏观与微观经济变化，主要作用有以下几点：

（1）反映多因素构成的不能直接相加的现象总体数量关系变化的动态。

（2）揭示多因素构成的不能直接相加的现象总体在不同空间条件下的数量差异。

（3）分析现象总变动中各种因素的影响。多因素构成的不能直接相加的现象总体的变动，受多种因素的影响，我们可以利用统计指数及指数体系，从数量上分析各种因素的影响方向和影响程度。例如，商品销售额＝销售量×价格，销售额的变动到底受哪个因素的影响呢？这时可计算销售量指数和价格指数，从而测定其影响的绝对程度和相对程度。

（4）分析多因素构成的不能直接相加的现象总体在较长时期内发展变化的趋势。

四、统计指数的种类

（一）按指数反映的对象范围分类

统计指数按其反映的对象范围不同，可分为个体指数和总指数。

1. 个体指数

个体指数是指反映由单一项目组成的简单现象总体数量变动情况的指数。其计算公式为

$$个体指数=\frac{报告期指标数值}{基期指标数值}$$

常用的个体物价指数、个体产品产量指数、个体产品成本指数等，习惯上用 k 表示指数，q 表示产量，p 表示价格，z 表示成本，1 表示报告期，0 表示基期。因此，三个指数的符号表示为

个体物价指数：$k_p=\frac{p_1}{p_0}$

个体产品产量指数：$k_q=\frac{q_1}{q_0}$

个体产品成本指数：$k_z=\frac{z_1}{z_0}$

2. 总指数

总指数是指反映由多个项目组成的复杂现象总体综合变动情况的指数，如全社会商品零售价格指数、工业产品产量指数等。

需要注意的是，为了反映复杂现象总体内部某一类要素的变动程度，在编制总指数时，要与统计分组法联系起来，即先对总体进行分组，并按类编制类指数，这样在个体指数与总指数之间又产生了类指数。

类指数是将指数法和分组法结合运用的一种指数。例如，在消费品价格总指数与每一种消费品价格个体指数之间，我国还编制了食品类、衣着类、日用品类、文化娱乐用品类、医药类、燃料类等六大类指数。

（二）按指数反映的现象指标的性质分类

统计指数按其反映的现象指标的性质不同（或指数化指标的性质不同），可分为数量指标指数和质量指标指数。

若指数化指标是数量指标，则该指数称为数量指标指数，即反映现象总体在规模、水平上数量变动的指数，如销售量指数、产量指数等。

若指数化指标是质量指标，则该指数称为质量指标指数，即反映现象总体在内涵上数量变动的指数，如单位产品成本指数、劳动生产率指数、平均工资

指数、商品价格指数等。

区别数量指标指数和质量指标指数的关键在于区分数量指标与质量指标。

知识拓展

指数化指标和同度量因素的区别

（1）指数化指标：用来计算和表明指数所要研究现象的指标。

（2）同度量因素：统计上把可以使不能直接相加的现象过渡到能够直接相加的现象的媒介因素称为同度量因素。

例如，商品销售额＝销售量×价格。

若要研究价格变动情况，则需要计算价格指数，因此，价格是价格指数的研究对象，同时价格是表明商品价格一般水平的指标，这样价格就称为指数化指标。为了使不能直接相加的价格过渡到能够直接相加的销售额，并通过销售额的对比来反映价格变动的程度，我们称销售量为同度量因素。

若要研究销售量变动情况，则需要计算销售量指数，这里销售量又是物量指数的研究对象，同时它反映商品销售规模的变动，因此，它是指数化指标。价格又把不能直接相加的销售量过渡到能够直接相加的销售额，因此，价格被称为同度量因素。

（三）按指数基期选择分类

统计指数按其基期选择的不同，可分为定基指数和环比指数。

在指数数列中，若每个指数都是以某一固定时期为对比基期，这样的指数称为定基指数。

在指数数列中，若每个指数都是以前一期为对比基期，这样的指数称为环比指数。

（四）按指数所比较的现象特征分类

统计指数按其所比较的现象特征不同，可分为时间指数、空间指数和计划完成情况指数。

时间指数又称动态指数，是指反映两个时期现象数量变动情况的指数。

空间指数是指反映不同地区或不同单位现象数量对比情况的指数。这种比较实际上是现象在不同空间条件下的数量对比，如地区差价指数、批零差价指数、不同地区职工工资水平指数等。

计划完成情况指数是指反映经济工作实际完成量与计划任务量对比情况的指数。

（五）按计算总指数的形式分类

统计指数按其计算总指数的形式不同，可分为综合指数和平均数指数。这两种指数是现代统计指数理论中编制总指数的两种主要形式。

五、统计指数的性质

(一) 相对性

统计指数是通过比较得出的相对指标，可以是动态比较、空间比较或计划完成程度比较，通过比较来表明现象发展变化的程度。

(二) 综合性

统计指数能综合反映同类现象各种事物发展变化的方向和程度。指数的比较不是单一数值对比，而是总体的综合数值对比，这就是指数与相对数的显著区别。

(三) 平均性

统计指数是一个平均值，是对多种事物进行综合比较的值，内含平均之意，即指数所表现的综合变动是多种事物的平均变动，可作为任何一种个别事物变动的代表。例如，某地区物价指数上升10%，并不是指某一种或某一类商品价格实际上升10%，而是对于该地区来说，所有商品价格平均上升10%。

(四) 代表性

统计指数是一个代表值，从指数的综合性要求来看，指数是复杂现象总变动的综合值，但事实上组成复杂现象的项目很多，难以全部包括在内，在实际编制指数时，只能选取若干重要项目作为代表。

知识拓展

几个常见的统计指数

(1) 居民消费价格指数（CPI）：又称消费者价格指数，是衡量一定时期内居民消费商品和服务价格水平变动情况的相对数，综合反映居民消费商品和服务价格水平的变动趋势和变动程度。CPI的编制方法是在众多商品和服务中选择代表品，计算个体价格指数，再以居民消费分类支出为权数，逐级计算类价格指数，直至总价格指数。CPI是宏观经济分析和决策、价格总水平监测和调控及国民经济核算的重要指标。

(2) 生产者价格指数（PPI）：又称工业生产者出厂价格指数，是衡量一定时期内工业企业产品第一次出售时的出厂价格总水平的变动趋势和变动程度的相对数。

(3) 股票价格指数：简称股票指数，用来反映整个股票市场上各种股票市场价格的总体水平及其变动情况。它是由证券交易所或金融服务机构编制的表明股票行情变动的一种供参考的指标。

(4) 消费者信心指数：反映消费者信心强弱的指标，是综合反映并量化消费者对当前经济形势的评价和对经济前景、收入水平、收入预期及消费心理状态的主观感受，预测经济走势和消费趋向的一个先行指标。

任务二　综合指数分析

任务情境

人类发展指数（HDI）是联合国开发计划署（UNDP）在《1990年人类发展报告》中提出，用于衡量联合国各成员国经济社会发展水平的指标。人类发展指数是利用“预期寿命、教育水平和生活质量”三项基础变量，按照一定的计算方法得出的综合指标。1990年以来，人类发展指数已在指导发展中国家制定相应发展战略方面发挥极其重要的作用。

任务分析

人类发展指数从动态上对人类发展状况进行反映，揭示了一个国家的优先发展项，为世界各国尤其是发展中国家制定发展政策提供了一定的依据，从而有助于挖掘一国经济发展的潜力。通过分解人类发展指数，可以发现社会发展中的薄弱环节，为经济社会发展提供预警。《2023/2024年人类发展报告》显示，2022年，中国的人类发展指数上升至0.788，跻身高人类发展水平行列。与2021年相比，中国的全球排名上升了4位，在193个国家和地区中排名第75位。

任务实施

1. 编制数量指标综合指数。编制方法：选择质量指标作为同度量因素且同度量因素时期固定在基期。

2. 编制质量指标综合指数。编制方法：选择数量指标作为同度量因素，且同度量因素时期固定在报告期。

相关知识

一、综合指数的概念及特点

（一）综合指数的概念

综合指数是由两个总量指标对比形成的指数，它是编制和计算总指数的一种基本形式。凡是一个总量指标可以分解为两个或两个以上因素指标的，将其中一个或一个以上因素指标固定下来，仅观察其中一个因素指标的变动程度，这样的总指数就称为综合指数，如销售额指数、总产值指数、总成本指数等。

（二）综合指数的特点

（1）先综合，后对比。综合指数是将不能直接相加的现象总量指标，通过另一个有关的称为同度量因素的变量转换成可以直接相加的总量指标进行对比，以反映该现象的变动程度。例如，各种商品销售量因计量单位不同而不能直接相加，若乘上价格，就得到商品销售额，这是一个价值指标，可以直接相加对比，由此，各种商品销售量综合变动程度就可以通过商品销售额的对比得到反映。

(2) 将同度量因素固定在同一时期，只测定一个因素的变动。例如，研究销售量总变动时，同度量因素是价格，并且把价格固定在基期；研究价格总变动时，同度量因素是销售量，并且把销售量固定在报告期。这种固定一个因素来研究另一个因素变动的方法，带有一定的假定性，如研究销售量变动时，价格实际上也是变动的，但作为一种分析方法，我们不得不暂时忽略现象间的相互影响。只有这样才能清晰地测定所要研究现象的变动程度，同时，这也是符合实际的一种研究方法。

(3) 综合指数不仅能反映现象变动的方向，而且能反映现象变动后带来的实际效果。

二、综合指数的编制方法

如前文所述，综合指数是将不能直接相加的总量指标通过加入同度量因素过渡到能够直接相加的价值指标，然后通过价值指标的对比来反映所研究现象数量综合变动程度。同度量因素在综合指数的形成及计算过程中的主要作用在于：第一，同度量作用；第二，权数作用。从前面分析的销售量指数及价格指数来看，同度量因素的选择主要是根据它们之间的经济联系确定的。对于其他经济现象来说，编制综合指数的关键在于：首先，要确定同度量因素；其次，在同度量因素确定以后，还要选择同度量因素时期。

综合指数分为数量指标指数和质量指标指数，它们的性质和编制方法均不同。下面以某超市三种商品销售量与价格资料（表 6-1）为例，详细说明综合指数的编制方法。

表 6-1　某超市三种商品销售量与价格资料

商品	计量单位	基期销售量 q_0	报告期销售量 q_1	基期价格 p_0/元	报告期价格 p_1/元
甲	千克	50	62.5	20	14
乙	双	75	90.0	10	8
丙	米	100	115.0	5	5
合计	—	—	—	—	—

（一）数量指标指数的编制——销售量指数

三种商品的计量单位各不相同，销售量不能直接相加，要反映销售量变动情况，必须借助于销售量指数。

1. 选择同度量因素

一般来说，同度量因素的选择要通过现象的经济内容，按照现象内在联系确定。

根据“销售额=销售量×价格”，价格把不能直接相加的销售量过渡到能够直接相加的销售额，价格便是同度量因素。此时，我们将销售量隐含到销售额中，再通过销售额的对比来体现销售量的总变动。于是，可以建立销售量指数的基本模式：

$$k_q = \frac{\sum pq_1}{\sum pq_0}$$

以上是综合指数编制的关键一步。但是，确定同度量因素的关键在于找出社会经济现象相互联系的关系式，通过上式可以看出，数量指标指数的同度量因素为质量指标。

尽管有了综合指数的基本模式，但还不能计算出综合指数，因为上式中价格没有具体时期，固定在基期还是报告期是编制综合指数的第二个问题。

2. 确定同度量因素时期

（1）以基期为同度量因素时期——拉氏物量指数。

若以基期为同度量因素时期，则可以得到拉氏物量指数，其计算公式如下：

$$k_q = \frac{\sum p_0 q_1}{\sum p_0 q_0}$$

计算拉氏物量指数的资料如表 6-2 所示。

表 6-2　拉氏物量指数计算资料

商品	计量单位	基期销售量 q_0	报告期销售量 q_1	基期价格 p_0/元	报告期价格 p_1/元	商品销售额/元	
						p_0q_0	p_0q_1
甲	千克	50	62.5	20	14	1 000	1 250
乙	双	75	90.0	10	8	750	900
丙	米	100	115.0	5	5	500	575
合计	—	—	—	—	—	2 250	2 725

$$k_q = \frac{\sum p_0 q_1}{\sum p_0 q_0} = \frac{2\ 725}{2\ 250} \approx 121.11\%$$

$$\sum p_0 q_1 - \sum p_0 q_0 = 2\ 725 - 2\ 250 = 475(\text{元})$$

计算结果表明：三种商品销售量报告期比基期平均增长了 21.11%，销售量增长使商品销售额增加了 475 元。

（2）以报告期为同度量因素时期——派氏物量指数。

若以报告期为同度量因素时期，则可以得到派氏物量指数，其计算公式如下：

$$k_q = \frac{\sum p_1 q_1}{\sum p_1 q_0}$$

计算派氏物量指数的资料如表 6-3 所示。

表 6-3 派氏物量指数计算资料

商品	计量单位	基期销售量 q_0	报告期销售量 q_1	基期价格 p_0/元	报告期价格 p_1/元	商品销售额/元	
						p_1q_0	p_1q_1
甲	千克	50	62.5	20	14	700	875
乙	双	75	90.0	10	8	600	720
丙	米	100	115.0	5	5	500	575
合计	—	—	—	—	—	1 800	2 170

$$k_q=\frac{\sum p_1q_1}{\sum p_1q_0}=\frac{2\ 170}{1\ 800}\approx 120.56\%$$

$$\sum p_1q_1-\sum p_1q_0=2\ 170-1\ 800=370(\text{元})$$

计算结果表明：三种商品销售量报告期较基期平均增长了 20.56%，销售量增长使商品销售额增加了 370 元。

拉氏认为，只有把价格固定在基期，才能真正反映销售量本身的变动程度及其对销售额影响的绝对数。若采用报告期价格作为同度量因素，则不能完全反映销售量本身的变动对销售额的影响，因为其中还包含了价格变动对销售额的影响。

证明如下：

$$\begin{aligned}\sum p_1q_1-\sum p_1q_0&=\sum(p_1-p_0+p_0)q_1-\sum(p_1-p_0+p_0)q_0\\&=\left[\sum(p_1-p_0)q_1+\sum p_0q_1\right]-\left[\sum(p_1-p_0)q_0+\sum p_0q_0\right]\\&=\sum(p_1-p_0)(q_1-q_0)+\left(\sum p_0q_1-\sum p_0q_0\right)\end{aligned}$$

上式表明：若采用报告期价格作为同度量因素来反映销售额的变动，它会把共变影响额也包括在内，而这一部分是由销售量和价格共同变动引起的，并不是单纯由销售量本身变动所致，因此，不应由销售量指数来反映。

【结论 1】 编制数量指标指数的一般原则：应以基期的质量指标为同度量因素。

在数量指标指数中，为了研究较长时期的产量变动情况，我国还采用不变价格作为同度量因素。因为从上面指数的编制过程来看，一般使用基期价格作为同度量因素，但是随着基期的更换，所使用的价格也要同时更换，这在大规模计算中非常麻烦，而如果把价格固定在某一特定时期，即采用不变价格作为同度量因素，就可以避免基期经常变动的麻烦。目前，我国编制主要工业产品产量指数、农产品产量指数均采用这种方法。其计算公式为

$$k_q=\frac{\sum p_nq_1}{\sum p_nq_0}$$

（二）质量指标指数的编制——价格指数

三种商品价格报告期较基期有所下降，且三种商品计量单位不同，价格不能直接相加，要综合反映三种商品价格总变动情况，应编制价格指数。

1. 选择同度量因素

根据“销售额＝销售量×价格”，由于价格是价格指数的研究对象，因此它是指数化指标，销售量是能把不能直接相加的价格过渡到能够直接相加的销售额的媒介因素，因此，销售量是同度量因素。于是，可以建立价格指数的基本模式：

$$k_p=\frac{\sum p_1q}{\sum p_0q}$$

2. 确定同度量因素时期

（1）以基期为同度量因素时期——拉氏价格指数。

将同度量因素固定在基期的目的在于说明销售量维持在基期水平条件下价格的综合变动程度。此时，可以得到拉氏价格指数，其计算公式如下：

$$k_p=\frac{\sum p_1q_0}{\sum p_0q_0}$$

计算拉氏价格指数的资料如表 6-4 所示。

表 6-4 拉氏价格指数计算资料

商品	计量单位	基期销售量 q_0	报告期销售量 q_1	基期价格 p_0/元	报告期价格 p_1/元	商品销售额/元	
						p_0q_0	p_1q_0
甲	千克	50	62.5	20	14	1 000	700
乙	双	75	90.0	10	8	750	600
丙	米	100	115.0	5	5	500	500
合计	—	—	—	—	—	2 250	1 800

$$k_p=\frac{\sum p_1q_0}{\sum p_0q_0}=\frac{1\ 800}{2\ 250}=80\%$$

$$\sum p_1q_0-\sum p_0q_0=1\ 800-2\ 250=-450(\text{元})$$

计算结果表明：三种商品价格报告期比基期平均下降了 20%，价格下降使商品销售额减少了 450 元。

（2）以报告期为同度量因素时期——派氏价格指数。

将同度量因素固定在报告期的目的在于说明在现有商品实际销售量条件下价格的综合变动程度。此时，可以得到派氏价格指数，其计算公式如下：

$$k_p=\frac{\sum p_1q_1}{\sum p_0q_1}$$

计算派氏价格指数的资料如表 6-5 所示。

表 6-5　派氏价格指数计算资料

商品	计量单位	基期销售量 q_0	报告期销售量 q_1	基期价格 p_0/元	报告期价格 p_1/元	商品销售额/元	
						p_0q_1	p_1q_1
甲	千克	50	62.5	20	14	1 250	875
乙	双	75	90.0	10	8	900	720
丙	米	100	115.0	5	5	575	575
合计	—	—	—	—	—	2 725	2 170

$$k_p=\frac{\sum p_1q_1}{\sum p_0q_1}=\frac{2\,170}{2\,725}\approx 79.63\%$$

$$\sum p_1q_1-\sum p_0q_1=2\,170-2\,725=-555\text{（元）}$$

计算结果表明：三种商品价格报告期较基期平均下降了 20.37%，价格下降使商品销售额减少了 555 元。

（3）拉氏价格指数和派氏价格指数的优缺点。

拉氏价格指数的优点：以基期销售量为权数，它假定销售量没有发生变动，从而使价格不受销售量变动的影响，能够确切反映价格变动；缺点：只能说明在基期销售量规模及构成条件下商品价格变动程度和变动绝对额，不能反映价格变动实际产生的影响，缺乏现实意义。

派氏价格指数的优点：以报告期销售量为权数，可以避免以基期销售量为权数而导致脱离报告期实际的弊端，因为在经济生活中，我们主要关心的是现实经济量变动情况，而不是过去的水平，即从现实意义的角度出发，由于我们计算价格指数的目的一般都是观察价格变化的实际经济效果，因此选用报告期销售量作为同度量因素更为合理；缺点：包含了销售量变动的影响。

【结论 2】　编制质量指标指数的一般原则：应以报告期的数量指标为同度量因素。

知识拓展

人类发展指数

人类发展指数（Human Development Index，简称 HDI）是联合国开发计划署（UNDP）在 1990 年提出的一个综合指标，用于衡量联合国各成员国的经济社会发展水平。HDI 旨在超越传统上仅依赖国内生产总值（GDP）或国民生产总值（GNP）来评估一个国家发展水平的方法，更多地关注人民生活的质量。

HDI 由三个主要维度组成：

（1）预期寿命：指一个国家人口在出生时的平均预期寿命，反映了健康状况和医疗服务的可得性。

(2) 教育水平：包括平均受教育年限和预期受教育年限两部分。

平均受教育年限：指25岁及以上人口已经完成的平均学校教育年限。

预期受教育年限：指5岁儿童未来接受学校教育的预期年限。

(3) 生活质量：通常用实际人均国民总收入（GNI per capita）来衡量，反映了个人消费能力及整体经济生产力。

这三个维度的数据被标准化处理后，结合在一起形成一个0到1之间的指数，其中1表示最高的人类发展水平。根据HDI的得分，各国可以被划分为不同的发展水平类别，如极高水平、高水平、中等水平和低水平。

编制HDI的目的在于提供一个更全面的发展视角，强调将健康的长寿生活、获取知识及体面的生活标准作为发展的核心要素。通过对HDI的研究，政策制定者能够更好地理解本国的发展状况，并据此制定相应的政策来改善民生和实现发展。此外，HDI还有助于国际社会比较不同国家的发展水平，并促进全球范围内的合作与发展。

任务三　平均指数分析

任务情境

已知基期销售额及销售量个体指数资料如表6-6所示，如何计算销售量指数？

表6-6　基期销售额及销售量个体指数资料

商品	计量单位	销售量个体指数 k_q	基期销售额（p_0q_0）/元
甲	米	1.50	16 000
乙	件	1.40	15 000
丙	台	1.25	24 000
合计	—	—	55 000

任务分析

前面介绍了综合指数的编制方法，它是总指数的基本形式，可以确切地反映社会经济现象总的变动程度，并且具有一定的经济意义。但是，从综合指数的编制过程来看，它需要有较为完整的原始资料及需要计算假定价值资料。例如，价格指数和销售量指数需要全部商品报告期、基期价格和销售量资料，在实际工作中，要取得上述所有资料往往比较困难，因为在我国零售商业中价值资料是有的，但分商品的销售量资料不易取得，所以直接按照综合指数公式编制经济指数，无论是在我国还是在西方国家都存在资料难以取得的困难。这样，在指数的具体编制过程中，必须根据所掌握的资料，改变指数的计算形式，即编制平均指数。

任务实施

1. 计算加权算术平均数指数。
2. 计算加权调和平均数指数。
3. 计算固定权数加权算术平均数指数。

相关知识

一、平均指数概述

平均指数是个体指数的加权平均数，它是以个体指数为基础，通过对个体指数加权平均计算的一种总指数，因此平均指数是总指数的另一种重要形式。平均指数根据对个体指数加权平均形式的不同可分为多种类型，常用的主要有加权算术平均数指数和加权调和平均数指数。

（一）加权算术平均数指数

1. 加权算术平均数指数的概念

加权算术平均数指数是将个体指数按算术平均数形式进行加权计算的总指数。一般来说，数量指标指数大多可以变形为加权算术平均数指数。

2. 加权算术平均数指数的计算公式

由个体物量指数公式 $k_q=\dfrac{q_1}{q_0}$ 可知

$$q_1=k_q q_0$$

将上式代入综合物量指数公式，得到

$$\bar{k}_q=\frac{\sum p_0 q_1}{\sum p_0 q_0}=\frac{\sum p_0 k_q q_0}{\sum p_0 q_0}=\frac{\sum k_q p_0 q_0}{\sum p_0 q_0}$$

上式含义：综合物量指数=加权算术平均数指数。

【结论 3】 综合物量指数变形为加权算术平均数指数时，应以综合指数的分母 p_0q_0 为权数，若使用 p_0q_0 以外的其他资料作为权数，则不能变形为加权算术平均数指数。

【例 6-1】 已知基期销售额及销售量个体指数资料如表 6-7 所示，请计算销售量加权算术平均数指数。

表 6-7　销售量加权算术平均数指数计算资料 1

商品	计量单位	销售量个体指数 k_q	基期销售额（p_0q_0）/元	$k_q p_0 q_0$
甲	米	1.50	16 000	24 000
乙	件	1.40	15 000	21 000
丙	台	1.25	24 000	30 000
合计	—	—	55 000	75 000

【解析】 $\bar{k}_q=\frac{\sum k_q p_0 q_0}{\sum p_0 q_0}=\frac{75\ 000}{55\ 000}\approx 136.36\%$

$\sum k_q p_0 q_0-\sum p_0 q_0=75\ 000-55\ 000=20\ 000$(元)

计算结果表明：三种商品销售量报告期较基期增长了 36.36%，销售量增长使商品销售额增加了 20 000 元。

【例 6-2】 已知基期、报告期销售额及销售量个体指数资料如表 6-8 所示，请计算销售量加权算术平均数指数。

表 6-8 销售量加权算术平均数指数计算资料 2

商品	计量单位	基期销售额（p_0q_0）/元	报告期销售额（p_1q_1）/元	报告期较基期销售量增长/%	销售量个体指数 k_q/%
甲	台	4 000	5 000	25.0	125.0
乙	件	8 500	8 200	−3.5	96.5
合计	—	12 500	13 200	—	—

【解析】 $\bar{k}_q=\frac{\sum k_q p_0 q_0}{\sum p_0 q_0}=\frac{125\%\times 4\ 000+96.5\%\times 8\ 500}{4\ 000+8\ 500}$

$$=\frac{13\ 202.5}{12\ 500}=105.62\%$$

$\sum k_q p_0 q_0-\sum p_0 q_0=13\ 202.5-12\ 500=702.5$(元)

计算结果表明：两种商品销售量报告期较基期平均增长了 5.62%，销售量增长使商品销售额增加了 702.5 元。

（二）加权调和平均数指数

1. 加权调和平均数指数的概念

加权调和平均数指数是将个体指数按调和平均数形式进行加权计算得到的总指数。一般来说，质量指标指数大多可以变形为加权调和平均数指数，如农副产品收购价格指数、集市贸易价格指数等。

2. 加权调和平均数指数的计算公式

由个体价格指数公式 $k_p=\frac{p_1}{p_0}$ 可知

$$p_0=\frac{p_1}{k_p}$$

将上式代入综合价格指数公式，得到

$$\bar{k}_p=\frac{\sum p_1 q_1}{\sum p_0 q_1}=\frac{\sum p_1 q_1}{\sum \frac{p_1}{k_p} q_1}=\frac{\sum p_1 q_1}{\sum \frac{1}{k_p} p_1 q_1}$$

上式含义：综合价格指数＝加权调和平均数指数。

【结论4】 综合价格指数变形为加权调和平均数指数时，应以综合指数的分子 p_1q_1 为权数，若使用 p_1q_1 以外的其他资料作为权数，则不能变形为加权调和平均数指数。

【例6-3】 已知报告期销售额及销售价格个体指数资料如表6-9所示，请计算价格加权调和平均数指数。

表6-9 价格加权调和平均数指数计算资料

商品	计量单位	报告期销售额（p_1q_1）/万元	报告期较基期销售价格增长/%	销售价格个体指数 k_p/%	$\frac{1}{k_p}p_1q_1$
甲	台	200	2	102	196.08
乙	件	350	0	100	350.00
合计	—	550	—	—	546.08

【解析】 $$\bar{k}_p=\frac{\sum p_1q_1}{\sum \frac{1}{k_p}p_1q_1}=\frac{550}{546.08}\approx 100.72\%$$

$$\sum p_1q_1-\sum \frac{1}{k_p}p_1q_1=550-546.08=3.92(\text{万元})$$

计算结果表明：两种商品价格报告期较基期平均增长了0.72%，价格增长使商品销售额增加了3.92万元。

二、平均指数与综合指数的区别和联系

（一）平均指数与综合指数的区别

1. 计算方法不同

综合指数是先综合，再对比，并计算假定价值指标；平均指数是先对比，再平均，避免使用假定资料。

2. 使用资料不同

综合指数使用全面统计资料；平均指数可以使用非全面统计资料。

（二）平均指数与综合指数的联系

在一定权数条件下，平均指数是综合指数的变形。

知识拓展

固定权数加权算术平均数指数

在平均指标中曾介绍过加权算术平均数 $\bar{x}=\sum x\cdot\frac{f}{\sum f}$，式中 $\frac{f}{\sum f}$ 为各组次数占总次数的比例。如果某企业工人数结构变化不大，那么该比例趋向一个定值，这时权数基本上是固定的，可以称为固定权数；如果该企业工人数结构有变动，我们也可以结合变动情况进行适当的调整。

数量指标指数一般可以变形为加权算术平均数指数，质量指标指数一般可以变形为加权调和平均数指数，但在实际工作中，有的质量指标指数也可采用加权算术平均数指数。例如，我国统计实践中，全社会零售物价指数就是采用此法进行编制的，不过其权数是固定的，即权数一经确定，可以在一定时期内保持不变，这个固定权数通常用 w 表示，一般每年确定一次，有时可沿用几年。从我国实际物价变动情况来看，它能准确反映全社会物价总水平的变动情况。

（一）固定权数加权算术平均数指数的概念

固定权数加权算术平均数指数是用固定权数按照加权算术平均法编制的总指数。

（二）固定权数加权算术平均数指数的计算公式

$$\bar{k}_p=\frac{\sum k_p w}{\sum w}=\frac{\sum k_p w}{100}$$

公式证明如下：

将 $p_1=k_p p_0$ 代入拉氏价格指数公式 $k_p=\frac{\sum p_1 q_0}{\sum p_0 q_0}$，得到

$$\bar{k}_p=\frac{\sum p_1 q_0}{\sum p_0 q_0}=\frac{\sum k_p p_0 q_0}{\sum p_0 q_0}=\frac{\sum k_p\cdot\frac{p_0 q_0}{\sum p_0 q_0}}{\sum\frac{p_0 q_0}{\sum p_0 q_0}}$$

式中，$\frac{p_0 q_0}{\sum p_0 q_0}$ 指各大、中、小类基期零售额在零售总额中所占的比例。

令 $w=\frac{p_0 q_0}{\sum p_0 q_0}$，并将其代入上式即可得到

$$\bar{k}_p=\frac{\sum k_p w}{\sum w}$$

需要注意的是，全社会零售物价指数是逐级编制，分层确定权数，先计算代表商品个体指数，进而编制小类指数、中类指数，再编制大类指数，最后编制总指数。

下面以消费品零售物价指数为例，说明固定权数加权算术平均数指数的编制方法。首先，将消费品分为食品、衣着、日用品等几类，在每类中选取若干代表规格品，计算出每种规格品的价格个体指数，再用固定权数加权，计算出每类消费品的价格指数，其固定权数一般是根据上年各类消费品零售额在全部消费品零售总额中所占的比例，参照本年市场消费情况加以推算的；其次，把各类消费品的比例确定下来，比例一经确定，至少一年内不变；最后，根据固定权数加权算术平均数指数公式，计算出消费品零售物价总指数。

【例 6-4】 已知消费品零售物价类指数和固定权数资料如表 6-10 所示，请计算消费品零售物价总指数。

表 6-10　消费品零售物价指数计算资料

消费品类	类指数 k_p/%	固定权数 w/%	$k_p w$
食品	107.7	57	6 138.9
衣着	102.8	20	2 056.0
日用品	101.4	13	1 318.2
文化娱乐用品	95.7	4	382.8
书报杂志	103.3	1	103.3
药及医疗用品	109.1	2	218.2
燃料	114.6	3	343.8
合计	—	100	10 561.2

【解析】 $\bar{k}_p=\frac{\sum k_p w}{\sum w}=\frac{\sum k_p w}{100}=\frac{10\ 561.2}{100}\approx 105.61\%$

任务四　指数体系与因素分析

任务情境

社会经济现象之间存在相互联系、相互影响的关系，一种现象数量发生变动，必然会引起与之相关的现象数量随之变动，现象间的内在联系既存在于总量指标，也存在于平均指标。例如，销售额变动，既有可能是销售量变动引起的，也有可能是价格变动引起的，那么，销售量或价格变动对销售额的影响程度如何呢？

任务分析

我们可通过计算销售额指数及销售额变动的绝对数来反映销售额的变动情况。由于“销售额＝销售量×价格”，因此我们也可分别计算销售量指数和价格指数，以此观察销售量和价格变动对销售额的影响方向与影响程度。

任务实施

1. 构建指数体系，如“销售额指数＝销售量指数×价格指数”。
2. 构建总量指标指数体系并进行因素分析。
3. 构建平均指标指数体系并进行因素分析。

相关知识

一、指数体系

（一）指数体系的概念

统计上把在经济上有联系、在数量上保持一定对等关系的三个或三个以上指数所形成的整体，称为指数体系。

前面分别研究了数量指标指数和质量指标指数的编制，它们都属于一个指数的编制问题。如若把它们联系起来进行研究，就会发现指数间存在一定的数量对等关系，而这种对等关系的产生又来自社会经济现象本身。例如：

$$\text{总变动}\left\{\begin{array}{l}\text{商品销售额}=\text{销售量}\times\text{价格}\\\text{总成本}=\text{产品产量}\times\text{单位产品成本}\\\text{工业总产值}=\underbrace{\text{产品产量}}_{\text{数量指标}}\times\underbrace{\text{出厂价格}}_{\text{质量指标}}\end{array}\right\}\text{影响因素}$$

上述等式反映的是现象间在经济上的关系，它们是经济方程式，这种等式关系在静态上是成立的，那么在动态上是否仍然成立？即现象间的数量关系在统计指数上是否也存在等式关系？

而要反映现象在动态上的变动情况，应计算动态相对数。以商品销售额为例：

$$\text{商品销售额动态相对数}=\frac{p_1q_1}{p_0q_0}=\frac{q_1}{q_0}\cdot\frac{p_1}{p_0}$$

即“某一商品销售额指数＝个体销售量指数×个体价格指数”。

这说明对于单一商品来说，指数间的关系式是成立的；但对于多种商品来说，由于计量单位不同，必须借助于同度量因素，上式改写为

$$\text{商品销售额动态相对数}=\frac{\sum p_1q_1}{\sum p_0q_0}=\frac{\sum p_0q_1}{\sum p_0q_0}\cdot\frac{\sum p_1q_1}{\sum p_0q_1}$$

即“商品销售额指数＝销售量指数×价格指数”。

同理，可建立起其他经济现象的指数关系式，如“总成本指数＝产品产量指数×单位产品成本指数”。

因此，一般来说，三个或三个以上有联系的经济指数之间如能构成一定的数量对等关系，就可以形成指数体系。

上述指数体系所反映的现象间的数量对等关系，不仅在相对数上成立，而且在绝对数方面也存在对等关系。

$$\sum p_1q_1-\sum p_0q_0=\left(\sum p_0q_1-\sum p_0q_0\right)+\left(\sum p_1q_1-\sum p_0q_1\right)$$

即“商品销售额增减额＝因销售量变动的增减额＋因价格变动的增减额”。

（二）指数体系的作用

（1）通过指数体系可进行指数间的相互推算。例如，已知商品销售额指数为114%，价格指数为94%，可推算出销售量指数为121.28%（114%/94%）。

（2）指数体系是因素分析的依据。可以借助于指数体系从相对数和绝对数两个方面分析各种因素的变动对现象总变动的影响。

二、因素分析

（一）因素分析的概念

因素分析是指利用指数体系对复杂现象总变动中各种因素的影响方向和影响程度所做的分析。因素分析的对象是受多种因素影响的复杂现象。它是在假定其他因素固定不变的条件下，仅测定一种因素的变动方向和变动程度对总变动的影响。

因素分析的依据是指数体系，它借助于指数体系从相对数和绝对数两个方面进行分析。在相对数方面，现象总变动指数等于若干因素指数的连乘积；在绝对数方面，现象总变动差额等于若干因素影响差额的代数和。

（二）因素分析的种类

（1）按复杂现象包含因素的多少，分为两因素分析和多因素分析。

（2）按分析指标性质的不同，分为总量指标因素分析和平均指标因素分析。

（三）因素分析的步骤

（1）确定分析对象，选定指数体系。

（2）计算指数体系中的各个指数。

（3）从相对数和绝对数两个方面进行文字说明。

三、指数体系种类与因素分析法

复杂现象总体的变动，有的通过总量指标的对比来表现，有的通过平均指标的对比来表现。从对比指标的性质来看，常见的指数体系主要有复杂现象总体两个总量指标之比（总量指标指数体系）和复杂现象总体两个平均指标之比（平均指标指数体系）两类。

（一）总量指标指数体系与因素分析

1. 总量指标指数体系的形成

总量指标指数体系主要存在于综合指数和综合指数变形之中，并通过相对数和绝对数两种形式表现出来。

如前文所述，综合指数是总指数的基本形式，并且综合指数分为数量指标指数和质量指标指数两种，要反映现象总的变动方向和变动程度，可以借助于数量指标指数和质量指标指数。这样，我们可以将总量指标指数分解为数量指标指数和质量指标指数的连乘积，即

总量指标指数＝数量指标指数×质量指标指数

例如：商品销售额指数＝销售量指数×价格指数

总成本指数＝产品产量指数×单位产品成本指数

2. 总量指标两因素分析

总量指标两因素分析是指对现象总体只受两个因素指标的影响所做的分析，其步骤如下：首先，确定分析对象。在总量指标指数体系中，分析对象是总量指标，根据所研究现象的经济内容不同，总量指标又表现出不同的经济意义，

因此，在具体分析时，应选择适当的指数体系。其次，计算指数体系中的各个指数，从相对数和绝对数两个方面进行。

【例 6-5】 某超市三种商品销售量与价格资料如表 6-11 所示，请对销售额变动进行因素分析。

表 6-11 总量指标两因素分析计算资料

商品	计量单位	基期销售量 q_0	报告期销售量 q_1	基期价格 p_0/元	报告期价格 p_1/元	商品销售额/元		
						p_0q_0	p_1q_1	p_0q_1
甲	千克	50	62.5	20	14	1 000	875	1 250
乙	双	75	90.0	10	8	750	720	900
丙	米	100	115.0	5	5	500	575	575
合计	—	—	—	—	—	2 250	2 170	2 725

【解析】 （1）$商品销售额指数=\frac{\sum p_1q_1}{\sum p_0q_0}=\frac{2\ 170}{2\ 250}\approx 96.44\%$

$商品销售额增减量=\sum p_1q_1-\sum p_0q_0=2\ 170-2\ 250=-80(元)$

（2）$销售量指数=\frac{\sum p_0q_1}{\sum p_0q_0}=\frac{2\ 725}{2\ 250}\approx 121.11\%$

$商品销售额增减量=\sum p_0q_1-\sum p_0q_0=2\ 725-2\ 250=475(元)$

（3）$价格指数=\frac{\sum p_1q_1}{\sum p_0q_1}=\frac{2\ 170}{2\ 725}\approx 79.63\%$

$商品销售额增减量=\sum p_1q_1-\sum p_0q_1=2\ 170-2\ 725=-555(元)$

（4）综合分析：96.44%=121.11%×79.63%；−80=475−555。

（5）文字说明：三种商品销售额报告期较基期下降了 3.56%，销售额减少了 80 元。其中，销售量增加了 21.11%，使销售额增加了 475 元；价格下降 20.37%，使销售额减少了 555 元。

课堂活动 计算题：

1. 价格下降后，同样多的人民币可多购买 10%的商品，求价格指数。

2. 某厂 2024 年职工平均工资提高了 3.2%，职工人数增加了 2%，职工工资总额增长了多少?

判断题：

若生活费指数上涨 20%，则现在的 1 元只值原来的 0.8 元。（ ）

3. 总量指标多因素分析

总量指标多因素分析是指对现象总体受三个或三个以上因素指标的影响所做的分析。在总量指标多因素分析中，总量指标表现为三个或三个以上因素指标的连乘积，其总变动是多种因素共同作用的结果。

例如：总产值指数＝职工人数指数×生产工人数占职工人数的比例指数×工人劳动生产率指数

原材料费用总额指数＝产品产量指数×单位产品原材料消耗量指数×原材料单价指数

在总量指标多因素分析中，若总量指标受三个因素指标的影响，则总量指标指数体系的相对数和绝对数表现形式如下：

$$\frac{\sum a_1b_1c_1}{\sum a_0b_0c_0}=\frac{\sum a_1b_0c_0}{\sum a_0b_0c_0}\cdot\frac{\sum a_1b_1c_0}{\sum a_1b_0c_0}\cdot\frac{\sum a_1b_1c_1}{\sum a_1b_1c_0}$$

$$\begin{aligned}\sum a_1b_1c_1-\sum a_0b_0c_0=&(\sum a_1b_0c_0-\sum a_0b_0c_0)+\\&(\sum a_1b_1c_0-\sum a_1b_0c_0)+\\&(\sum a_1b_1c_1-\sum a_1b_1c_0)\end{aligned}$$

由于总量指标多因素分析中涉及三个或三个以上因素，在具体分析时应注意以下三点：

(1) 分析某一种因素变动的影响时，必须把其他所有因素固定起来。对于同度量因素时期的选择，仍应遵循综合指数编制的一般原则，但对数量指标和质量指标的区分要根据经济内容进行。以原材料费用总额为例：

① 分析产品产量变动对原材料费用总额的影响方向和影响程度时，产品产量为数量指标，而“单位产品原材料消耗量×原材料单价＝单位产品原材料费用”。根据综合指数编制原则，应把单位产品原材料消耗量与原材料单价的乘积作为起同度量作用的质量指标，并将其固定在基期。

② 分析单位产品原材料消耗量变动对原材料费用总额的影响方向和影响程度时，对于产品产量来说，应视单位产品原材料消耗量为质量指标，根据综合指数编制原则，把产品产量固定在报告期；对于原材料单价来说，应视单位产品原材料消耗量为数量指标，把原材料单价固定在基期。

③ 分析原材料单价变动对原材料费用总额的影响方向和影响程度时，原材料单价是质量指标，而“产品产量×单位产品原材料消耗量＝原材料总消耗量”。根据综合指数编制原则，应把产品产量与单位产品原材料消耗量的乘积作为起同度量作用的数量指标，并将其固定在报告期。

(2) 由于总量指标多因素分析中涉及的因素较多，各因素变动的先后顺序会直接影响固定因素及同度量因素时期的选择，因此应合理确定各因素的排列顺序。各因素的排列顺序主要根据所研究现象的内在联系确定，一般原则是：数量指标在前，质量指标在后；主要因素在前，次要因素在后；同时，要注意相邻两因素相乘后的经济意义，保持前后因素之间逻辑上的相互衔接。

(3) 测定各因素变动的影响时，应顺次连锁地以报告期指标替代基期指标，测定过的因素应固定在报告期。

(二) 平均指标指数体系与因素分析

1. 平均指标指数的概念及计算公式

在资料分组的条件下，社会经济现象总体平均水平的变动，受两个因素的影响：其一是各组标志值的大小；其二是各组单位数在总体单位数中所占比例的大小。因此，在用统计指数分析总平均指标的变动时，即可从标志值和总体内部结构这两个影响因素入手。

(1) 平均指标指数的概念。

统计上把经济内容相同的不同时期的平均指标数值加以对比，用来反映经济现象一般水平的变动程度，这种由两个平均指标对比形成的相对数，称为平均指标指数。

(2) 平均指标指数的计算公式。

$$\bar{k}_x=\frac{\bar{x}_1}{\bar{x}_0}$$

式中，$\bar{x}_1$ 为报告期某一经济现象的平均指标，$\bar{x}_0$ 为基期该经济现象的平均指标。

常用的平均指标指数有平均工资指数、劳动生产率指数、单位产品成本指数等。

2. 平均指标指数体系

平均指标指数体系涉及三个指数：可变构成指数、结构影响指数和固定构成指数。

(1) 可变构成指数。

统计上把在分组条件下包含各组平均水平及其相应的单位数比例结构这两个因素变动的总平均指标指数称为可变构成指数，以全面综合地反映现象总体平均水平的变动状况。其计算表达式为

$$\text{可变构成指数}=\frac{\bar{x}_1}{\bar{x}_0}=\frac{\dfrac{\sum x_1 f_1}{\sum f_1}}{\dfrac{\sum x_0 f_0}{\sum f_0}}=\frac{\sum x_1 \dfrac{f_1}{\sum f_1}}{\sum x_0 \dfrac{f_0}{\sum f_0}}$$

$$\text{总平均指标变动绝对额}=\bar{x}_1-\bar{x}_0$$

上式表明总平均指标变动受各组平均水平变动和各组单位数结构变动的影响。

根据综合指数编制的一般原则，数量指标指数应以基期质量指标为同度量因素，质量指标指数应以报告期数量指标为同度量因素。根据因素分析法原理，观察总平均指标变动中各因素变动的影响方向和影响程度时，应假定其他因素固定不变，仅观察其中一个因素变动的影响方向和影响程度。

如果把各组平均水平（x）固定下来，仅测定各组单位数结构变动对总平均指标变动的影响方向和影响程度，那么应计算结构影响指数。

（2）结构影响指数。

统计上把各组平均水平固定下来，单纯反映各组单位数结构变动对总平均指标变动的影响方向和影响程度的指数，称为结构影响指数。

$\frac{f}{\sum f}$ 作为各组单位数结构，通常被视为数量指标；x 代表各组平均水平，通常被视为质量指标，并作为同度量因素，应固定在基期。

结构影响指数的计算表达式为

$$\text{结构影响指数}=\frac{\bar{x}_n}{\bar{x}_0}=\frac{\dfrac{\sum x_0 f_1}{\sum f_1}}{\dfrac{\sum x_0 f_0}{\sum f_0}}$$

$$\text{各组单位数结构变动影响绝对额}=\bar{x}_n-\bar{x}_0$$

如果单纯测定各组平均工资变动对总平均工资变动的影响方向和影响程度，就必须消除各组职工人数结构变动的影响。因为各组平均工资 x 是质量指标，各组职工人数结构 $\frac{f}{\sum f}$ 是数量指标，作为同度量因素，应固定在报告期。

（3）固定构成指数。

统计上把各组单位数结构固定下来，单纯测定各组平均水平变动对总平均指标变动的影响方向和影响程度的指数，称为固定构成指数。其计算表达式为

$$\text{固定构成指数}=\frac{\bar{x}_1}{\bar{x}_n}=\frac{\dfrac{\sum x_1 f_1}{\sum f_1}}{\dfrac{\sum x_0 f_1}{\sum f_1}}$$

$$\text{各组平均水平变动影响绝对额}=\bar{x}_1-\bar{x}_n$$

将上述三个指数联系起来进行研究，可得到以下关系式：

$$\frac{\bar{x}_1}{\bar{x}_0}=\frac{\bar{x}_n}{\bar{x}_0}\cdot\frac{\bar{x}_1}{\bar{x}_n}$$

即“可变构成指数＝结构影响指数×固定构成指数”。

$$\bar{x}_1-\bar{x}_0=(\bar{x}_n-\bar{x}_0)+(\bar{x}_1-\bar{x}_n)$$

即“总平均指标变动绝对额＝各组单位数结构变动影响绝对额＋各组平均水平变动影响绝对额”。

根据指数体系的含义，在经济上有联系、在数量上保持一定对等关系的三个或三个以上指数所形成的整体，称为指数体系。因此，上述三个指数就构成了平均指标指数体系。

3. 平均指标两因素分析

【例 6-6】 某企业职工人数和平均工资资料如表 6-12 所示，请利用平均指标指数体系进行因素分析。

表 6-12 平均指标两因素分析计算资料

职工类别	职工人数/人		平均工资/（元/人）		工资总额/元		
	基期 f_0	报告期 f_1	基期 x_0	报告期 x_1	x_0f_0	x_1f_1	x_0f_1
老职工	250	180	7 000	8 000	1 750 000	1 440 000	1 260 000
新职工	250	420	4 000	5 000	1 000 000	2 100 000	1 680 000
合计	500	600	5 500	5 900	2 750 000	3 540 000	2 940 000

【解析】 $\bar{x}_1=\frac{\sum x_1f_1}{\sum f_1}=\frac{3\ 540\ 000}{600}=5\ 900$(元)

$\bar{x}_n=\frac{\sum x_0f_1}{\sum f_1}=\frac{2\ 940\ 000}{600}=4\ 900$(元)

$\bar{x}_0=\frac{\sum x_0f_0}{\sum f_0}=\frac{2\ 750\ 000}{500}=5\ 500$(元)

(1) 可变构成指数$=\frac{\bar{x}_1}{\bar{x}_0}=\frac{5\ 900}{5\ 500}\approx107.27\%$

总平均工资变动绝对额$=\bar{x}_1-\bar{x}_0=5\ 900-5\ 500=400$（元）

(2) 结构影响指数$=\frac{\bar{x}_n}{\bar{x}_0}=\frac{4\ 900}{5\ 500}\approx89.09\%$

各组职工人数结构变动影响绝对额$=\bar{x}_n-\bar{x}_0=4\ 900-5\ 500=-600$（元）

(3) 固定构成指数$=\frac{\bar{x}_1}{\bar{x}_n}=\frac{5\ 900}{4\ 900}\approx120.41\%$

各组平均工资变动影响绝对额$=\bar{x}_1-\bar{x}_n=5\ 900-4\ 900=1\ 000$（元）

(4) 综合分析：107.27%＝89.09%×120.41%；400＝－600＋1 000。

(5) 文字说明：该企业职工总平均工资报告期较基期提高了 7.27%，平均增加了 400 元。其中，各组职工人数结构变动（老职工人数减少，新职工人数增加）使总平均工资下降了 10.91%，平均下降了 600 元；各组平均工资变动（老职工和新职工平均工资均提高）使总平均工资提高了 20.41%，平均增加了 1 000 元。

任务五　Excel 在统计指数分析中的应用

实训教学目的

利用 Excel 软件可计算综合指数、平均指数和平均指标指数。通过对本任务实训内容的学习，学生可以熟悉 Excel 软件相关功能，提高动手操作能力，激发学习积极性，提高学习效率。

实训教学内容

1. 利用 Excel 软件计算综合指数。
2. 利用 Excel 软件计算平均指数。
3. 利用 Excel 软件计算平均指标指数。

实训教学要求

学生先组成学习小组，一般 2—4 人一组。学生在上机操作前先熟悉 Excel 软件相关功能，并根据课内例题掌握统计指数分析的操作方法。

实训操作步骤

Excel 中没有专门的函数计算指数，但用一般的公式和函数计算也很方便。下面举例说明综合指数和平均指数的计算方法，以及如何利用指数体系进行因素分析。

一、综合指数的编制

综合指数分为数量指标指数和质量指标指数两种。下面以某超市三种商品销售量与价格资料（表 6-13）为例，说明这两种指数的编制。

表 6-13　某超市三种商品销售量与价格资料

商品	计量单位	基期销售量 q_0	报告期销售量 q_1	基期价格 p_0/元	报告期价格 p_1/元	商品销售额/元		
						p_0q_0	p_1q_1	p_0q_1
甲	千克	50	62.5	20	14			
乙	双	75	90.0	10	8			
丙	米	100	115.0	5	5			
合计	—	—	—	—	—			

具体操作步骤如下：

第一步：将原始资料输入 Excel 工作表后，分别计算 G、H、I 三列的商品销售额。对于 G 列，单击单元格 G3，输入“=C3 * E3”，并利用填充柄功能计算出单元格 G4 和 G5 的数值，H、I 两列均可仿此计算；然后单击单元格 G6，输入“=SUM（G3：G5）”，并利用填充柄功能计算出单元格 H6 和 I6 的数值。

第二步：计算数量指标指数。数量指标指数是以价格为同度量因素编制的销售量指数，用来反映销售量的变动情况。一般情况下，同度量因素（价格）要固定在基期。因此，单击任一空单元格，输入“=I6/G6 * 100”，得到 121.11%，即销售量指数为 121.11%。它说明了三种商品销售量报告期较基期平均增长了 12.11%，而销售量的增长使商品销售额增加了（I6−G6），即 475 元。

第三步：计算质量指标指数。质量指标指数是以销售量为同度量因素编制的价格指数，用来反映商品价格的变动情况。一般情况下，同度量因素（销售量）要固定在报告期。因此，单击任一空单元格，输入“=H6/I6 * 100”，得到 79.63%，即价格指数为 79.63%。它说明了三种商品价格报告期较基期平均下降了 20.37%，而价格的下降使商品销售额减少了（H6−I6），即 555 元。

综合指数的计算结果如图 6-1 所示。

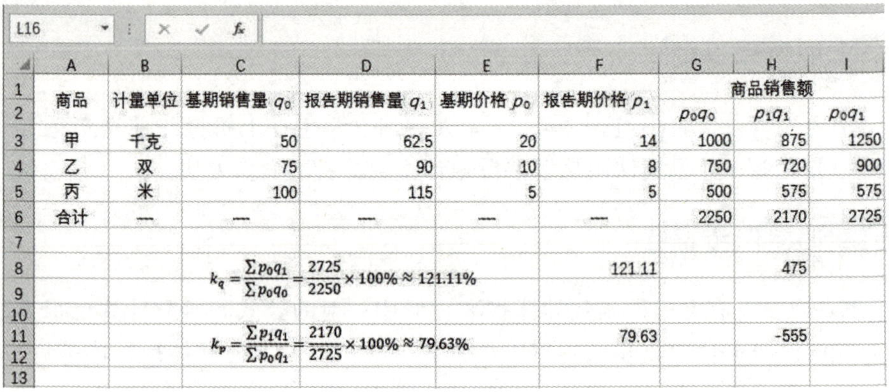
L16

	A	B	C	D	E	F	G	H	I
1	商品	计量单位	基期销售量 q_0	报告期销售量 q_1	基期价格 p_0	报告期价格 p_1	商品销售额		
2							p_0q_0	p_1q_1	p_0q_1
3	甲	千克	50	62.5	20	14	1000	875	1250
4	乙	双	75	90	10	8	750	720	900
5	丙	米	100	115	5	5	500	575	575
6	合计	—	—	—	—	—	2250	2170	2725
7									
8–9			$k_q=\frac{\sum p_0q_1}{\sum p_0q_0}=\frac{2725}{2250}\times100\%\approx121.11\%$			121.11		475	
10									
11–12			$k_p=\frac{\sum p_1q_1}{\sum p_0q_1}=\frac{2170}{2725}\times100\%\approx79.63\%$			79.63		-555	
13									

图 6-1　计算综合指数操作结果

二、平均指数的编制

（一）加权算术平均数指数的编制

在一定条件下，根据基期同度量因素编制的数量指标指数可以变形为加权算术平均数指数。一般来说，加权算术平均数多用于计算数量指标指数。下面以表 6-14 中的资料为例，说明加权算术平均数指数的编制。

表 6-14　加权算术平均数指数计算资料

商品	计量单位	销售量个体指数 k_q	基期销售额（p_0q_0）/元	$k_qp_0q_0$
甲	米	1.50	16 000	
乙	件	1.40	15 000	
丙	台	1.25	24 000	
合计	—	—	55 000	

具体操作步骤如下：

第一步：将原始资料输入 Excel 工作表中。

第二步：计算 $k_q p_0 q_0$ 的值。单击单元格 E2，输入"＝C2＊D2"，并利用填充柄功能计算出单元格 G3 和 G4 的数值；然后单击单元格 E5，输入"＝SUM（E2：E4）"，求出合计数。

第三步：单击任一空单元格，输入"＝E5/D5＊100"，得到销售量加权算术平均数指数为 136.36%，如图 6-2 所示。

第四步：单击任一空单元格，输入"＝E5－D5"，得到变动绝对额为 20 000 元。

G19

	A	B	C	D	E
1	商品	计量单位	销售量个体指数k_q	基期销售额(p_0q_0)	$k_qp_0q_0$
2	甲	米	1.5	16000	24000
3	乙	件	1.4	15000	21000
4	丙	台	1.25	24000	30000
5	合计	—	—	55000	75000
6					136.36
7					20000
8					
9					

$$\overline{k_q}=\frac{\sum k_q p_0 q_0}{\sum p_0 q_0}=\frac{75000}{55000}\times 100\% \approx 136.36\%$$

图 6-2　计算加权算术平均数指数操作结果

（二）加权调和平均数指数的编制

在一定条件下，根据报告期同度量因素编制的质量指标指数可以变形为加权调和平均数指数。一般来说，加权调和平均数指数多用于计算质量指标指数。下面以表 6-15 中的资料为例，说明加权调和平均数指数的编制。

表 6-15　加权调和平均数指数计算资料

商品	计量单位	报告期销售额（p_1q_1）/万元	报告期较基期销售价格增长/%	销售价格个体指数 k_p/%	$\frac{1}{k_p}p_1q_1$
甲	台	200	2		
乙	件	350	0		
合计	—	550	—	—	

具体操作步骤如下：

第一步：将原始资料输入 Excel 工作表中。

第二步：计算个体价格指数。单击单元格 E2，输入"＝D2＋100"，并利用填充柄功能计算出单元格 E3 的数值。

第三步：计算 $\frac{1}{k_p}p_1q_1$ 的值。单击单元格 F2，输入"＝C2/（E2/100）"，并利用填充柄功能计算出单元格 F3 的数值；然后单击单元格 F4，输入"＝

SUM（F2：F3）”，得到合计数为 546.08 万元。

第四步：单击任一空单元格，输入“=C5/F5 * 100”，得到价格加权调和平均数指数为 100.72%，如图 6-3 所示。

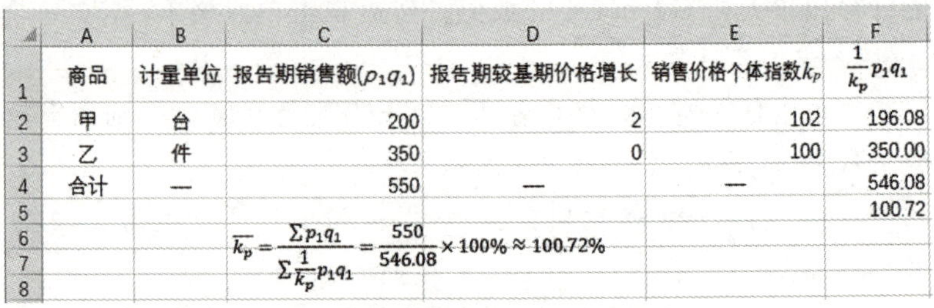

	A	B	C	D	E	F
1	商品	计量单位	报告期销售额(p_1q_1)	报告期较基期价格增长	销售价格个体指数k_p	$\frac{1}{k_p}p_1q_1$
2	甲	台	200	2	102	196.08
3	乙	件	350	0	100	350.00
4	合计	—	550	—	—	546.08
5						100.72
6						
7						
8						

$$\overline{k_p}=\frac{\sum p_1q_1}{\sum\frac{1}{k_p}p_1q_1}=\frac{550}{546.08}\times 100\%\approx 100.72\%$$

图 6-3　计算加权调和平均数指数操作结果

三、平均指标指数体系与因素分析

现以某企业职工人数及平均工资资料（表 6-16）为例，说明如何利用平均指标指数体系进行因素分析。

表 6-16　利用平均指标指数体系进行因素分析资料

职工类别	职工人数/人		平均工资/（元/人）		工资总额/元		
	基期 f_0	报告期 f_1	基期 x_0	报告期 x_1	x_0f_0	x_1f_1	x_0f_1
老职工	250	180	7 000	8 000			
新职工	250	420	4 000	5 000			
合计	500	600	5 500	5 900			

具体操作步骤如下：

第一步：将原始资料输入 Excel 工作表中。

第二步：计算工资总额。单击单元格 F3，输入“=B3 * D3”，并利用填充柄功能计算出单元格 F4 的数值；然后单击单元格 F5，输入“=SUM（F3：F4）”，求出合计数；利用同样的方法计算出 G、H 两列的数值。

第三步：计算可变构成指数。单击任一空单元格，输入“=（G5/C5）/（F5/B5）*100”，得到 107.27%，说明总平均工资提高了 7.27%。

第四步：计算固定构成指数。单击任一空单元格，输入“=（G5/C5）/（H5/C5）*100”，得到 120.41%，说明各组平均工资变动使总平均工资提高了 20.41%。

第五步：计算结构影响指数。单击任一空单元格，输入“=（H5/C5）/（F5/B5）*100”，得到 89.09%，说明各组职工人数结构变动使总平均工资下降了 10.91%。

平均指标指数体系中各个指数的计算结果如图 6-4 所示。

	A	B	C	D	E	F	G	H
1	职工类别	职工人数		平均工资		工资总额		
2		基期f_0	报告期f_1	基期x_0	报告期x_1	x_0f_0	x_1f_1	x_0f_1
3	老职工	250	180	7000	8000	1750000	1440000	1260000
4	新职工	250	420	4000	5000	1000000	2100000	1680000
5	合计	500	600	5500	5900	2750000	3540000	2940000
6								
7		$\overline{x_n}=\frac{\sum x_0f_1}{\sum f_1}=\frac{2940000}{600}=4900$				107.27	120.41	89.09
8								
9								
10		可变构成指数 $=\frac{\overline{x_1}}{\overline{x_0}}=\frac{5900}{5500}\times 100\% \approx 107.27\%$						
11								
12								
13		结构影响指数 $=\frac{\overline{x_n}}{\overline{x_0}}=\frac{4900}{5500}\times 100\% \approx 89.09\%$						
14								
15								
16		固定构成指数 $=\frac{\overline{x_1}}{\overline{x_n}}=\frac{5900}{4900}\times 100\% \approx 120.41\%$						
17								
18		$107.27\% = 89.09\% \times 120.41\%$						
19								
20		$400 = -600 + 1000$						
21								

图 6-4　计算平均指标指数体系中各个指数操作结果

同步测试

一、填空题

1. 统计指数按其反映的现象指标的性质不同，可分为________和________两种。

2. 综合指数是计算________的一种基本形式，它是由两个________对比形成的指数。

3. 编制数量指标指数，一般是以________为同度量因素；而编制质量指标指数，一般是以________为同度量因素。

4. 平均指数是从________出发来编制总指数的。

5. 平均指数根据对个体指数加权平均形式的不同，又分为________和________两种。

6. 若商品零售物价指数为105%，零售商品销售量指数为98%，则零售商品销售额指数为______。

7. 在指数数列中，当每个指数都以某一固定时期为基期计算时，称为________；当每个指数都以前一期为基期计算时，称为________。

8. 因素分析的依据是________。

9. 同度量因素在计算综合指数中起两方面的作用，即________和________。

10. 统计指数具有四个性质，即________、________、________、________。

二、判断题

1. 综合指数是平均指数的变形形式。（　　）

2. 加权算术平均数指数要成为综合指数的变形，其权数须用 p_0q_0。（　　）

3. 平均指数是根据非全面资料计算的，故只能反映现象变动的近似值；综合指数则是根据全面资料计算的，故能反映现象变动产生的实际效果。（　　）

4. 在特定权数条件下，平均指数是综合指数的变形形式。（　　）

5. 若生活费指数上升 20%，则现在的 1 元只值原来的 0.8 元。（　　）

6. 当各组单位数按等比例变动时，结构影响指数等于 100%。（　　）

7. 2024 年与 2023 年相比，同样多的货币只能购买 90% 的商品，说明物价指数上升 10%。（　　）

8. 某厂生产的三种产品产量指数为 107.6%，单位产品原材料消耗量指数为 99%，原材料费用总额指数为 119.4%，则原材料单价指数为 127.19%。（　　）

9. 某市 2023 年社会商品零售总额为 1.85 亿元，2024 年增加了 0.395 亿元，若 2024 年较 2023 年物价上涨了 3.5%，则商品零售量指数为 120.77%。（　　）

10. 某企业 2024 年比 2023 年产量增长了 18%，产品成本下降了 3.5%，若 2023 年支付的总成本为 38 万元，则 2024 年比 2023 年多支付成本 5.27 万元。（　　）

三、单项选择题

1. 拉氏物量指数的同度量因素采用（　　）。

A. 基期的质量指标　　B. 报告期的质量指标

C. 基期的数量指标　　D. 报告期的数量指标

2. 派氏价格指数的同度量因素采用（　　）。

A. 基期的质量指标　　B. 报告期的质量指标

C. 基期的数量指标　　D. 报告期的数量指标

3. 在由三个指数构成的指数体系中，两个因素指数的同度量因素通常是（　　）。

A. 都固定在基期

B. 采用基期和报告期的平均数

C. 都固定在报告期

D. 一个固定在基期，另一个固定在报告期

4. 若销售量增加而销售额不变，则商品的销售价格指数（　　）。

A. 上升　　B. 下降　　C. 不变　　D. 有升有降

5. 某企业 2024 年生产甲、乙两种产品的单位成本比 2023 年分别降低了 5% 和 9%，已知 2024 年甲、乙两种产品的生产费用总额分别为 200 万元和 180 万元，则甲、乙两种产品单位成本综合指数的算式为（　　）。

A. （95%+91%）/2

B. （95%×200+91%×180）/（200+180）

C. （200+180）/（200/95%+180/91%）

D. $\sqrt{95\% \times 91\%}$

6. 综合指数与平均指数的联系在于（ ）。

A. 在一定权数条件下，两类指数间有变形关系

B. 在一般权数条件下，两类指数间有变形关系

C. 在权数固定条件下，两类指数间有变形关系

D. 在一定的同度量因素条件下，两类指数间有变形关系

7. 某商店本年与上年比较，商品销售额没有变化，而各种商品价格上涨了7%，则商品销售量增减的百分比为（ ）。

A. −6.54% B. 6% C. −3% D. 14.29%

8. 若销售量指数上升，销售额持平，则销售价格指数（ ）。

A. 下降 B. 上升 C. 持平 D. 为零

9. 若销售量指数下降，销售价格持平，则销售额指数（ ）。

A. 下降 B. 上升 C. 持平 D. 为零

10. 若某企业本年工业总产值与去年同期相比增长了10%，职工人数与去年同期相比增长了5%，则该企业工人劳动生产率增长了（ ）。

A. 15.5% B. 5% C. 4.76% D. 15%

四、多项选择题

1. 统计指数按其反映的对象范围不同，可分为（ ）。

A. 个体指数 B. 平均数指数 C. 简单指数

D. 加权指数 E. 总指数

2. 总指数中包括（ ）。

A. 质量指标指数 B. 数量指标指数

C. 加权算术平均数指数 D. 加权调和平均数指数

E. 综合指数

3. 统计指数按其基期选择的不同，可分为（ ）。

A. 静态指数 B. 定基指数 C. 动态指数

D. 综合指数 E. 环比指数

4. 广义的统计指数包括（ ）。

A. 发展速度 B. 平均发展速度 C. 个体指数

D. 计划完成程度 E. 动态指数

5. 下列属于质量指标指数的有（ ）。

A. 工资水平指数 B. 价格指数

C. 职工人数指数 D. 销售额指数

E. 单位成本指数

6. 某企业 2024 年各种不同产品的实际产量为计划产量的 110%，这个指数是（　　）。

A. 个体指数　B. 总指数　C. 静态指数

D. 动态指数　E. 综合指数

7. 在总量指标两因素分析中，两个因素指数的特点有（　　）。

A. 它们都是两个总量指标对比形成的动态相对数

B. 子项和母项是两个因素乘积之和

C. 它们综合反映多种事物的平均变动程度

D. 固定一个因素，观察另一个因素的变动

E. 子项与母项中必须有一个假定指标

8. 同度量因素在指数分析中所起的作用有（　　）。

A. 比较的作用　B. 权数的作用

C. 平衡的作用　D. 稳定的作用

E. 同度量的作用

9. 下列指数反映平均指标变动的有（　　）。

A. 可变构成指数　B. 平均指数

C. 固定构成指数　D. 综合指数

E. 结构影响指数

10. 加权算术平均数指数是一种（　　）。

A. 平均指标指数　B. 总指数

C. 个体指数的平均数　D. 平均指数

E. 综合指数

五、计算题

1. 某商店三种商品销售量与销售额有关资料如表 6-17 所示。

表 6-17　某商店三种商品销售量与销售额有关资料

商品	计量单位	销售量		基期销售额 (p_0q_0)/元	销售量个体指数 k_q
		基期 q_0	报告期 q_1		
甲	打	250	290	1 800	1.16
乙	支	180	160	2 200	0.89
丙	盒	500	540	1 500	1.08
合计	—	—	—	5 500	—

要求：计算三种商品销售量总指数和由销售量变动引起的销售额的增减额。

2. 某工业企业产品产量、出厂价格和生产工人数有关资料如表 6-18 所示。

表 6-18　某工业企业产品产量、出厂价格和生产工人数有关资料

产品	产量/万件		出厂价格/（元/件）		生产工人数/人	
	基期 q_0	报告期 q_1	基期 p_0	报告期 p_1	基期 f_0	报告期 f_1
甲	60	69	8.0	7.8	200	205
乙	70	74	5.0	5.0	260	300
丙	50	54	10.0	10.2	140	144
合计	—	—	—	—	600	649

要求：从相对数和绝对数两个方面，分别就产量和出厂价格两个因素变动对总产值变动的影响进行分析。

3. 根据指数之间的关系回答下列问题：

（1）某企业产量 2024 年比 2023 年增长了 14%，生产费用增长了 10.8%，2024 年产品成本变动如何？

（2）某企业职工人数增加了 7%，工资水平提高了 8.4%，工资总额增长了多少？

（3）假定商品销售额增长 10%，若要求价格下降 10%，则销售量应增长多少？

（4）价格调整以后，同样多的货币少购买了 10% 的商品，价格指数为多少？

4. 某企业工资水平和工人数有关资料如表 6-19 所示。

表 6-19　某企业工资水平和工人数有关资料

工资级别	平均工资/（元/人）		工人数/人	
	基期 x_0	报告期 x_1	基期 f_0	报告期 f_1
1	4 000	4 600	200	400
2	5 000	5 400	300	380
3	6 000	6 800	160	180
4	7 000	8 000	80	40
合计	—	—	740	1 000

要求：

（1）计算该企业平均工资指数。

（2）从相对数和绝对数两个方面，就平均工资和工人数两个因素变动对总平均工资变动的影响进行分析。

（3）计算该企业工资总额指数。

（4）从相对数和绝对数两个方面，就平均工资和工人数两个因素变动对工资总额变动的影响进行分析。

5. 某地 2024 年社会商品零售总额为 4 700 万元，比 2023 年增长了 19.8%；若扣除物价因素，则比 2023 年增长了 7.2%。

要求：计算物价指数并说明物价上涨使当地居民多支付的货币额。

6. 某厂职工劳动生产率与人数有关资料如表 6-20 所示。

表 6-20　某厂职工劳动生产率与人数有关资料

车间	人均产值（劳动生产率）/万元		职工人数/人	
	基期 x_0	报告期 x_1	基期 q_0	报告期 q_1
一车间	2 000	2 500	200	200
二车间	2 200	2 500	500	600
三车间	2 700	3 000	1 000	900
合计	—	—	1 700	1 700

要求：

（1）计算该厂总产值指数，并分析绝对数和相对数的影响。

（2）计算该厂总平均劳动生产率的变动，并分析其受结构变动的影响。

六、简答题

1. 什么是同度量因素？它有什么作用？

2. 平均指数在什么条件下才能成为综合指数的变形？

3. 综合指数与平均指数有何区别和联系？

七、实训题

上机完成计算题中的 2、4 两题。

项目七 相关分析与回归分析

学习目标

知识目标	1. 了解相关分析的概念，并理解相关关系的种类； 2. 掌握相关系数的计算； 3. 掌握一元线性回归模型的建立。
能力目标	1. 能用常规方法计算相关系数，并判定变量之间的相关程度； 2. 能利用回归模型进行预测； 3. 能利用 Excel 软件计算相关系数、建立回归模型并进行预测。
素质目标	培养学生数字工匠精神和分析问题、解决问题的能力，使学生具备从事统计分析工作的基本素养。

任务一　相关分析

任务情境

如果你是一家健身器材公司的市场分析师，你想要了解消费者的年龄与他们愿意为健身器材支付的价格之间是否存在某种关系。你的目标是通过这种关系来调整市场策略，比如针对不同年龄段的消费者制订不同的营销方案。

任务分析

无论是在自然界还是在社会经济中，任何事物或现象都不是孤立存在的，而是普遍联系的，即是相互依存、相互制约的。现象间的相互联系又都是通过一定的数量关系反映出来的，一种现象发生数量上的变化，必然会使与它有关的现象也发生某种程度上的数量变化，如收入与支出、身高与体重等。如果进一步加以研究，就会发现客观现象之间的数量依存关系可以分为两种不同的类型，即函数关系和相关关系。

任务实施

1. 描述性统计

首先对数据进行基本的描述性统计分析，包括平均数、标准差等，以了解数据的基本分布情况。

2. 绘制散点图

将年龄作为 x 轴，支付价格作为 y 轴，绘制散点图。这有助于直观地看出年龄与支付价格之间的潜在关系。

3. 计算相关系数

利用相关系数来量化年龄与支付价格之间的线性关系。

假设经过计算，我们得到了一个相关系数为 0.55 的结果。这表明年龄与支付价格之间存在中等程度的正相关关系。也就是说，随着年龄的增长，人们可能更倾向于以更高的价格购买健身器材。根据这个发现，可以考虑针对年龄较大的目标客户群体推出高端产品，并适当提高价格；而对于年轻客户，则可以推出性价比高的入门级产品。因此，可以进一步细分年龄段，进行更加精细的市场定位和产品设计。

相关知识

一、相关关系概述

（一）相关关系的概念

相关关系是指变量之间确实存在着数量上的相互依存关系，但这种关系是不确定的。例如，身高与体重、广告费与销售量、施肥量与亩产量之间的关系都是相关关系。

（二）相关关系的特征

（1）相关关系指的是现象之间确实存在数量上的依存关系，即两个现象之间，一个现象发生数量上的变化，另一个现象也会相应地发生数量上的变化。例如，商品价格降低，销售量就会增加；劳动生产率提高，单位产品成本就会下降；收入增加，支出也会增加；等等。

（2）相关关系的具体数值是不固定的。在这种关系中，对于某一现象的每一个数值，可以有另一现象的若干个数值与之对应。但这些数值一般是在一定范围内围绕其平均数上下波动的。例如，身高与体重，并非身高越高，体重就越大；施肥量与亩产量，并非增加一定施肥量就一定增加多少亩产量，因为亩产量还受种子、降雨量的影响，即使施肥量相同，同等大小的地块亩产量也不一定完全一样。

（三）相关关系与函数关系之间的关系

相关关系与函数关系既有区别，又有联系。

函数关系是指两个变量之间存在着严格的数量依存关系，某一变量的数值确定以后，另一变量的数值也就完全确定。例如，圆的面积与半径之间的依存关系，在价格不变的条件下商品销售量与销售额之间的关系，都表现为函数关系。如果从函数关系图形进行观察，可以发现全部观测点都落在函数关系的直线或曲线上。因此，函数关系的一般式为 $y=f(x)$。

从相关关系形成的原因来看，相关关系之所以表现为不确定的关系，主要原因在于因变量 y 对自变量 x 的解释不完全，即影响变量 y 的因素不能全部得到反映，因为有些因素是无法量化的，有些因素是无法预测的，有些因素还处于未知状态。因此，相关关系的一般式为 $y=f(x)+\varepsilon$。这一公式表明，相关关系是在函数关系的基础上加上随机扰动项，ε 就是 x 对 y 的解释中未能做出解释的那些因素影响的结果。

相关关系与函数关系之间有着明显的区别，但在实际统计分析中，相关关系与函数关系之间并无严格的界限，具体表现在：① 函数关系是一种完全的相关关系，从统计意义上说，函数关系是相关关系的一个特例；② 相关关系常常使用函数关系的形式表现出来。

课堂活动 判断以下现象之间是否存在相关关系：

吸烟与肺癌发病率、空气质量指数与呼吸系统疾病发生率、教育水平与收入水平、失业率与犯罪率

（四）相关关系的种类

统计研究中的相关关系是很复杂的，由于相关关系的方向、表现形式、因素的多少有所不同，因此可以利用相关图、相关表进行观察，将相关关系分为不同的种类。

1. 按相关的程度分类

相关关系按相关的程度不同，可分为完全相关、不相关和不完全相关。

（1）完全相关：在两个相关现象中，当一个现象的数量确定时，另一个现象的数量也随之确定，即函数关系。从散点图来看，各观测点都落在某条直线或曲线上，没有落在直线或曲线之外，如图 7-1 所示。

（2）不相关：两个变量在数量上不存在任何依存关系，两个现象的变化彼此独立、互不影响。例如，产品产量和质量与工人身高、体重之间的关系，学号与学习成绩之间的关系。严格地说，现实经济中变量不相关的情况较少。如图 7-2 所示。

（3）不完全相关：两个现象之间的关系介于完全相关与不相关之间，两者之间有一定的依存关系。它是相关分析的主要研究对象。

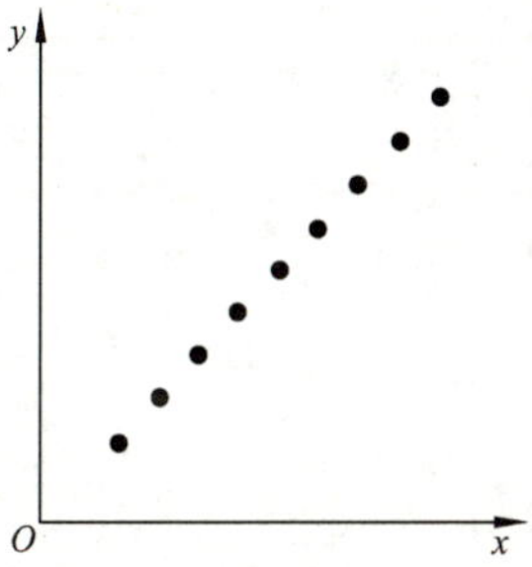

图 7-1　完全相关

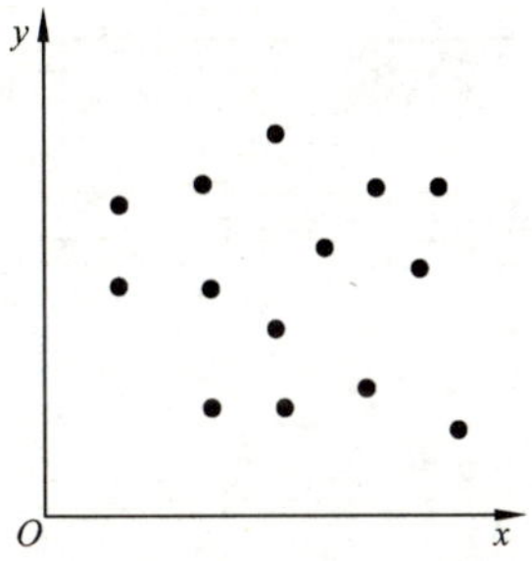

图 7-2　不相关

2. 按相关的表现形式分类

相关关系按相关的表现形式不同，可分为直线相关和曲线相关。

（1）直线相关：又称线性相关，当变量 x 每增减一个单位时，变量 y 也随之发生大致相等的变动。从散点图来看，各观测点散落在一条直线周围，x 与 y 之间的关系近似表现为一条直线，即为直线相关，如图 7-3 所示。

（2）曲线相关：变量之间的关系近似表现为一条曲线，如抛物线、指数曲线、双曲线等。如图 7-4 所示。

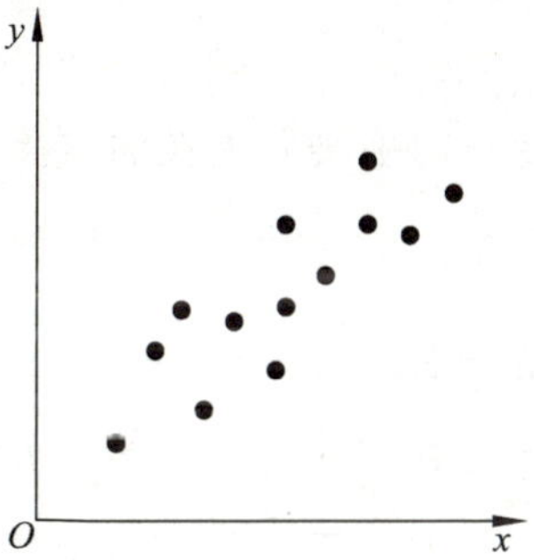

图 7-3　直线相关

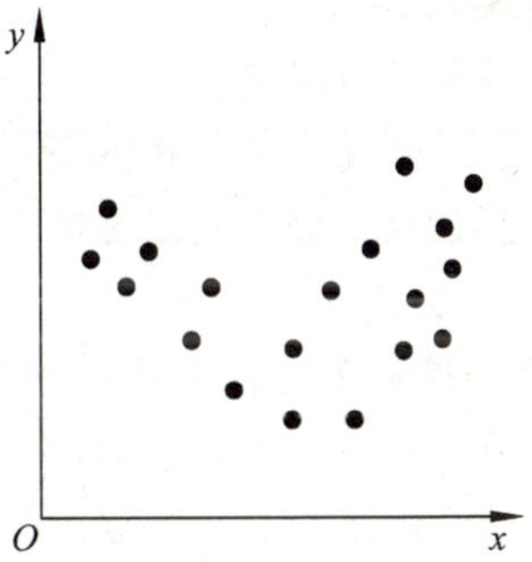

图 7-4　曲线相关

3. 按相关的方向分类

直线相关按相关的方向不同，可分为正相关和负相关。

（1）正相关：两种相关现象的数量变动方向一致，即 x 增加，y 也增加，两者之间有着同增同减的关系。例如，人口数与粮食消费量、产量与耗电量、原材料消耗量与单位产品成本之间的关系。如图 7-5 所示。

（2）负相关：两种相关现象的数量变动方向是相反的，即两个变量是一增一减的关系。例如，价格与销售量、流通费用率与销售额、成本与利润之间的关系。注意：负相关也可以说成相关系数小于 0。如图 7-6 所示。

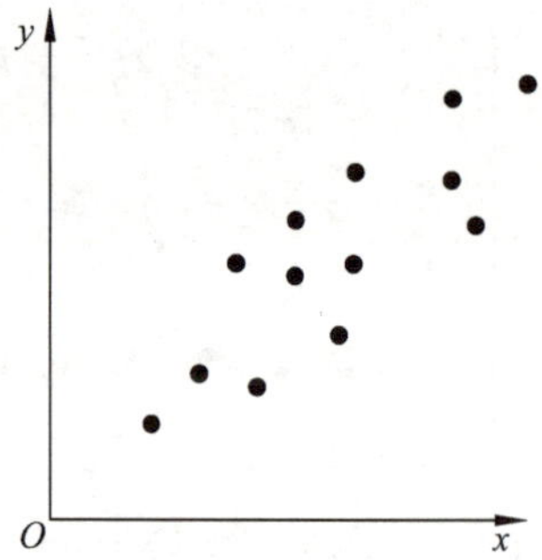

图 7-5　正相关

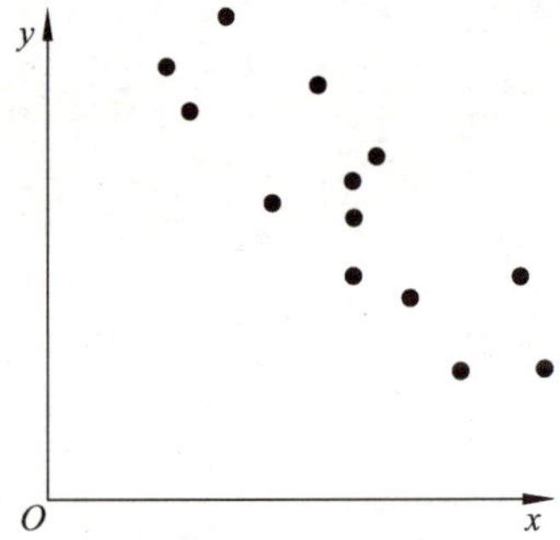

图 7-6　负相关

4. 按相关因素的多少分类

相关关系按相关因素的多少，可分为单相关和复相关。

（1）单相关：两个变量之间的相关关系。例如，身高与体重、施肥量与亩产量、销售量与价格之间的关系。

（2）复相关：三个或三个以上变量之间的相关关系，也称多元相关。例如，农产品产量与施肥量、降水量之间的关系，利润与产品产量、单位产品成本、价格之间的关系。

二、相关分析概述

相关分析是在定性分析的基础上，证实变量间确实有内在的本质联系，据此采集观测数据，分析变量之间关系的密切程度。

（一）相关分析的主要内容

1. 确定现象之间有无相关关系及其相关关系的表现形式

相关分析所研究现象之间的相关关系必须是真实的，绝不能是表面的、偶然的或臆造的虚假关系，如学号与学习成绩之间不存在任何关系。只有对真实的相关关系进行统计分析，才能准确反映现象之间关系的密切程度。为此，可以通过编制相关表、绘制相关图，从直观上判断现象之间是否存在相关关系，并进一步分析是直线相关还是曲线相关，以及是正相关还是负相关。

2. 计算相关系数，确定相关关系的密切程度

相关分析的主要目的是探讨两个变量之间关系的密切程度，而测定两个变量之间关系密切程度的统计分析指标则是相关系数。

3. 确定相关关系的数学表达式，配合相关方程并进行预测

为了测定现象之间数量变化的一般关系，必须使用函数关系的数学公式作为相关关系的数学表达式，根据现象呈现出的趋势，配合相应的直线或曲线方程，并进行预测。

4. 计算估计标准误差，测定相关方程的可靠程度

根据配合的相关方程，计算因变量的估计值，估计值与实际值之间有一定的误差，计算各相关点对相关方程的标准差，称为估计标准误差，它可以说明变量之间相关关系的密切程度。

（二）相关表、相关图和相关系数

1. 相关表

由自变量和因变量的一系列成对的相关数据资料编制而成的表格，称为相关表。按资料是否分组，相关表分为简单相关表和分组相关表。

（1）简单相关表。

将自变量 x 的各个数值按由小到大的顺序排列在一张表内，然后将对应的因变量 y 的各个数值依次进行排列，便形成简单相关表。通过对某班 20 个学生身高和体重的实地调查，取得表 7-1 所示的资料。从表 7-1 中可以直观地发现，随着身高的增长，体重总体上呈增长趋势。

表 7-1　某班 20 个学生身高与体重简单相关表

序号	身高 x/厘米	体重 y/千克
1	158	55
2	160	48
3	160	50
4	161	50
5	164	62
6	164	50
7	165	53
8	165	60
9	166	47
10	166	48
11	167	47
12	167	55
13	168	54
14	168	60
15	171	74
16	175	90
17	180	65
18	180	65
19	182	78
20	183	74

（2）分组相关表。

在简单相关表的基础上，将原始数据进行分组而编成的统计表，称为分组相关表。对表 7-1 中 20 个学生的身高和体重按性别进行分组，得到表 7-2 所示的资料，它能更清晰地反映出两个变量之间的相关关系。

表 7-2　某班 20 个学生身高与体重按性别分组相关表

性别	序号	身高 x/厘米	体重 y/千克
女	1	158	55
	2	160	48
	3	160	50
	4	161	50
	5	164	62
	6	164	50
	7	165	53
	8	165	60
	9	166	47
	10	166	48
	11	167	47
	12	167	55
	13	168	54
	14	168	60
	15	171	74
	16	175	90
男	17	180	65
	18	180	65
	19	182	78
	20	183	74

2. 相关图

在直角坐标系中，将自变量 x 置于横轴，将因变量 y 置于纵轴，然后根据相关表分组数据（x，y）标出相对应的坐标点，这些点称为相关点，由相关点分布所构成的图形称为相关图或散点图。通过相关图可以更直观地判断现象之间相关关系的性质和密切程度。表 7-3 给出了某企业下属 8 家公司月产量和生产费用资料，据此绘制的散点图如图 7-7 所示。

表 7-3　某企业下属 8 家公司月产量和生产费用资料（绘制散点图）

公司编号	月产量 x/万件	生产费用 y/万元
1	6.1	132
2	3.8	110
3	5.0	115
4	8.0	160
5	2.0	86
6	7.2	135
7	1.2	62
8	3.1	80
合计	36.4	880

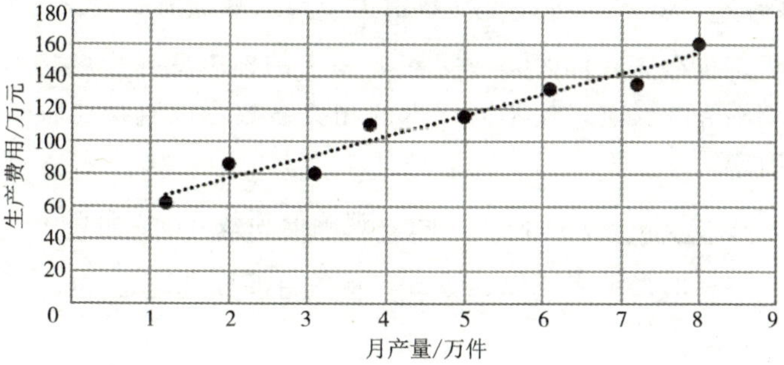

图 7-7　月产量与生产费用散点图

3. 相关系数

相关图能够比较直观地反映现象之间相关关系的密切程度，但它是比较粗略的。为了更确切地从数量上测定相关关系的密切程度，还要计算相关系数。

（1）相关系数的概念。

在直线相关条件下，专门用于测定两个变量之间的线性相关密切程度的指标，称为直线相关系数，也称皮尔逊相关系数，常用字母 r 表示。其作用：一是可以表明现象之间是否存在相关关系；二是可以表明现象之间相关关系的密切程度；三是可以表明现象之间相关关系的类型。

（2）用积差法计算相关系数的原理及公式。

① 积差法的原理。

设有两个变量 x 和 y，各有 n 个取值，则这两个变量构成了 n 对观测值（x_i，y_i），将这些观测值在平面直角坐标系中画出来，同时分别计算两个变量的平均数 $\bar{x}$、$\bar{y}$及离差（$x-\bar{x}$）、（$y-\bar{y}$）。通过点（$\bar{x}$，$\bar{y}$）画两条直线，一条平行于 x 轴，另一条平行于 y 轴，将散点图分为四个象限。

【分析 1】 用 $\sum(x-\bar{x})(y-\bar{y})$ 表示相关关系的密切程度。

第一，当 x 增大，y 增大，x 与 y 呈正相关时，观测点落在第一、第三象限。在这两个象限内，$(x-\bar{x})$ 与 $(y-\bar{y})$ 的乘积为正值。

第二，当 x 增大，y 减小，x 与 y 呈负相关时，观测点落在第二、第四象限。在这两个象限内，$(x-\bar{x})$ 与 $(y-\bar{y})$ 的乘积为负值。

第三，根据各观测值落在上述四个象限内的点值，对其求两个变量离差乘积总和，即计算 $\sum(x-\bar{x})(y-\bar{y})$。若 $\sum(x-\bar{x})(y-\bar{y})$ 为正值，则说明变量间呈正相关，且其值越大，说明正相关程度越高；若 $\sum(x-\bar{x})(y-\bar{y})$ 为负值，则说明变量间呈负相关，且其值越大，说明负相关程度越高。

因此，我们可以用 $\sum(x-\bar{x})(y-\bar{y})$ 来衡量变量 x 与 y 之间的相关方向和程度，其值越大，表示变量间相关关系越密切。

【分析 2】 影响 $\sum(x-\bar{x})(y-\bar{y})$ 数值大小的因素有三个，即 n、σ_x 和 σ_y。也就是说，$\sum(x-\bar{x})(y-\bar{y})$ 数值大小与观测值项数多少有关，与变量 x 和 y 的计量单位也有关；同时，与变量 x 和 y 的标志变异程度均有关。为了消除其量纲大小不等的影响，使不同样本的相关系数可以直接比较，可按以下两步消除影响因素。

第一步：将 $\sum(x-\bar{x})(y-\bar{y})$ 除以观测值项数 n，以消除 n 不等的影响。

第二步：再将所得结果除以变量 x 与 y 各自的标准差 σ_x 和 σ_y，以消除变量值大小和量纲大小不等的影响。

② 相关系数的计算公式。

原理式：$r=\dfrac{{\sigma_{xy}}^2}{\sigma_x\sigma_y}=\dfrac{\sum(x-\bar{x})(y-\bar{y})}{\sqrt{\sum(x-\bar{x})^2}\sqrt{\sum(y-\bar{y})^2}}$

式中，${\sigma_{xy}}^2=\dfrac{\sum(x-\bar{x})(y-\bar{y})}{n}=\dfrac{n\sum xy-\sum x\sum y}{n^2}$，称为协方差。

变量 x 的标准差：$\sigma_x=\sqrt{\dfrac{\sum(x-\bar{x})^2}{n}}=\sqrt{\dfrac{n\sum x^2-(\sum x)^2}{n^2}}$

变量 y 的标准差：$\sigma_y=\sqrt{\dfrac{\sum(y-\bar{y})^2}{n}}=\sqrt{\dfrac{n\sum y^2-(\sum y)^2}{n^2}}$

相关系数的简化公式：

$$r=\frac{n\sum xy-\sum x\sum y}{\sqrt{n\sum x^2-(\sum x)^2}\sqrt{n\sum y^2-(\sum y)^2}}$$

【例 7-1】 某企业下属 8 家公司 6 月生产同种产品的产量和生产费用资料如表 7-4 所示，请计算相关系数，并测定月产量与生产费用之间的相关方向和程度。

表 7-4　某企业下属 8 家公司 6 月产量和生产费用资料（计算相关系数）

公司编号	月产量 x/万件	生产费用 y/万元	x^2	y^2	xy
1	6.1	132	37.21	17 424	805.2
2	3.8	110	14.44	12 100	418.0
3	5.0	115	25.00	13 225	575.0
4	8.0	160	64.00	25 600	1 280.0
5	2.0	86	4.00	7 396	172.0
6	7.2	135	51.84	18 225	972.0
7	1.2	62	1.44	3 844	74.4
8	3.1	80	9.61	6 400	248.0
合计	36.4	880	207.54	104 214	4 544.6

【解析】 列表计算 x^2、y^2、xy。

$$r=\frac{n\sum xy-\sum x\sum y}{\sqrt{n\sum x^2-\left(\sum x\right)^2}\sqrt{n\sum y^2-\left(\sum y\right)^2}}$$

$$=\frac{8\times 4\ 544.6-36.4\times 880}{\sqrt{8\times 207.54-36.4^2}\times\sqrt{8\times 104\ 214-880^2}}$$

$$=\frac{4\ 324.8}{\sqrt{335.36}\times\sqrt{59\ 312}}=\frac{4\ 324.8}{4\ 459.92}\approx 0.97$$

计算结果表明：月产量与生产费用之间存在高度正相关关系。

（3）相关系数的解释与应用。

① 相关系数的取值范围。

相关系数的取值在 -1 和 1 之间，即 $|r|\leqslant 1$ 或 $-1\leqslant r\leqslant 1$。

$r=0$，说明 x 与 y 之间没有线性关系。

$r=1$，说明 x 与 y 之间完全相关。

$0<r<1$，说明 x 与 y 之间不完全正相关。

$r=-1$，说明 x 与 y 之间完全负相关。

$-1<r<0$，说明 x 与 y 之间不完全负相关。

② 相关程度的判断标准。

一般情况下，可将相关关系的密切程度划分为四个等级，各等级的规定如表 7-5 所示。

表 7-5 相关程度判断标准表

相关系数绝对值	相关程度
$0<\|r\|<0.3$	微弱相关（视为不相关）
$0.3\leqslant\|r\|<0.5$	低度相关
$0.5\leqslant\|r\|<0.8$	显著相关
$0.8\leqslant\|r\|<1$	高度相关

知识拓展

相关分析的商业应用

相关分析是统计学中的一个重要概念，它用于衡量两个变量之间线性关系的强度和方向。相关分析被广泛应用于各个领域，以下是一些典型应用实例：

(1) 市场研究：通过相关分析，企业可以研究消费者的购买行为与各种因素（如广告支出、价格变动、季节性事件等）之间的关系。

(2) 销售预测：企业可以利用历史销售数据与其他变量（如经济指标、市场趋势、促销活动等）之间的相关性来预测未来的销售情况。

(3) 库存管理：相关分析可以帮助企业分析产品需求与各种因素之间的关系，从而优化库存水平，减少积压或缺货的情况。

(4) 风险管理：企业可以分析不同风险因素（如信用评分、市场波动等）与潜在损失之间的关系，以制定风险缓解策略。

(5) 客户关系管理：通过分析客户行为、偏好和购买历史，企业可以识别客户，细分客户，制定个性化的营销策略。

(6) 定价策略：企业可以分析产品特征、市场竞争状况和消费者支付意愿等因素与产品价格之间的关系。

(7) 供应链优化：通过分析供应链各环节之间的相关性，企业可以优化物流、降低成本并提高效率。

(8) 人力资源管理：企业可以分析员工满意度、工作绩效与工作环境、培训机会等因素之间的关系，以改善人力资源管理。

(9) 财务分析：相关分析可以帮助企业分析财务指标（如收入、成本、利润等）之间的关系，以及它们与市场因素、经营决策的关联。

通过这些应用场景，企业可以更好地理解业务运作中的各种因素是如何相互作用的，从而做出数据驱动的决策，提高竞争力和市场适应性。

任务二 回归分析

任务情境

假设你是一家零售公司的数据分析员，你需要通过历史销售数据来预测未来的销售额。这些数据包括过去两年中每个月的销售额、促销活动、节假日等因素。

任务分析

在相关分析中，相关系数只是用来描述在直线相关条件下，两个变量之间相关关系的方向和密切程度。当两个变量呈现互为因果的相关关系时，相关理论并不能表明在两个变量中哪个是自变量，哪个是因变量。而且，由于相关关系只是表明两个变量之间不确定的数量依存关系，因此我们无法用一个数学表达式来反映两个变量之间的一般关系式，即当给出自变量的某一个数值时，相关理论无法估计或预测因变量可能发生的数值。因此，若已知变量 x 与 y 之间存在较为密切的相关关系，希望用一个变量的值来估计和预测另一个变量的值，则需要借助于回归分析。

在上述情境中，任务目标是建立一个模型来预测未来几个月的销售额，并评估促销活动对销售额的影响，由于未来的销售额是连续型变量，因此选择线性回归模型。

任务实施

1. 建立回归方程。
2. 计算方程中的参数和估计标准误差。
3. 利用回归模型进行统计预测。

相关知识

一、回归分析概述

（一）回归的含义

“回归”一词最初由英国生物学家弗朗西斯·高尔顿提出，他在研究父母身高与成年子女身高的关系时发现了一个有趣的现象：父母特别高的，其成年子女并不是特别高，而是中等偏高；父母特别矮的，其成年子女也不是特别矮，而是中等偏矮。他把人体的这一现象称为回归。后来，他的学生卡尔·皮尔逊将回归的概念和数学方法联系起来，把代表现象之间一般数量关系的直线或曲线称为回归直线或回归曲线。现在回归分析被广泛应用于变量之间数量关系的研究。

如果具有相关关系的各个变量之间存在定量关系，并能由函数的数学公式表达出来，我们就把这种关系称为变量之间的回归关系，将这个数学公式称为回归函数，简称回归。

（二）回归分析的含义

回归分析就是根据变量 x 与 y 之间的关系，建立两个变量之间的数量关系近似表达式的函数方程，并进行参数估计和显著性检验，最后利用回归方程式进行统计预测与分析。

回归方程就是表达经济变量之间关系的数学表达式。若数学表达式为直线方程，称为线性回归方程；若数学表达式为曲线方程，称为非线性回归方程。

回归分析按变量间相关关系的表现形式分为线性回归分析和非线性回归分析；按处理变量的多少分为一元回归分析和多元回归分析。

（三）一元线性回归分析的特点

（1）在两个变量之间，必须根据研究目的具体确定哪个是自变量，哪个是因变量。一般，把起影响作用的变量称为自变量，用 x 表示；把因自变量的变动而发生对应变化的变量称为因变量，用 y 表示。

（2）在两个变量 x 与 y 之间，如果不考虑方向性，不确定自变量和因变量的关系，可以求得两个回归方程。两个回归方程的参数是不一样的，但说明两个变量之间关系密切程度的相关系数只能有一个。

（3）回归系数的符号与变量之间相关关系的方向具有一致性。也就是说，在线性回归分析中，回归系数的符号为正时，表示具有正相关关系；回归系数的符号为负时，表示具有负相关关系。

（4）计算相关系数时，要求相关的两个变量均为随机变量，而在回归分析中，尽管所分析的变量均为随机变量，但自变量必须是给定值，因变量是随机变量。

（5）回归分析的主要目的在于以方程的形式确定两个相关变量之间的数量关系，一旦确定了关系式，并通过相应的统计检验证明了方程具有可信度，就可以依据一定的概率保证程度来预测另一个变量的可能范围。

二、一元线性回归模型

（一）一元线性回归方程

简单回归分析需要按照变量之间的关系确立方程形式，而为了从量上明确变量 x 对 y 的影响关系，首先必须对 x 与 y 变量值进行观测。可以利用散点图观察变量之间关系的类型。

1. 一元线性回归方程的一般形式

$$y_c = a + bx$$

式中，y_c 为因变量 y 的估计值；a 为截距，是回归直线的起点值；b 为斜率，表示自变量增加一个单位时因变量的平均增加值，也称回归系数。

2. 一元线性回归方程的求解方法——最小平方法

一元线性回归方程的建立就是设法在具有线性关系的分散的相关点之间拟合一条最恰当的直线，以说明 x 与 y 两个变量之间的具体变动关系。根据相关点，可以画出无数条直线，究竟哪一条直线最优呢？符合离差平方和最小的这一条直线就是最优直线，即 $\sum(y_i-y_c)^2$ 为最小值。根据最小平方法原理，令 $Q=\sum(y-a-bx)^2$，求 Q 对 a、b 的一阶偏导数，并使其分别等于 0，可得到以下标准方程组：

$$\begin{cases}\sum y=na+b\sum x\\ \sum xy=a\sum x+b\sum x^2\end{cases}$$

解得

$$\begin{cases}b=\dfrac{n\sum xy-\sum x\sum y}{n\sum x^2-(\sum x)^2}\\ a=\bar{y}-b\bar{x}\end{cases}$$

【例 7-2】 某企业下属 8 家公司 6 月生产同种产品的产量和生产费用资料如表 7-6 所示，请拟合一元线性回归方程，并计算当月产量每增加 1 万件时，生产费用平均增加多少。

表 7-6 某企业下属 8 家公司 6 月产量和生产费用资料（拟合一元线性回归方程）

公司编号	月产量 x/万件	生产费用 y/万元	x^2	y^2	xy
1	6.1	132	37.21	17 424	805.2
2	3.8	110	14.44	12 100	418.0
3	5.0	115	25.00	13 225	575.0
4	8.0	160	64.00	25 600	1 280.0
5	2.0	86	4.00	7 396	172.0
6	7.2	135	51.84	18 225	972.0
7	1.2	62	1.44	3 844	74.4
8	3.1	80	9.61	6 400	248.0
合计	36.4	880	207.54	104 214	4 544.6

【解析】 (1) 先列表计算 x^2、y^2、xy，然后代入一元线性回归方程中的参数计算公式。

$$b=\frac{n\sum xy-\sum x\sum y}{n\sum x^2-(\sum x)^2}=\frac{8\times 4\ 544.6-36.4\times 880}{8\times 207.54-36.4^2}=\frac{4\ 324.8}{335.36}\approx 12.9$$

$$a=\bar{y}-b\bar{x}=\frac{880}{8}-12.9\times\frac{36.4}{8}\approx 51.31$$

$y_c=51.31+12.9x$

(2) 当月产量每增加 1 万件时，生产费用平均增加 12.9 万元。

(二) 估计标准误差

通过线性回归分析，可以找到反映 x 与 y 两个变量之间数量关系的回归方程 $y_c=a+bx$，然后要利用回归方程估计实际观测值 y。由于推算出的因变量数值 y_c 只是一个可能值、理论值，它与实际值在多数情况下不可能一致，因此客观上必然存在一定的离差。那么，要想根据离差大小来判断回归方程的代表性，就要计算估计标准误差。

1. 估计标准误差的概念

估计标准误差是用来说明回归方程推算结果的准确程度或可靠性的分析指标，也是反映回归直线代表性大小的分析指标。

2. 估计标准误差的计算公式

估计标准误差通过因变量的实际值与估计值的离差来反映估计值的准确程度，它和标准差的性质、计算方法有相似之处，区别在于标准差反映各标志值与其平均数离差平方和的平方根，而估计标准误差反映实际观测值与估计值离差平方和的平方根。估计标准误差的计算公式为

$$s_{yx}=\sqrt{\frac{\sum(y-y_c)^2}{n-2}}$$

式中，$n-2$ 为回归估计的自由度，即能够自由变动的自变量的个数。对于 n 个自变量，如果没有约束条件，自由度为 n；如果有一个条件约束，自由度为 $n-1$。因为在一元线性回归方程中，有 a、b 两个参数，所以要用 $n-2$ 表示估计的回归直线已失去两个自由度。

【例 7-3】 某企业下属 8 家公司 6 月生产同种产品的产量和生产费用资料如表 7-7 所示，请计算所拟合一元线性回归方程的估计标准误差。

表 7-7　某企业下属 8 家公司 6 月产量和生产费用资料（计算估计标准误差）

公司编号	月产量 x/万件	生产费用 y/万元	y_c	$y-y_c$	$(y-y_c)^2$
1	6.1	132	130.00	2.00	4.00
2	3.8	110	100.33	9.67	93.51
3	5.0	115	115.81	−0.81	0.66
4	8.0	160	154.51	5.49	30.14
5	2.0	86	77.11	8.89	79.03
6	7.2	135	144.19	−9.19	84.46
7	1.2	62	66.79	−4.79	22.94
8	3.1	80	91.30	−11.30	127.69
合计	36.4	880	—	—	442.43

【解析】 根据【例 7-2】中拟合的一元线性回归方程 $y_c=51.31+12.9x$，先计算每家公司的y_c值，然后列表计算 $y-y_c$ 和$(y-y_c)^2$。

$$s_{yx}=\sqrt{\frac{\sum(y-y_c)^2}{n-2}}=\sqrt{\frac{442.43}{8-2}}=\sqrt{73.74}\approx 8.59$$

3. 估计标准误差的简捷计算公式

从估计标准误差的计算公式可以看出，必须先计算所有估计值，而在观测点数据较多且数值很大的情况下，计算会比较麻烦，因此，我们可以利用回归方程中参数 a、b 的中间数据资料，以使估计标准误差的计算变得简捷。其简捷计算公式为

$$s_{yx}=\sqrt{\frac{\sum y^2-a\sum y-b\sum xy}{n-2}}$$

【例 7-4】 某企业下属 8 家公司 6 月生产同种产品的产量和生产费用资料如表 7-8 所示，请利用简捷计算公式计算估计标准误差。

表 7-8　某企业下属 8 家公司 6 月产量和生产费用资料（简捷计算估计标准误差）

公司编号	月产量 x/万件	生产费用 y/万元	y^2	xy
1	6.1	132	17 424	805.2
2	3.8	110	12 100	418.0
3	5.0	115	13 225	575.0
4	8.0	160	25 600	1 280.0
5	2.0	86	7 396	172.0
6	7.2	135	18 225	972.0
7	1.2	62	3 844	74.4
8	3.1	80	6 400	248.0
合计	36.4	880	104 214	4 544.6

【解析】 列表计算 y^2、xy，然后代入估计标准误差的简捷计算公式。

$$s_{yx}=\sqrt{\frac{\sum y^2-a\sum y-b\sum xy}{n-2}}$$

$$=\sqrt{\frac{104\ 214-51.31\times 880-12.9\times 4\ 544.6}{8-2}}$$

$$=\sqrt{\frac{435.86}{6}}\approx 8.52$$

4. 估计标准误差的作用

（1）反映回归直线代表性的大小。估计标准误差越小，说明实际值 y 与估计值 y_c 的差异越小，即回归直线的代表性越大。

（2）说明变量之间相关关系的密切程度。一般来说，估计标准误差越小，说明剩余变差越小，表明回归直线的可解释部分越大，相关变量之间的关系越密切。

（3）可以用于在一定概率保证程度下的区间估计。在回归预测中，估计标准误差的作用类似于抽样平均误差。

三、利用回归模型进行预测

所谓预测，就是对未来不确定事件的预见和推测。统计预测就是以实际观测数据为基础，根据事物的联系和发展规律，运用各种统计方法和手段，对事物未来发展的数量特征做出预报和测定。建立回归方程的根本目的在于预测，回归预测的步骤是：首先，选择自变量，确定回归模型的形式；其次，根据相关现象的观察资料确定模型的参数值；最后，用所建立的回归模型进行预测。

课堂活动 根据【例 7-1】中的资料，预测当月产量为 10 万件时生产费用是多少。

四、相关分析与回归分析的区别和联系

（一）相关分析与回归分析的区别

（1）回归分析具有方向性，两个变量之间是影响与被影响的关系，如施肥量与亩产量、销售额与利润额。相关分析则没有方向性，两个变量之间是对等关系，即相关分析所研究的两个变量不分彼此，不反映任何自变量和因变量的关系，是完全对等的，如身高与体重。

（2）回归分析必须确定自变量与因变量，变量 x 倚 y 的回归方程与变量 y 倚 x 的回归方程是不一样的；在回归分析中，要求因变量是随机的，自变量是给定值。相关分析不必定出哪一个是自变量，哪一个是因变量，相关的两个变量都是随机的，即改变它们的地位不影响相关系数的数值，所以只有一个相关系数。

（二）相关分析与回归分析的联系

相关分析与回归分析作为研究随机现象的统计分析方法，在广义上具有包含关系。

知识拓展

回归分析的应用领域

回归分析是统计学上常用的一种预测分析方法，用于确定两个或两个以上变量之间的关系。它主要用于两个目的：预测分析和因果关系研究。在实际应用中，回归分析可以应用于多个领域，包括但不限于以下几种：

经济学：回归分析可以用于研究经济变量之间的关系，如收入对支出的影响、物价对通货膨胀的影响、税收政策对消费的影响等。

营销学：回归分析可以用于研究市场营销中的因果关系，企业可以利用回归分析评估广告支出的回报率，如广告投入与销售额、价格与销售量等的关系。

金融学：在金融市场中，回归分析可以帮助投资者理解不同资产类别之间的关系及市场波动的原因。例如，资本资产定价模型（CAPM）就是一种基于回归分析的理论。

环境科学：回归分析可以用于评估环境污染水平与人类活动之间的关系，或者气候变化对生态系统的影响。

社会学：回归分析可以用于研究社会现象与社会变量之间的关系，如受教育程度与收入水平、婚姻状况与幸福感等的关系。

医学：回归分析可以用于研究医学数据中的因果关系，如药物剂量与疗效、饮食习惯与身体状况、吸烟与肺癌发病率等的关系。

工程学：回归分析可以用于研究工程中的因果关系，如温度与电阻、工艺参数与产品质量等的关系。

数据科学：回归分析是数据科学中常用的建模方法之一，可以用于预测和分类等任务，如房价预测、客户流失预测等。

总之，回归分析是一种通用的数据分析方法，可以应用于很多领域和场景，对于探究变量之间的关系和预测未来趋势有很大的作用。

任务三　Excel 在相关分析与回归分析中的应用

实训教学目的

利用 Excel 软件可计算相关系数，进行线性回归方程求解和预测。通过对本任务实训内容的学习，学生可以熟悉 Excel 软件相关功能，提高实践动手能力，激发学习积极性，提高学习效率。

实训教学内容

1. 利用 Excel 软件计算相关系数。
2. 用统计函数建立线性回归方程。
3. 利用 Excel 软件进行预测。

实训教学要求

学生先组成学习小组，一般 2—4 人一组。学生在上机操作前先熟悉 Excel 软件相关功能，并根据课内例题掌握相关分析与回归分析的操作方法。

实训操作步骤

一、绘制散点图

利用 Excel 软件图表功能，根据所给资料生成散点图。

实训资料：某企业下属 8 家公司 6 月产量和生产费用资料如表 7-9 所示，请根据所给资料绘制散点图。

表 7-9　某企业下属 8 家公司 6 月产量和生产费用资料（用 Excel 绘制散点图）

公司编号	月产量 x/万件	生产费用 y/万元
1	6.1	132
2	3.8	110
3	5.0	115
4	8.0	160
5	2.0	86
6	7.2	135
7	1.2	62
8	3.1	80
合计	36.4	880

具体操作步骤如下：

第一步：将原始资料输入 Excel 工作表中，选定月产量和生产费用数据区域。

第二步：单击【插入】→【图表】，选择【散点图】命令，在弹出的散点图样式列表中选择所需样式，设置图表标题和纵轴、横轴坐标轴标题，即可生成散点图，如图 7-8 所示。

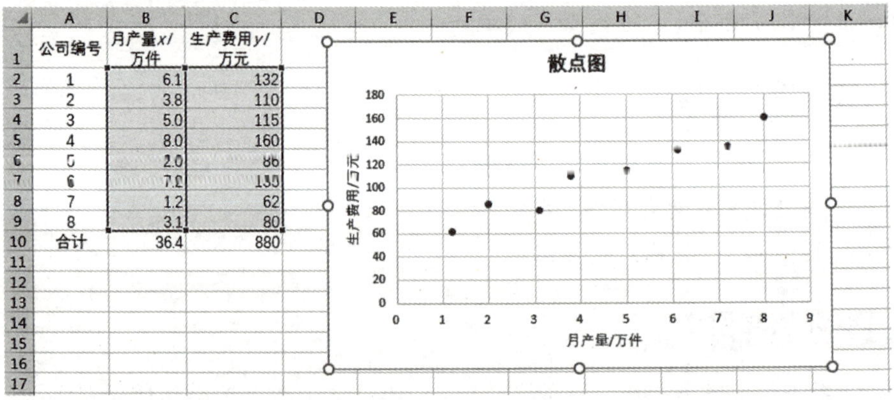

图 7-8　绘制散点图操作结果

二、计算相关系数

利用 Excel 计算相关系数，既可以按照相关系数公式使用常规方法计算，也可以使用 CORREL 函数计算。

实训资料：某企业下属 8 家公司 6 月产量和生产费用资料如表 7-10 所示，

请根据所给资料计算相关系数。

表 7-10　某企业下属 8 家公司 6 月产量和生产费用资料（用 Excel 计算相关系数）

公司编号	月产量 x/万件	生产费用 y/万元	x^2	y^2	xy
1	6.1	132			
2	3.8	110			
3	5.0	115			
4	8.0	160			
5	2.0	86			
6	7.2	135			
7	1.2	62			
8	3.1	80			
合计	36.4	880			

（一）使用常规方法计算相关系数

具体操作步骤如下：

第一步：将原始资料输入 Excel 工作表中。

第二步：计算 x^2、y^2、xy。单击单元格 D2，输入“＝B2＊B2”，并利用填充柄功能计算出单元格 D3 到 D9 的数值；依此类推，可以计算出 y^2（E 列）和 xy（F 列）的数值；同时计算出各列的合计数。

第三步：计算相关系数。根据 $r=\dfrac{n\sum xy-\sum x\sum y}{\sqrt{n\sum x^2-\left(\sum x\right)^2}\sqrt{n\sum y^2-\left(\sum y\right)^2}}$，先计算分子，单击任一空单元格，输入“＝8＊F10－B10＊C10”，得到结果为4 324.8；再计算分母，单击任一空单元格，输入“＝SQRT（（8＊D10－B10＊B10）＊（8＊E10－C10＊C10））”，得到结果为 4 459.92；最后，单击任一空单元格，输入“＝4 324.8/4 459.92”，即可得到相关系数为 0.97，如图 7-9 所示。

A12　=8*F10-B10*C10

	A	B	C	D	E	F
1	公司编号	月产量 x	生产费用 y	x^2	y^2	xy
2	1	6.1	132	37.21	17424	805.2
3	2	3.8	110	14.44	12100	418
4	3	5	115	25	13225	575
5	4	8	160	64	25600	1280
6	5	2	86	4	7396	172
7	6	7.2	135	51.84	18225	972
8	7	1.2	62	1.44	3844	74.4
9	8	3.1	80	9.61	6400	248
10	合计	36.4	880	207.54	104214	4544.6
11						
12	4324.8	4459.92	0.97			

图 7-9　使用常规方法计算相关系数操作结果

（二）使用 CORREL 函数计算相关系数

Excel 提供了一个专门求相关系数的函数 CORREL。使用 CORREL 函数计算相关系数时，只需在函数参数位置输入月产量和生产费用数据所在区域即可。

具体操作步骤如下：

第一步：单击任一空单元格，单击【公式】→【插入函数】，类别选择【统计】，找到【CORREL】函数，单击【确定】按钮，打开【函数参数】对话框。

第二步：在【Array1】【Array2】框中分别输入两列数据所在区域“B2：B9”和“C2：C9”，单击【确定】按钮后，即可求得相关系数为 0.97，如图 7-10 所示。

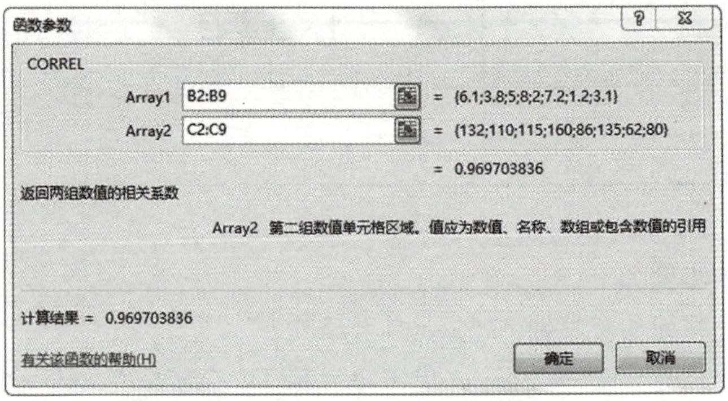

图 7-10 使用 CORREL 函数计算相关系数操作结果

三、一元线性回归分析

（一）用常规方法建立一元线性回归方程

利用最小平方法，求得参数 a、b 的值，资料见表 7-9。b、a 的计算公式如下：

$$b=\frac{n\sum xy-\sum x\sum y}{n\sum x^2-(\sum x)^2}$$

$$a=\bar{y}-b\bar{x}$$

具体操作步骤如下：

第一步：将原始资料输入 Excel 工作表中，计算 x^2、xy。单击单元格 D2，输入“=B2 * B2”，并利用填充柄功能计算出单元格 D3 到 D9 的数值及合计数；再单击单元格 E2，输入“=B2 * C2”，并利用填充柄功能计算出单元格 E3 到 E9 的数值及合计数。

第二步：计算 b 值。单击任一空单元格，输入“=(8 * E10−B10 * C10)/(8 * D10−B10 * B10)”，得到结果为 12.9。

第三步：计算 a 值。单击任一空单元格，输入“=C10/8−12.9 * B10/8”，得到结果为 51.31。

参数 a、b 的计算结果如图 7-11 所示。

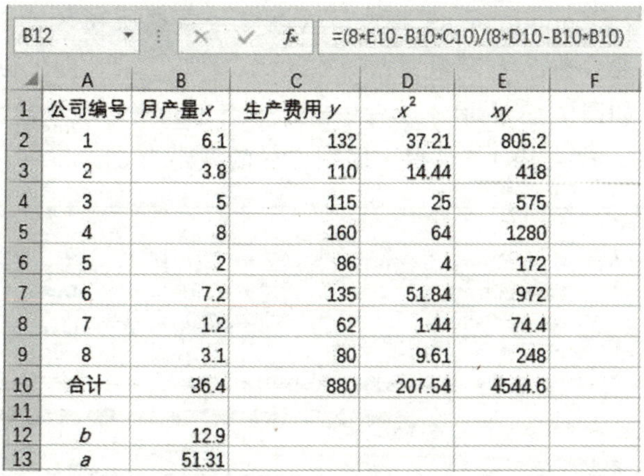

B12 =(8*E10-B10*C10)/(8*D10-B10*B10)

	A	B	C	D	E	F
1	公司编号	月产量 x	生产费用 y	x^2	xy	
2	1	6.1	132	37.21	805.2	
3	2	3.8	110	14.44	418	
4	3	5	115	25	575	
5	4	8	160	64	1280	
6	5	2	86	4	172	
7	6	7.2	135	51.84	972	
8	7	1.2	62	1.44	74.4	
9	8	3.1	80	9.61	248	
10	合计	36.4	880	207.54	4544.6	
11						
12	b	12.9				
13	a	51.31				

图 7-11　计算参数 a、b 操作结果

这样就建立了一元线性回归方程：$y_c = 51.31 + 12.9x$。

（二）用统计函数建立一元线性回归方程

1. 用 INTERCEPT 函数和 SLOPE 函数建立一元线性回归方程

Excel 提供了求截距 a 的函数 INTERCEPT 和求斜率 b 的函数 SLOPE，用这两个函数可以建立回归直线方程。

具体操作步骤如下：

第一步：单击任一空单元格，单击【公式】→【插入函数】，类别选择【统计】，找到【INTERCEPT】函数，单击【确定】按钮，打开【函数参数】对话框，如图 7-12 所示。

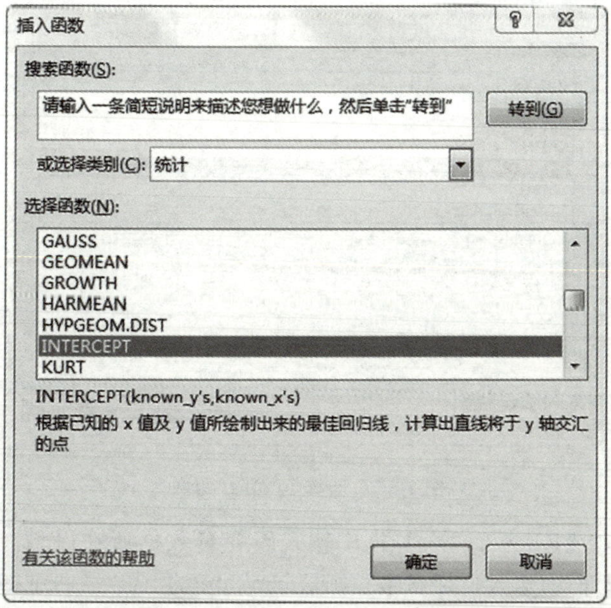

图 7-12　选择 INTERCEPT 函数

第二步：在【Known _ y′s】框中输入因变量数据所在区域“C2：C9”，在【Known _ x′s】框中输入自变量数据所在区域“B2：B9”，即可得到回归方程的截距为 51.32，如图 7-13 所示。或者单击任一空单元格，直接输入“=INTERCEPT（C2：C9，B2：B9）”，得到回归方程的截距为 51.32。

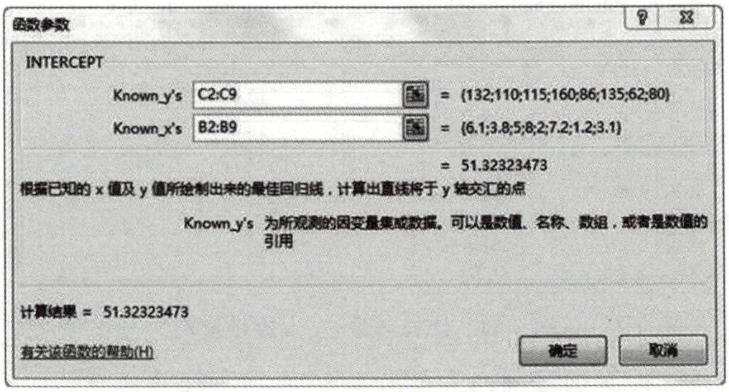

图 7-13 INTERCEPT 函数参数设置

第三步：单击任一空单元格，单击【公式】→【插入函数】，类别选择【统计】，找到【SLOPE】函数，单击【确定】按钮，打开【函数参数】对话框，如图 7-14 所示。

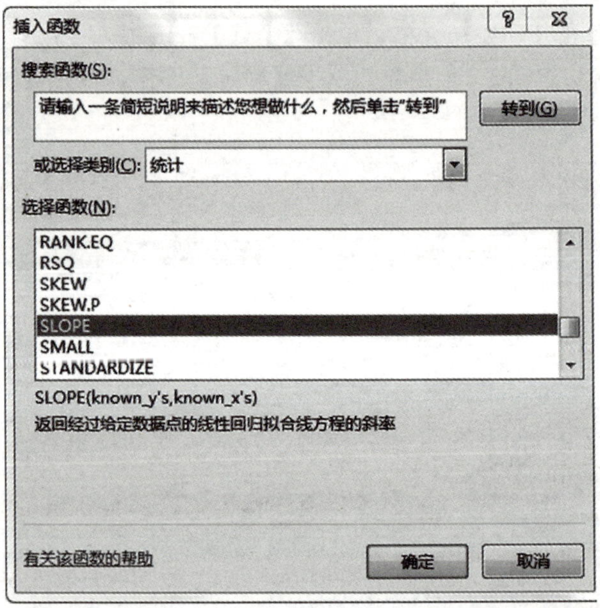

图 7-14 选择 SLOPE 函数

第四步：在【Known _ y′s】框中输入因变量数据所在区域“C2：C9”，在【Known _ x′s】框中输入自变量数据所在区域“B2：B9”，即可得到回归方程的斜率为 12.9，如图 7-15 所示。或者单击任一空单元格，直接输入“=SLOPE（C2：C9，B2：B9）”，得到回归方程的斜率为 12.9。

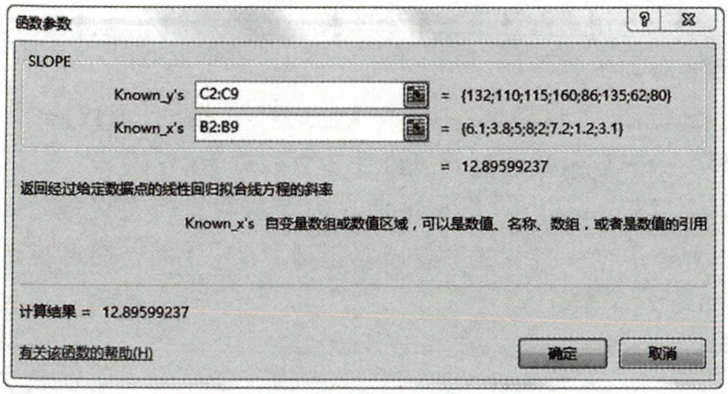

图 7-15　SLOPE 函数参数设置

这样就建立了一元线性回归方程：$y_c=51.32+12.9x$。

2. 用 LINEST 函数建立一元线性回归方程

Excel 提供了既能用于一元线性回归，又能用于多元线性回归和自回归的函数 LINEST。在 LINEST 函数中，回归方程的表达式与常规不同，它是 $y=mx+b$ 的形式，而且以数组的形式给出截距和斜率。

具体操作步骤如下：

第一步：选定放置计算结果的单元格区域，如 A、B 两列前 16 行区域，单击【公式】→【插入函数】，类别选择【统计】，找到【LINEST】函数，打开【函数参数】对话框。

第二步：在【Known_y's】框中输入因变量数据所在区域“C2：C9”，在【Known_x's】框中输入自变量数据所在区域“B2：B9”，即可得到回归方程的截距为 51.32，斜率为 12.9，如图 7-16 所示。或者单击任一空单元格，直接输入“=LINEST（C2：C9，B2：B9）”。

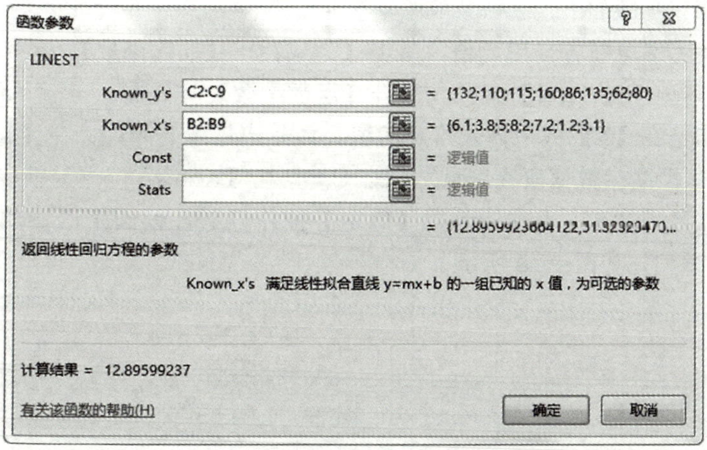

图 7-16　LINEST 函数参数设置

（三）用 STEYX 函数计算估计标准误差

STEYX 函数用于计算通过线性回归法计算每个 x 的 y 预测值时所产生的

标准误差。标准误差用来度量根据单个 x 变量计算出的 y 预测值的误差量。

具体操作步骤如下：

第一步：选定任一空单元格，单击【公式】→【插入函数】，类别选择【统计】，找到【STEYX】函数，打开【函数参数】对话框。

第二步：在【Known _ y's】框中输入因变量数据所在区域“C2：C9”，在【Known _ x's】框中输入自变量数据所在区域“B2：B9”，即可得到估计标准误差为 8.59，如图 7-17 所示。

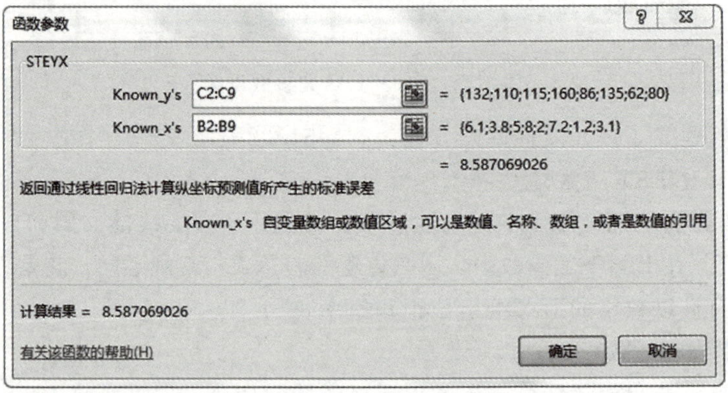

图 7-17 STEYX 函数参数设置

（四）预测

建立了变量之间的回归方程以后，就可以用给定的变量 x 的值来预测变量 y 的值，只需代入回归方程即可。同时，Excel 还提供了两个预测函数 FORECAST 和 TREND，可以不建立回归方程，直接利用原始数据进行预测。

1. 用 FORECAST 函数进行预测

具体操作步骤如下：

第一步：选定任一空单元格，单击【公式】→【插入函数】，类别选择【统计】，找到【FORECAST】函数，打开【函数参数】对话框。

第二步：在【X】框中输入给定的值，如月产量为 9 万件；在【Known _ y's】框中输入因变量数据所在区域“C2：C9”；在【Known _ x's】框中输入自变量数据所在区域“B2：B9”；单击【确定】按钮以后，得到生产费用预测结果为 167.39 万元，如图 7-18 所示。

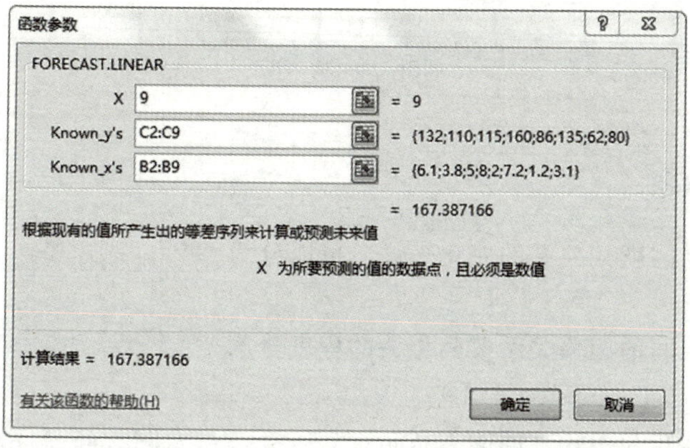

图 7-18　FORECAST 函数参数设置

注意

FORECAST 函数一次只能预测一个值，不能在【X】框中输入数组进行多个值的预测。

2. 用 TREND 函数进行预测

具体操作步骤如下：

第一步：选定放置结果的单元格区域，如预测四个值就选定四行。

第二步：打开 TREND 函数参数设置对话框，在【Known _ y′s】框中输入因变量数据所在区域“C2：C9”；在【Known _ x′s】框中输入自变量数据所在区域“B2：B9”；在【New _ x′s】框中输入“{9；10；11；12}”，即以数组形式输入；单击【确定】按钮以后，计算结果 167.39、180.28、193.18、206.08 将依次显示在选定的单元格区域内，如图 7-19 所示。

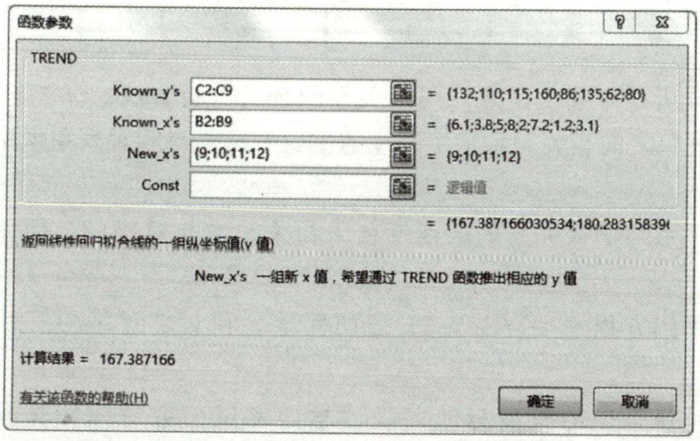

图 7-19　TREND 函数参数设置

注意

TREND 函数一次可预测多个值，可在【New _ x′s】框中输入数组进行多个值的预测。

同步测试

一、填空题

1. 变量之间就其关系的变化来说，可以分为__________和__________两种类型。

2. 现象之间的相关关系按其相关的程度分为__________、__________和__________。

3. 圆的面积与半径之间的关系是__________，人的身高与体重之间的关系是__________。

4. 现象之间的函数关系可以用一个__________反映出来。

5. 相关关系与函数关系最明显的区别在于相关关系中变量之间的依存关系是__________的。

6. 相关系数的取值在__________之间，其绝对值在__________以上为高度相关，其绝对值为__________表示完全相关。

7. 若两个变量的相关系数为0.8，但从这两个变量的定性分析看出它们之间毫无关系，则这种相关实际上是__________相关。

8. 若已知身高与体重的相关系数为0.85，则体重与身高的相关系数为______。

9. 线性回归方程 $y_c=a+bx$ 中的参数 a 是截距，b 是__________，这两个参数的估计方法常用__________。

10. 回归预测是以变量之间的________________进行预测。

二、判断题

1. 相关分析是研究变量之间因果关系的统计分析方法。（　　）

2. 判定现象之间相关关系密切程度的主要方法是对客观现象做定性分析。（　　）

3. 相关关系与函数关系的区别就在于相关关系是模糊的，而函数关系是确定的。（　　）

4. 线性回归方程 $y_c=-10+2x$ 表明变量 x 和 y 之间存在正相关关系。（　　）

5. 根据某班学生的身高与他们统计学的考试分数对应计算的相关系数为0.9，表明这两个变量高度相关。（　　）

6. 相关系数可以说明相关关系的方向和密切程度。（　　）

7. 在回归方程中，通常自变量是随机的，因变量是给定的。（　　）

8. 若回归系数等于0，则相关系数也必定为0。（　　）

9. 年劳动生产率（万元）与工人月工资（元）之间存在回归方程：$y_c=$

$10+70x$。这意味着当年劳动生产率每减少 5 000 元时，工人月工资减少 45 元。（　　）

10. 估计标准误差是说明平均数代表性的指标。（　　）

三、单项选择题

1. 相关关系是（　　）。
   A. 现象之间客观存在的某种联系
   B. 函数关系
   C. 现象之间客观存在、关系数值是固定的依存关系
   D. 现象之间客观存在、关系数值是不固定的依存关系

2. 在计算相关系数之前，必须对两个变量做（　　）。
   A. 定量分析　B. 相关图　C. 定性分析　D. 可比性分析

3. 表明两个变量之间密切相关的相关系数值是（　　）。
   A. $0\leqslant|r|\leqslant1$　B. $1\leqslant|r|\leqslant2$
   C. $0.3\leqslant|r|\leqslant0.8$　D. $0.8\leqslant|r|\leqslant1$

4. 下列线性回归方程中，不正确的是（　　）。
   A. $y_c=15+7x$，相关系数为 0.92
   B. $y_c=20-5x$，相关系数为 0.85
   C. $y_c=-10+2x$，相关系数为 0.78
   D. $y_c=45-27x$，相关系数为 −0.69

5. 两个变量之间存在相关关系，且两个变量呈同方向增（减），其相关系数（　　）。
   A. 等于 1　B. 大于 1　C. 等于 0　D. 大于 0

6. 若两个变量之间存在正相关关系，且所有相关点都落在回归线上，则这两个变量之间的相关系数（　　）。
   A. 等于 0　B. 大于 0　C. 等于 1　D. 大于 1

7. 商品的销售量与销售价格之间的相关系数为 0.8，产品的产量与耗电量之间的相关系数为 0.4，说明（　　）。
   A. 前者的相关程度是后者的 200%　B. 前者的相关关系比后者密切
   C. 前者的相关程度是后者的两倍　D. 前者的相关程度比后者多 0.4

8. 商品的价格与营业员人数的相关系数为 0.78，这两个变量之间存在（　　）。
   A. 直线相关　B. 虚假相关　C. 显著相关　D. 高度相关

9. 相关分析是一种（　　）。
   A. 定量分析　B. 以定量分析为前提的定性分析
   C. 定性分析　D. 以定性分析为前提的定量分析

10. 回归分析中，两个变量（　　）。
    A. 都是随机变量　B. 都不是随机变量
    C. 自变量是随机变量　D. 因变量是随机变量

四、多项选择题

1. 下列属于相关关系的有（　　）。
   A. 粮食单位面积产量与播种面积的关系
   B. 身高与健康的关系
   C. 商品的单价与销售量的关系
   D. 文化水平与民族的关系
   E. 作业检查次数与作业差错率的关系
2. 根据散点图可以判断（　　）。
   A. 正相关　　B. 完全相关　　C. 负相关
   D. 曲线相关　　E. 零相关
3. 由线性回归方程 $y_c=a+bx$ 推算出的 y_c 值（　　）。
   A. 是一个理论值
   B. 可能等于实际值
   C. 是一个趋势值
   D. 与实际值的离差平方之和等于最小值
   E. 是 y 的一个可能值
4. 判定任意两个变量之间有无相关关系，可采用的方法有（　　）。
   A. 编制相关表　　B. 绘制相关图
   C. 计算相关系数　　D. 计算估计标准误差
   E. 对两个现象做定性分析
5. 直线相关系数的取值范围为（　　）。
   A. $-1=r=1$　　B. $|r|\leqslant 1$　　C. $0\leqslant |r|\leqslant 1$　　D. $|r|=1$
   E. $1\geqslant r\geqslant -1$
6. 反映线性回归方程 $y_c=a+bx$ 拟合好坏的指标有（　　）。
   A. 估计标准误差　　B. 相关系数
   C. 回归系数　　D. 剩余标准差
7. 若两个变量之间的线性相关程度很高，则其相关系数应接近于（　　）。
   A. +5　　B. −0.5　　C. 0
   D. +1　　E. −1
8. 下列关系中相关系数小于 0 的有（　　）。
   A. 商品流通费用率与商品销售额的关系
   B. 身高与体重的关系
   C. 单位产品成本与产品产量的关系
   D. 作业出错率与检查次数的关系
   E. 产品产量与耗电量的关系
9. 回归分析与相关分析的关系是（　　）。
   A. 回归分析可用于估计或预测

B. 相关分析是研究变量之间的相互依存关系的密切程度

C. 回归分析中自变量和因变量可以互相推导并进行预测

D. 相关分析需要区分自变量和因变量

E. 相关分析是回归分析的基础

10. 估计标准误差主要用于（　　）。

A. 区间预测　　B. 说明回归直线的代表性

C. 说明回归方程的拟合优度　　D. 测定变量间关系的密切程度

E. 说明估计值对回归直线的离散程度

五、计算题

1. 某小组有 10 个学生，其身高与体重资料如表 7-11 所示。

表 7-11　某小组 10 个学生身高与体重资料

学号	身高/厘米	体重/千克	学号	身高/厘米	体重/千克
1	154	49	6	172	58
2	152	47	7	171	53
3	163	52	8	169	55
4	160	50	9	177	64
5	167	56	10	175	66

要求：

（1）绘制相关图，并判断身高与体重的相关方向。

（2）计算相关系数，并说明身高与体重的相关程度。

（3）计算体重对身高的线性回归方程。

2. 已知线性回归方程中回归系数为 8，两个变量的平均数分别为：$\bar{y}=199$，$\bar{x}=23$。

要求：建立线性回归方程。

3. 根据10对变量的资料计算得到：自变量的方差为25，因变量的方差为36，相关系数为0.9；又知 $\sum x=16\ 420$，$\sum y=175\ 750$。

要求：建立线性回归方程。

4. 已知 $y_c=4+5x$，$n=9$，$\sum y=125$，$\sum y^2=4\ 264$，$\sum xy=724$，$\delta_y=9.18$。

要求：根据上述资料推求相关系数 r。

5. 根据相关变量 x 与 y 的6对数据计算得到以下资料：

$\sum x=21$，$\sum y=426$，$\sum xy=1\ 481$，$\sum x^2=79$，$\sum y^2=30\ 268$。

要求：计算相关系数 r 和回归系数 b。

6. 某市 10 家企业产品销售额和利润总额资料如表 7-12 所示。

表 7-12　某市 10 家企业产品销售额和利润总额资料　　单位：万元

序号	产品销售额	利润总额
1	180	15
2	300	34
3	450	50
4	530	75
5	600	72
6	710	91
7	880	110
8	1 000	108
9	1 100	120
10	1 250	125

要求：建立利润总额对产品销售额的线性回归方程。

六、实训题

上机完成计算题中的 1、6 两题。

主要参考文献

[1] 施建军. 统计学教程 [M]. 南京：南京大学出版社，2002.

[2] 洑建红，姬忠莉. 统计学基础及应用：附微课视频 [M]. 3 版. 北京：人民邮电出版社，2019.

[3] 娄庆松，杨静. 统计基础知识 [M]. 4 版. 北京：高等教育出版社，2023.